U0470990

见识城邦

更新知识地图　拓展认知边界

为什么我们需要
公共哲学

〔美〕迈克尔·桑德尔 著
朱东华 陈文娟 朱慧玲 译

Public
Philosophy:
Essays on
Morality
in Politics

中信出版集团│北京

图书在版编目（CIP）数据

为什么我们需要公共哲学 /（美）迈克尔·桑德尔著；朱东华，陈文娟，朱慧玲译. -- 北京：中信出版社，2023.2

书名原文：Public Philosophy: Essays on Morality in Politics

ISBN 978-7-5217-4836-9

Ⅰ.①为… Ⅱ.①迈… ②朱… ③陈… ④朱… Ⅲ.①社会问题－美国－文集 Ⅳ.① D771.28

中国版本图书馆 CIP 数据核字（2022）第 248686 号

PUBLIC PHILOSOPHY: Essays on Morality in Politics by Michael J. Sandel
Copyright © 2005 by Michael J. Sandel
Published by arrangement with Harvard University Press
through Bardon-Chinese Media Agency
Simplified Chinese translation copyright © 2023 by CITIC Press Corporation
ALL RIGHTS RESERVED
本书仅限中国大陆地区发行销售

为什么我们需要公共哲学
著者：　　[美] 迈克尔·桑德尔
译者：　　朱东华　陈文娟　朱慧玲
出版发行：中信出版集团股份有限公司
　　　　　（北京市朝阳区东三环北路 27 号嘉铭中心　邮编 100020）
承印者：　北京诚信伟业印刷有限公司

开本：880mm×1230mm　1/32　印张：10.75　字数：250 千字
版次：2023 年 2 月第 1 版　　印次：2023 年 2 月第 1 次印刷
京权图字：01-2020-0239　　　书号：ISBN 978-7-5217-4836-9
　　　　　　　　　　　　　　　定价：69.00 元

版权所有·侵权必究
如有印刷、装订问题，本公司负责调换。
服务热线：400-600-8099
投稿邮箱：author@citicpub.com

中译本旧序

万俊人

桑德尔教授无疑是当代中国哲学社会科学界较为熟悉的政治哲学家和伦理学家之一。近年来，他在哈佛开设的面向全球网络开放的"公正"课程已使他在中国的知名度从大学校园到知识社会迅速扩大。2010年春，他应邀来复旦演讲，复旦社会科学高等研究院邓院长正来兄让我为之点评。我清晰地记得，几百个座位的学术报告厅被挤得水泄不通，报告厅外面的人甚至两倍于里面的人，桑德尔和我差点儿挤不上讲台。2011年初夏，桑德尔因其新著《公正》的出版再次来北京演讲。他在清华的首次演讲非常轰动，在我们没有做任何校外广告的情况下，800座的大报告厅挤了1 000多人，外面还有更多的人因为我们强行关门而不得入内——我至今仍为当时不得不采取的下策而深感愧疚，那些被挡在报告厅外面的绝大多数是清华的学生！随行而来的桑德尔夫人和他们的两个孩子目睹此情此景，惊讶不已。据我所知，这样的情形只有在2000年我主持哈贝马斯先生在清华的演讲时曾经有过，足见桑德尔教授如今在中国大学中的学术魅力。据说，两天后在复旦的演讲同样如斯，以至于桑德尔离开上海返回波士顿前情不自禁地给我发来邮件称:"现在的中国一定是全世界最需要谈论正义和道德的国家了!"

是的,尊敬的桑德尔先生的直觉判断是完全准确的!无论是中国的社会现实表象,还是眼下中国人的精神心理,吁求社会正义和道德伦理的强烈程度确乎前所少见。我这样说,并非为了反证什么,而只是想强调社会正义和道德伦理问题的现实紧迫性。我在一些演讲中将这种紧迫性称为"道德紧急状况"(the moral emergency),而且我认为,导致这种"道德紧急状况"的主要原因是当下的中国仍处于加速转型的社会发展进程之中。有时候,我也把这种社会加速转型比喻为"火车加速拐弯"。

显然,常识告诉我们的真理是,火车拐弯因离心力突增而必须减速慢行,否则就会增加不安全的风险。可是,对于中国的现代发展来说,历史的经验和各种社会条件似乎都在促使我们不断冒犯这一真理。鸦片战争以来,更远一些说,晚清以降,中国这个自汉唐直至明清绵延近2 000年的古老东方帝国在内忧外患的双重压迫下,以一种罕见的逆向加速度迅速地衰败了。这种特别的历史经验以及由此郁积的历史情结,使得从近代文化革命的先驱到孙中山等民主革命党人,再到毛泽东、邓小平等中国共产党人,都不约而同地形成了急赶直追、强国富民、振兴中华的社会重建意识和理想信念。1949年中华人民共和国成立以后,这一理想终于可以付诸社会的集中行动,也的确创造过连续高速发展的社会奇迹。在十年"文化大革命"之后的改革开放中,中国更是创造了30多年经济持续高速增长的发展奇迹,社会加速转型或者火车加速拐弯成为神奇的、成功的社会发展现实。

然而，随之而来的一个不可避免的社会课题是：如何科学认识和把握这一社会加速转型之中和之后的社会发展问题？由此引申的问题有很多，诸如，如何在降低社会风险代价的前提下保持社会的健康快速发展？社会发展的目标究竟是什么？或者，社会为谁发展？等等。所有这些问题都是我们社会的公共问题，正如我们的社会加速转型根本上是一种社会不断趋于公共化的结构性转型一样。社会结构的公共化转型是哈贝马斯先生最早提出并给予公共哲学分析的，这一理论范式及其分析也构成了哈贝马斯社会批判理论的重要组成部分。但是，哈贝马斯的社会结构之公共化转型理论没有充分关注类似当代中国社会这样的加速转型问题。社会的加速转型如同火车的加速拐弯一样，所带来的高度的社会发展风险构成了社会公共话题中最为凸显而急迫的话语领域，甚至构成了公共话语的主要焦点，其核心内涵是社会的公平正义、秩序稳定和团结和谐等全局性的政治伦理问题。加速转型的社会常常是以效率优先为社会发展第一目标的，因而常常不得不付出超额的发展代价，例如，"GDP主义"盛行，"基尼系数"快速增大，社会公平正义状况下滑，社会秩序稳定难度增加，生态环境成本急剧加大，社会心理或集体无意识陷入急躁冒进期而难以自拔，社会道德文化成本过高，等等。这些问题往往是一般的社会结构转型理论难以充分解释的。

然而，无论如何，中国社会的加速转型表明，社会公共领域正在急剧扩张，社会的公共话题及其争议正在急剧加大，由此带来的社会公共问题研究或回应的社会理论负担自然也在急剧加重。基于这一判断，我自 20 世纪 90 年代初便不断呼吁政治哲学以及与之相关的政治伦理和公共管理理论的研究。近 20 年过去了，这一呼吁已然产生了较强的呼应，政治哲学、社会公共管理、政治伦理和行政伦理等方面的学术研究已蔚然成势，方兴未艾。据此，我们可以说，此时翻译出版桑德尔教授的《公共哲学》一书可谓恰逢其时。

公共哲学研究一直是西方哲学的优势传统，从"古希腊三大哲贤"苏格拉底、柏拉图、亚里士多德开始，中经近代启蒙思想家，一直到当代欧美哲学界的诸多名家，如罗尔斯、哈贝马斯、诺齐克、桑德尔，都是这一传统的缔造者、传承者和弘扬者。当然，直接以"公共哲学"的名义著书立说的西方学者并不多，一般还是将之置于"政治哲学"、"政治理论"、"政治学"或"社会（批判）理论"的范畴。就我有限的阅读所知，20 世纪前期有过李普曼的《公共哲学》，当代则是迈克尔·桑德尔的这本《公共哲学》。至于桑德尔为何启用不太常用的"公共哲学"而非他惯用的"政治哲学"来命名这部新著，我曾经好奇地问过他本人，答复是：这部新著主要是他近年来有关社会公共问题或议题的讨论，侧重点不在理论，而在这些被讨论的公共问题或议题本身，所以用"公共哲学"可能比诸如"政治哲学"之类的书名更为贴切。

哈贝马斯说得对，现代社会的公共问题或议题最适合以公共论坛的方式，开放地面向公共社会，俾使其获得尽可能充分的公共讨论，达成尽可能多的公共认同，从而获得尽可能充分的社会公共实践。我想，桑德尔也会大体同意这一主张的。但他的公共哲学显然与哈贝马斯的公共论坛主张没有直接的关联，相反，即便是本书所讨论的诸种公共问题或议题，仍然是从他一贯主张的共和主义政治哲学立场出发来讨论的。全书总体上属于专题文集的性质，除了少数篇章是讨论一些热门的政治哲学议题之外，多数是从现实的社会热点问题出发，采取"以问题为中心"的讨论策略，却又将这些实际话题的讨论始终置于其已然确立的共和主义政治哲学视域之内，反复分析，反复掂量，反复诊断。读者可以看到，有关同性恋、干细胞移植、辅助自杀、自然灾害、市场经济的道德问题等当代社会热点问题，这部篇幅并不宏大的专题论集都娓娓道来，且多有做独到的见解。因此可以说，该书对于我们更好地了解和关注当代现实问题是非常及时、极其有助益的。虽然一般译著的序总要或多或少地担负起"导语"或内容简介的责任，但本序不想这样做，唯一的原因也正在于：面对是书所讨论的社会公共问题，乃至面对一切现代公共社会的议题，我们最好把对这些问题的理解和解答权利留给读者自己，以尽可能避免因序者或作者的既定见解而影响读者自己的独立分析和判断。

匆忙之中，急述如上。

辛卯年（2011 年）仲夏夜急就于京郊悠斋

CONTENTS 目录

引 言 I

Part 1　第一编　美国的公民生活 001

第1章　美国在探求一种公共哲学 —— 005
第2章　超越个人主义：民主党人与共同体 —— 033
第3章　讨巧美德的政治 —— 045
第4章　大观念 —— 050
第5章　礼貌问题 —— 054
第6章　弹劾今昔谈 —— 059
第7章　罗伯特·肯尼迪的承诺 —— 064

Part 2　第二编　道德和政治主张 069

第8章　反对州营彩票 —— 074
第9章　教室里的商业广告 —— 078
第10章　公共空间的品牌营销化 —— 082
第11章　体育与公民认同 —— 086
第12章　出售历史 —— 091
第13章　追求优绩的市场 —— 095
第14章　我们应该购买排污权吗？ —— 099
第15章　荣誉和怨恨 —— 103

第16章　平权法案的争论 —— 107
第17章　审判时受害者应该有发言权吗？—— 111
第18章　克林顿和康德论撒谎 —— 115
第19章　有没有辅助自杀的权利？—— 119
第20章　胚胎伦理：干细胞研究的道德逻辑 —— 124
第21章　道德论证与自由主义的宽容：堕胎与同性恋 —— 129

Part 3　第三编　自由主义、多元主义及共同体 153

第22章　道德与自由主义的理想 —— 158
第23章　程序共和国与无约束的自我 —— 168
第24章　作为成员身份的正义 —— 188
第25章　灭绝的危险 —— 194
第26章　杜威的自由主义与我们的自由主义 —— 198
第27章　犹太教如何看待宰制与傲慢：以神自居错在哪里？—— 212
第28章　政治自由主义 —— 228
第29章　纪念罗尔斯 —— 268
第30章　共同体主义的局限 —— 272

注　释 —— 282
索　引 —— 299

引　言

　　乔治·W.布什总统的连任引发了民主党人新一轮的自我反省。投票后的民意调查显示，较多的选民基于"道德价值"，而并非其他事件（如恐怖主义、伊拉克战争、经济状况等）来选举总统。大多数诉诸道德价值的选民，都压倒性地支持布什，而反对其对手约翰·克里，这两者的选票大概为80%∶18%。这让评论家感到困惑。CNN（美国有线电视新闻网）的一名记者承认，"在这条战线上，我们都忽略了道德价值这样的东西"。

　　怀疑论者对此提出警告，并反对人们过度地阐述这一"道德价值"问题。他们指出，大多数选民并不赞同布什对堕胎和同性婚姻的反对，而这些问题是竞选中最具道德争议的问题。还有一些因素能够帮助我们解释布什的胜出，如：克里的竞选缺乏一种令人信服的主题，在战争时期要想击败一位在任总统并非易事，以及美国人还没有从"9·11"恐怖袭击中恢复过来，等等。然而，在2004年的大选中，民主党人发现自己一直在筹划一些方式，以更有说服力地谈论美国人的道德和精神渴望。

这并不是民主党人第一次忽略"道德价值"。在林登·约翰逊1964年获得压倒性胜利之后的40多年里，只有两位民主党人赢得了总统竞选。一位是吉米·卡特，他是来自佐治亚州的一名重生派基督徒（a born-again Christian）；在水门事件的浪潮中，他承诺要恢复政府的诚信与道德。另一位是比尔·克林顿，尽管他有个人的缺点，但他表现出一种敏锐的、直觉性的对政治之宗教和精神维度的把握。其他民主党派的领袖，如沃尔特·蒙代尔、迈克尔·杜卡基斯、阿尔·戈尔以及约翰·克里，都避免灵魂性的谈论，而坚持政策与谋划的言论。

当近代的民主党人触及道德和宗教的共鸣时，他们的努力常常表现为两种形式，而每一种都并不太有说服力。有些人追随乔治·W. 布什，他们的演讲中点缀着宗教性的修辞和《圣经》典故。（布什比现代任何一位总统都更加大胆地采用了这一策略，他在发表就职演说和国情咨文演讲时，甚至比罗纳德·里根更为频繁地提及上帝。）在2000年与2004年的总统竞选当中，关于神的支持的竞争是如此激烈，以至于一个名叫"信仰网"的网站建立了一个"上帝仪表"（God-o-meter）来追踪候选人提到神的次数。

民主党人所采取的第二种方法，是在政治中讨论道德价值。这些政治不仅包括文化问题，如堕胎、校园祈祷、同性婚姻以及"十诫"在法院中的体现等，而且包括诸多经济问题，如医疗保险、儿童护理、教育基金以及社会保险等。约翰·克里在2004年民主党代表大会上发表的提名演讲就采取了这种方法，这篇演讲中所使用的"价值"或"价值观"不下32次。

尽管这种初衷是正确的，但是他们这种对价值观缺失的呼吁性的纠正，却给人一种夸张做作、没有说服力的印象，其原因主要有以下两点：第一，民主党人无法清楚有力地说明那种暗含于他们的社会和经济政策当中的经济正义观。第二，即使是一种强有力的关于经济正义的论证，其自身也不能构成一种政府性的观点。好社会的一个方面在于，它给每个人提供公平的机会，以获得富裕社会的回报。然而，公平并非全部。它并没有回应一种公共生活对更高意义的渴求，因为它并没有将自治的谋划，与人们参与一种高于自己的公共的善的欲望联系起来。

在民众于"9·11"恐怖袭击之后流露出爱国主义热情、士兵在伊拉克做出牺牲之后，美国的政治仍然缺乏一种有活力的、关于善生活的观念，也缺乏一种关于共享责任之公民身份的观念。2001年，在"9·11"恐怖袭击发生数周之后，布什总统（即使在他将这个国家拖入战争之后，他也仍然坚持减税）被问及，他为什么没有将美国人民作为一个整体来号召他们做出牺牲。他回答道：当美国人民在机场忍受更长的排队队伍时，他们正在做出牺牲。在2004年诺曼底登陆纪念日那天，美国全国广播公司（NBC）的汤姆·布罗考在法国的诺曼底采访这位总统时，为什么他当时没有号召美国人民做出更多的牺牲，以使他们感到自己与同胞紧密相连、同仇敌忾地在伊拉克战斗和牺牲。布什显得很困惑，反问道："'牺牲更多'意指什么呢？"布罗考提供了第二次世界大战时期定量配给的一个例子，并重新陈述了他的问题："我认为，美国士兵在海外的所作所为与美国人民在本土的所作所为之间有着一种背离,这很有意思。"布什回答道:"美国人一直在做出牺牲。我们的经济一直不景气,而它应该很好的;并且,有些人一直没有工作。幸运的是,我们的经济现在很强劲,并且越来越强劲。"

民主党人并没有抓住牺牲的主题,布什也没有理解这一问题,这说明了21世纪早期美国政治的那种麻木的公民感。在恐怖时期,选民没有强有力地说明公共目的,而满足于那种安全感和道德坚定感,并认为这位在任总统具有这种安全感与道德坚定感。

本书中的文章探讨了使美国公共生活具有活力的道德和公民难题。第一编"美国的公民生活",概述了美国的政治传统。它说明,"道德价值"的困境代表了事物的反面——在这些困境中,自由主义者如今在其中发现了自身;保守主义者在政治争论中并不总是独占"基于信仰"的那一方。美国历史上一些重大的道德和政治改革运动——从废奴运动到进步主义时代,再到20世纪60年代的民权运动——都极大地汲取了道德、宗教以及灵性的源泉。这些文章通过回忆从托马斯·杰斐逊至今的那些争论,展示了自由主义是怎样丧失其道德和公民言论的,并提出了这样的疑问:自治的谋划在我们这个时代,是否能够复兴?

第二编"道德和政治主张"考察了过去20年来一些引起激烈争论的道德和政治问题,包括:平权行动、辅助自杀、堕胎、同性恋权利、干细胞研究、排污权、总统撒谎、罪犯惩罚、市场的道德局限、宽容与礼貌的意义、个体权利、共同体的主张、公共生活中宗教的作用等等。在关于这些争论的讨论中,贯穿了一些重叠性的问题:个体权利与自由选择是我们当代道德与政治生活中最突出的理想，然而，它们是不是一个民主社会的充分基础呢？我们能否不依赖于那些有争议的、关于善生活的观念，而推导出那些源自公共生活的棘手的道德问题呢？如果（我所坚持认为的那样）我们的政治争论不可能避免那些关于善生活的问题，那么，我们该如何应对这样一个事实，即现代社会充斥着关于这些问题的分歧意见呢？

第三编"自由主义、多元主义及共同体"回溯到第二编所讨论的那些特殊的道德和政治争论，以考察那些在当代凸显的各种不同的自由主义政治理论，并评价它们的优缺点。它列举了一些政治理论，这些政治理论公开地、明确地依赖于道德和宗教的理想，并仍然保留了对多元主义的承诺。这一部分当中的文章将贯穿于全书的主题综合起来，并呼吁一种政治。这种政治更加重视公民身份、共同体以及公民美德，同时也更加直接地努力解决那些关于善生活的问题。自由主义者们经常担心，将道德和宗教的论证引入政治领域会引发不宽容和强迫。本书的这些论文通过以下方式对这一担忧做出了回应，即说明根本性的道德对话与进步性的公共目的并不冲突，一个多元社会并不需要避免参与其公民带至公共生活当中的那些道德和宗教信念。

这些论文当中的许多都模糊了政治评论与政治哲学之间的界限。在以下两种意义上，它们构成了一次在公共哲学领域的冒险：它们在我们当今的这些政治和法律争论当中发现了一种哲学的机遇，同时它们也代表了一种在公共领域实施哲学的尝试——将道德与政治哲学引入当代公共对话当中。本书的大部分文章最初都源自那些读者群不限于学术界的期刊,如《大西洋月刊》《新共和》《纽约时报》《纽约书评》等。其他文章发表于一些法律评论或学术出版物上。不过,所有这些文章都既面向公民,又面向学者,并试图对当代公共生活有所裨益。

Part I

第 一 编

美国的公民生活

本编所收的文章，旨在索解美国政治传统，为当前的公民复兴寻求资源。第1章《美国在探求一种公共哲学》立意有所针砭，而非徒然地怀旧。文中指出，我们的政治论辩并不总是围绕着国内产品的数额及分配问题，如今司空见惯的消费主义一个人主义自由观，也并非理解自由的唯一方式。从托马斯·杰斐逊直至新政时期，还有一种要求更高的公民主义自由观一直在激励着美国的政治论辩。全球化时代的政治生活规模使得公民计划千头万绪，仅靠老一套的公民美德复兴的办法，恐怕已难以让自治得到重振。不过，回顾一下传统的公民主义路线，有助于我们重新构想当前的诸种可能性。最起码，它可以提醒我们去关注那些我们如今已不知如何去问的问题：如何让强大的经济力量对民主负责？在全球化经济的条件下，自治还有没有可能？在以多重认同和复杂自我为标志的多元主义时代，民主社会有望激发的是何种形式的一致性？

第2~7章是一组短评，旨在探讨最近几十年间美国政治讨论的话语变迁。《超越个人主义：民主党人与共同体》一文首度发表的时候，迈克尔·杜卡基斯与加里·哈特正在角逐 1988 年民主党总统候选人的提名。我在文中认为，民主党已将共同体话语拱手让给了罗纳德·里根，从而丧失了在道德与公民问题上的发言权。该文发表后不久，我便收到了一封来自小石城的读者来信。时任阿肯色州州长的比尔·克林顿在信中说，他一直在全国演讲，谈的也是类似的问题，而且有两点他感触特别深：首先，"我们有些方面还得学学里根的保守主义观念，还有他驾驭'自治与共同体语言'的能力"；其次，"我们应该少谈宏观经济问题，多谈'经济结构问题'，并要'多考虑共同体的建设，使共同体能够在可操控的范围内实现自治'"。

第 3~5 章的几篇文章均写于该文首度发表 8 年之后，那正好是在克林顿总统任期内。这些文章检讨了他在两方面的努力：一是他从共和党人手中夺回共同体和道德价值的话语权（局部取得成功）；二是他在 20 世纪末为进步主义政治阐明那些大的治国议题，虽然不怎么成功。1998—1999 年，克林顿与白宫的一名实习生有染的性丑闻触发了弹劾程序，上述两方面的努力也中断了。第 6 章比较了两次弹劾：一次是众议院共和党人弹劾克林顿，这在较大程度上属于党派举动；一次是导致尼克松辞职的更为清醒的弹劾听证，我当年作为一名年轻的记者亲历了这些听证会。

本编收尾的一篇文章，回顾了罗伯特·肯尼迪的公民主义观点。该文章脱胎于 2000 年我在约翰·肯尼迪图书馆庆祝罗伯特·肯尼迪 75 周年诞辰纪念会上的演讲。

第 1 章

美国在探求一种公共哲学

自由主义的自由与共和主义的自由

我们赖以生存的公共哲学的核心思想是：自由体现为我们有能力选择自己的目标。政治不应该致力于公民品格的养成或公民美德的培育，因为那样做就等于是"法立道德"。政府不应该动用政策或法律来确立任何有关善生活的特定观念，而应该提供中立的权利架构，使人们借以选择他们自己的价值观和目标。

在我们的政治和法律中，中立性理想抱负体现得淋漓尽致。尽管它源于自由主义的政治思想传统，但在美国政治中，有此观念者并不限于所谓的自由主义者，也包括保守主义者；它可见于政治光谱的各处。当年自由主义者在反对校园祈祷，反对堕胎管制，反对基督教基要主义者将其道德带入公共场合的时候，援引的就是中立性理想。保守主义者在反对政府出于工人安全、环境保护或分配正义方面的考虑，而试图将某种道德管制施于市场经济的运作之中时，也诉诸中立性。

同样，自由选择的理想也出现在福利国家问题争论双方的论点中。共和党人一直在抱怨，向富人征税用以穷人的福利计划，是一种强迫的慈善，它侵害了人们处置私财的选择自由。而民主党人也总是针锋相对地认为，政府应当确保全体公民的收入、住房、教育和医疗保健处于良好的水平，其原因在于：那些被经济需求压垮的人，无法在其他领域真正自由地做出选择。尽管双方在政府应如何采取措施保障个人选择方面有分歧，但他们都认定：自由体现为人们有能力选择自己的目标。

这种自由观是如此司空见惯，俨然美国政治传统的永久特征。但它作为一种主流的公共哲学，却是晚近才有的，准确说是近半个世纪以来出现的。要想了解其特征，最好的办法是与逐步取代的另一种公共哲学——共和主义政治理论的一个版本——做比较。

共和主义理论的核心思想是：自由以参与自治为基础。该观念就其本身而言，并不与自由主义的自由相抵牾。参政可能是人们为追求个人目标而选择的方式之一。然而，按照共和主义的政治理论，参与自治还涉及更多的东西。它要求与共事的公民一起商讨公共的善，努力造就政治共同体的前途。而要好好地考虑公共的善，就不仅要求我们能够选择个人的目标，以及尊重别人的选择权，而且要求我们了解公共事务，有一种归属感，关心集体，与休戚与共的共同体之间形成某种道德纽带。因此，要参与自治，公民就需要具备或养成某些公民道德。而这就意味着，共和主义政治不可能对其公民所赞成的价值观和目标采取中立的立场。共和主义的自由概念不同于自由主义的自由概念，它需要一种陶冶的政治，一种培养自治所需之公民品德的政治。

无论是自由主义还是共和主义对自由的理解，都一直贯穿于我们的政治历程，只不过其影响彼此消长，重要性各有千秋罢了。近几十年来，我们政治中的公民维度或陶冶方面，已然让位给了一个程序共和国，它更关心如何使人能够选择自己的价值，而不关心美德的养成。这种转换揭示了我们当前的缺憾。虽然自由主义的自由观很有吸引力，但它缺乏用以维持自治的公民资源。当前主导的公共哲学不能确保它所承诺的自由，因为它不能激发这种自由所需的共同体感以及公民参与。

公民的政治经济学

美国政治要想恢复其公民主张，就得设法去探讨那些我们如今已不知如何去问的问题。我们要想一想，我们现在是如何思考和讨论经济问题的，并要拿历史上美国人辩论经济政策的常用模式来进行对比。如今，我们的经济问题讨论基本上脱不开两方面的考虑，即繁荣与公平。无论人们支持什么样的税收政策、预算方案或监管计划，总会拿这样的理由替自己辩护：他们会让经济馅饼变大，或者把馅饼分配得更加公平，或者兼而有之。

经济政策的这些辩护模式是如此司空见惯，以至于看起来它们似乎已经穷尽了各种可能性。然而，我们有关经济政策的辩论并不总是仅仅围绕着国内产品的数额及分配问题。在历史上，美国人也常常问这样一个全然不同的问题：何种经济安排最适宜于自治？

托马斯·杰斐逊为公民主义路线的经济主张提供了经典表述。他在《弗吉尼亚笔记》（*Notes on the State of Virginia*，1787年）当中，立足于农耕生活方式——因其为有德公民而设并极有利于自治，而坚决反对发展大规模的国内制造业。他写道，"在地里干活的人是上帝的选民"，是"真正美德"的体现者。欧洲的政治经济学家主张各国都得有自己的制造业，而杰斐逊却担心大生产会造就无财产的阶级，这些人缺乏共和国公民所必需的独立性。他认为，"依赖性催生奴颜和唯利是图，扼杀美德的胚芽，并为勃勃野心提供合适的手段"，最好"把我们的工厂留在欧洲"，以免它们带来道德上的堕落；最好是进口工业品，而将那些与生产相契的风俗习惯拒之门外。他还写道："都市乱民对于完美政府的支持，犹如溃疡对于人体的支持。使共和国永葆生机的恰恰是人们的精神风尚。这方面的退化就是一种恶瘤，它将迅速侵蚀其法律或宪法的核心。"

究竟是要鼓励国内制造业，还是要保留国家的农业特色，是美国建国早期激烈辩论的主题。杰斐逊的田园理想终究未能占上风。但是，他的经济学背后的共和主义预设——公共政策应该致力于培养自治所必需的品格——获得了广泛的支持，并有着深远的影响。从独立战争到南北战争，公民权的政治经济学一直在美国国内辩论中扮演着主导性的角色。事实上，公民主义路线的经济主张一直延续到了20世纪，当时进步主义者正在努力应对大企业及其对自治政府的影响。

"大"的诅咒

进步主义时代的政治处境，与我们今天的情形有着惊人的相似之处。那时与现在一样，美国人感到共同体涣散，对自治政府的前景感到担忧。那时与现在一样，在经济生活的规模与人们表达认同的话语之间横亘着一道鸿沟，双方难以协调——在众人心目中，这一鸿沟表现为迷惘与困乏。20 世纪初，自治所受的威胁主要有两种形式：一是大公司所促成的力量集聚，二是老派权威与传统共同体的衰弱（这些权威与共同体在建国后的 100 年间一直主导着大多数美国人的生活）。大型公司主宰着经济命脉，削弱了通常作为自治场所的那些地方共同体的自主权。同时出现了庞大而冷漠的城市，其中充斥着移民、贫困与混乱。这让许多人担心，美国已没有足够的道德与公民凝聚力，来按照公共的善的生活观念进行治理。

尽管它们造成了混乱，但是，新型的工业、交通和通信手段似乎也为政治共同体提供了更为广泛的新基础。20 世纪初的美国人在很多方面彼此关联，其紧密程度前所未有。铁路贯穿了大陆，电话、电报和日报使人们得以了解远方发生的事件。复杂的工业体系，使人们协同劳动、彼此依赖、密不可分。一些人在这种新的工业和技术相互依存中，看到了更广泛的共同体形式。威廉·艾伦·怀特曾经写道："蒸汽为我们发了电，并让举国上下近若比邻。电线、铁管、有轨电车道、日报、电话、横贯大陆的铁路和水路等等,使我们大家结成一体——在社会、工业、政治等方面,大家都有可能相互了解。"

更清醒的观察者却有些不以为然。美国人身处相互依存的复杂系统之中,这并不意味着他们就一定会认同该系统,或者打算与同样身处其中的陌生人同甘共苦。社会改革家简·亚当斯注意到,"理论上,'劳动分工'将人们纳入了一个目标统一体,使他们相互依赖,并更有人类的特征"。但是,该目标统一体能否建构起来,还要取决于参与者能否以共同的事业为自豪,能否当它是自己的事业,"互相依赖的呆板事实说明不了什么"。

进步主义时代的政治辩论,主要围绕着大企业力量所引发的两种不同反应展开。一部分人力图通过分散经济权力来使之处于民主的控制之下,从而维护自治。另一部分人则认为,经济集中的趋势已不可逆转,所以他们力图通过提升国内民主机构的能力,来对它进行控制。进步主义的分散化路线的最有力倡导者莫过于路易斯·布兰代斯。他在担任最高法院法官之前,是一名活跃的律师,公然抨击工业集中化的做法。布兰代斯很注重经济活动对公民的影响。他之所以反对垄断和托拉斯,并非因为它们的市场力量导致了更高的消费价格,而是因为它们的政治力量削弱了民主政府的基础。

在布兰代斯看来,大企业从两个方面威胁了自治:从直接的方面来说,它压制了民主机构,不服从它们的控制;从间接的方面来说,它腐蚀了道德能力和公民能力,而正是这些能力使工人能像公民一样思考和行动。布兰代斯将经久不衰的共和主义议题引入了

20世纪的辩论——他与杰斐逊一样，都将集权（无论是经济的集权还是政治的集权）视作自由的对立面。他的解决办法不是用大政府来对付大企业——因为那样只会加剧"'大'的诅咒"，而是要去打破托拉斯，并恢复竞争。唯有这样，才有可能维护地方企业的分散化经济，从而顺应民主控制的要求。

布兰代斯倡导工业的民主，并不是为了提高工人的收入——尽管这也很吸引人，而是为了提升他们的公民能力。在他看来，培养具有自治能力的公民，是比分配正义更高一层的目标。"我们美国人不仅要致力于社会正义，也就是说，要避免财富的非正义分配，而且还有更重要的志向，那就是民主。"他说，"为民主而奋斗"与"为人类发展而奋斗"是密不可分的。"就人类的发展而言，丰衣足食、安居乐业很重要，有合适的教育机会和生育机会也很重要。没有这些东西，我们就难以实现我们的目标。但也有可能，我们在拥有这一切的同时，也拥有了一个奴隶之国。"

新国家主义

进步主义运动的另一支派以不同的方式回应了公司权力的威胁。西奥多·罗斯福没有提倡经济分散化，而是提倡一种"新国家主义"，想要通过加强全国性政府的力量来约束大企业。

罗斯福与布兰代斯一样，也为经济力量集中化的政治后果而担忧。罗斯福与分散化支持者的分歧在于，如何重申民主的权威性。他将大企业视为工业发展的必然产物，觉得根本没有必要去恢复

19世纪那种分散化的政治经济结构。因为，许多大公司运作着州际或对外贸易，这不是个别州能够管束得了的，唯有联邦政府能够胜任控制它们的任务。必须加强全国性政府的力量，使它与公司的力量旗鼓相当。

与杰斐逊时代以来的共和党人一样，罗斯福担忧经济活动对公民的影响。他不仅要削弱大企业对政府的控制，而且要强化美国公民的自我认识，掀起他所谓的"真正而永久的道德觉醒"，向民众灌输"一种广泛而影响深远的国家主义精神"。新国家主义不仅是一种体制改革方案，而且是一种培养方案，旨在培育新型的国家公民身份意识。

罗斯福是新国家主义的主要倡导者，而赫伯特·克罗利则是系统地提出"新国家主义"的政治理论家。在《美国生活的希望》(*The Promise of American Life*，1909年)一书中，克罗利阐述了进步论国家主义路线背后的政治理论：既然"美国的工业、政治和社会生活正在日益集权化"，美国政府"就得更多地而不是更少地走向集权"。克罗利还认为，民主的成功也需要政治的国家化。政治共同体的基本形式必须在国家层面上重塑。这是一条消弭鸿沟的途径，进步主义时代的人们切身感受到了这一鸿沟，它就横亘在美国生活的规模与美国人身份认同的话语之间。鉴于现代经济在国家范围内运作，民主要求"美国人民在观念、体制和精神上不断国家化"。

尽管克罗利拒斥了杰斐逊有关民主依靠分权的主张，但他和杰斐逊一样，都相信衡量经济安排和政治活动，要看它们倡导了哪些品格。在克罗利看来，美国品格的国家化的谋划是"一场陶冶性和启蒙性的政治转型"。唯有当美国更为国家化时，其民主才能进步，这反过来又要求美国用某种公民教育，来激发更深层次的国家认同感。

分散化版本和国家化版本的进步主义改革方案，在1912年伍德罗·威尔逊与西奥多·罗斯福的竞选较量中，有着令人难忘的表现。不过，这场竞选意义非凡，说到底还在于双方都认同的前提。以布兰代斯和威尔逊为一方，以克罗利和罗斯福为另一方，双方尽管有分歧，但都同意，应该依据它们是有益于还是有损于自治所要求的道德品质，来对经济和政治制度进行评价。他们与之前的杰斐逊一样，也担忧他们那个时代的经济活动究竟会造就何种公民。他们都主张某种公民的政治经济学，尽管他们各自的立论角度并不一样。

我们时代的经济问题讨论，几乎不涉及那些使进步主义改革者产生分化的问题。他们关注经济结构，争辩的问题是如何在集中化的经济力量面前维护民主政府。而我们则关注经济产出的总体水平，争辩的问题是如何一面促进经济增长，一面确保全社会广泛分享繁荣的成果。从回顾的角度，我们不难确定究竟是在什么时候，我们的经济问题取代了他们的经济问题。那是从新政后期开始的，至20世纪60年代初达到了顶峰。正是在那期间，发展和分配正义的政治经济学取代了公民的政治经济学。

新政与凯恩斯革命

新政开始后,政治辩论仍围绕着进步主义时代人们提出的不同方案展开。富兰克林·罗斯福就职之际,正值大萧条之时,两股改革思潮提供了互竞的经济复苏路径。一组改革者承接布兰代斯的理论,力求通过反托拉斯法以及其他旨在恢复竞争的措施,来实现经济的分散化。另一组则受惠于西奥多·罗斯福的新国家主义,力求借助国家经济计划来实现经济的国家化。尽管他们有分歧,但无论是反托拉斯的一方,还是推行国家经济计划的一方,都一致认为:要克服大萧条,就得对工业资本主义的结构进行调整。同时,他们还认为,经济力量集中了之后,若任其自成一统,会对民主政府构成威胁。

这两条路径之间的竞争旷日持久,难分难解,伴随新政的大多数时间。罗斯福针对不同的政策并结合不同的情境,对两种方案都做了试行,并未全盘接受或拒斥其中一种。最终,无论是反托拉斯的一方,还是推行国家经济计划的一方,都没有占到上风。后来经济开始复苏——这个复苏并非来自结构性调整,而是来自大幅增加的政府开支。第二次世界大战为政府开支提供了机会,而凯恩斯经济学则为其提供了基本原理。不过,凯恩斯的财政政策具有政治诉求,这在"二战"昭示其经济成功之前便是如此。这是因为,凯恩斯经济学不同于结构性改革方案——强有力的反托拉斯行为或国家经济计划等。凯恩斯经济学使得政府不必在关于何为美好社会的不同观点中做出选择，也能对经济进行控制。早期改革者力图使经济安排能够有助于培育某种类型的公民，而凯恩斯一派却不带有培养使命；他们但求接受现存的消费者偏好，并通过操纵总需求来调节经济。

到第二次世界大战结束时，经济政策的核心问题已与20世纪初美国人所热衷的那些争议关系不大了。如何改革工业资本主义的古老争议淡出了视线，我们如今熟知的那些宏观经济问题走到了台前。正如赫伯特·斯坦所写的那样，至1960年，大多数政治家和政策制定者都同意："国家首要的经济问题是要达到并保持巨额的、快速增长的总产出。"采取更公平的收入分配措施固然必不可少，但与充分就业和经济增长的目标相比，这并非当务之急。

当然，有关经济增长与分配正义的相对要求、通货膨胀与失业的相权取舍、税收政策与消费孰先孰后的争议，将会持续下去。但这些争议反映了这样的预设：经济政策首先关注的是国家财富的数量和分配。随着财政政策的奏效，公民的政治经济学让位给了发展和分配正义的政治经济学。

凯恩斯主义和自由主义

新政治经济学的出现，标志着美国政治中共和主义路线退场、当代自由主义兴起的关键时刻。按照这种自由主义，政府必须在关于善生活的观念上保持中立，以便将个人当作自由、独立、有能力选择自身目标的自我来尊重。凯恩斯的财政政策既体现了这种自由主义，又强化了其对美国公共生活的控制。尽管实施凯恩斯经济学的那些人不见得都会采用这样的论调来维护它，但是，这种新的政治经济学体现了当代自由主义的两大特点，这两个特点也界定了程序共和国：其一，它使政策制定者和民选官员得以"悬置"或撇开有关美好社会的争议，从而有望达成一种结构性改革计划所不可能提供的共识。其二，它取消了公民培养计划，认为政府不必为其公民的道德品质承担责任，肯定所谓个人是自由、独立的自我。

约翰·肯尼迪总统为"作为国家管理的中立性手段"这一新经济学信念，提供了最为明确的表述。1962年，他在耶鲁大学毕业典礼上提出，如果人们能够将意识形态的信念搁置一边，那么，现代的经济问题就能够得到最为妥善的解决。据他观察，"我们这个时代最核心的国内问题"比先前备受国家关注的重大道德问题和政治问题"要微妙和复杂得多"。"它们涉及的不是哲学或意识形态上的根本冲突，而是关系达到共同目标的途径或手段。……当前我们经济决策的关键所在，并不是风起云涌的对立意识形态大决战，而是现代经济的具体运作。"肯尼迪主张，国家"应该在没有意识形态预设的情况下处理技术问题"，要致力于解决"庞大的经济机器得以持续运转所涉及的那些复杂的技术性问题"。

凯恩斯的财政政策在20世纪60年代站稳脚跟之后，公民主义路线的经济主张便从美国政治话语中销声匿迹了。战后几十年间，美国经济已经庞大得无望实施共和主义，美国人在繁荣前景的诱惑之下，找到了重新理解自由的方式。按照这种理解，我们的自由所依靠的，并不是我们作为公民，能够参与塑造那些掌控着我们的集体命运的力量，而是我们作为个人，有能力选择自己的价值观和目标。

从共和主义政治理论的立场来看，这种转变代表了致命的让步；放弃教养使命就等于放弃了共和主义传统所构想的自由方案。但是，美国人并未觉得新公共哲学有力量丧失之感——至少一开始没有。相反，程序共和国表现为主宰和自制的胜利。这既要归因于历史的机缘，又要归因于自由主义的自由概念的承诺。

主宰的时刻

程序共和国诞生于美国占主导优势的特殊时代。第二次世界大战结束之际，美国成为无可匹敌的全球性力量。伴随着战后几十年的快速经济增长，这一力量使得一代美国人习惯于自视为其环境的主宰。约翰·肯尼迪的就职演说，为一代人的信念——相信其拥有普罗米修斯式的力量——做了生动的说明。肯尼迪声称："今日世界已经完全变样，因为人类虽仍不免一死，但其手中握有除贫去困和生杀予夺的力量。"为了确保自由的胜利，我们愿意"付出任何代价，承受任何负担"。

战后几十年间美国人的主宰希望，除了有美国力量的馈赠做支撑外，还在当代自由主义的公共哲学中有其根源。个人作为自由、独立的自我，不受其未曾选择的道德纽带或社会纽带的束缚，这是一种解放人心、令人振奋的理想化意象。自由的自我摆脱了习俗或传统的控制，被设立为主权者，仿佛有约束力的义务只能由其制定。此种自由意象在政治光谱的各处都能见到。林登·约翰逊为福利国家辩护时，用的理由并不是共同体的义务，而是福利国家将使人民能够选择他们自己的目标。他在接受1964年民主党总统候选人提名时这样说："30多年来，从社会保障到消除贫困的战争，我们一直致力于扩大人们的自由，其结果是，美国人在今晚……比我们辉煌历史上的任何时候，都要更自由自在、更随心所欲地生活，追求理想和满足欲望。"提倡福利权利的人反对福利受益者工作、接受强制职业培训、实行计划生育等要求，因为包括穷人的所有人"都有自由选择表达其生活意义的方式"。而保守主义者在批评约翰逊的"伟大社会"时，采用的也是自由主义的自由观。巴里·戈德华特认为，政府的唯一合法职能，在于使"人们能够在最大自由范围内追求其所认定的目标"。自由主义经济学家米尔顿·弗里德曼反对社会保障等强制性的政府计划，理由是它们侵犯了人们"依照自身价值观去生活"的权利。

因此，美国生活的特殊处境一度掩盖了公民主义自由观的退场。而一旦主宰的时刻过去，当1968年，越战、贫民区暴动、校园骚乱、马丁·路德·金和罗伯特·肯尼迪遇刺等一系列事件使信仰幻灭时，美国人面对困境便茫然无措了。自由选择的自我所带来的解放许诺，不能为广泛的自治信念的丧失提供补偿。种种事件使美国内外陷入混乱，政府显得束手无策。

里根的公民保守主义

接下来便是延续至今的异议阶段。随着对政府的幻想逐步破灭，从政者开始探讨主流政治议程未曾涉及的那些挫败。其中最成功的——至少就选举方面而言——当数罗纳德·里根。虽说他最终未能弥补他所抨击的那些缺憾，但考虑一下其诉求的根源及其与主流政治话语相切割的方式，也将是颇有裨益的。

里根依据方式和时机的差异，采纳了美国保守主义中的自由至上主义路线和公民主义路线。其政治诉求最具反响的部分源自后者，源自他所巧妙倡导的家庭、邻里、宗教和爱国主义等共同体价值。将里根与自由放任的保守派区分开来的东西，也恰恰是将他与他的时代的公共哲学区分开来的东西：他能够认同美国人在较小规模和更亲密层次上对更高境界的公共生活的渴望，而那种公共生活是程序共和国给不了的。

里根抨击大政府，因为它使公民失去了力量；他提出了"新联邦主义"，主张将权力转移到州和地方，这让人想起了共和主义一直以来对集权的担忧。里根复活了这一传统，同时又保持了差异。共和主义政治经济学的原有主张是既担心大政府，又担心大企业。但对里根而言，"大"的诅咒所指的只是政府。尽管他唤起了共同体的理想，但他很少提及资本流动的侵蚀效果，以及大规模组织起来的经济力量使人失去权力的后果。

里根时代的民主党人没有就这一点向里根提出挑战，也没有参与关于共同体和自治的辩论。他们囿于所谓权利导向的自由主义，对不满情绪视而不见。那个时代的焦虑所针对的是个人与国家之间的那些居间共同体（包括家庭和邻里、城市和城镇、学校和集会）所遭受的侵蚀。而一度致力于分权的民主党人，近些年来却学会了用怀疑的目光看待居间共同体。这些共同体往往成了偏见的渊薮、不宽容的前哨、占多数者作威作福的地盘。因此，从新政到民权运动再到伟大社会，自由主义总是想方设法要用联邦的力量来维护地方共同体未能加以保护的个人权利。民主党人对公民生活居间力量的担忧尽管有道义上的理由，但也让他们面对自治受到的侵蚀无计可施。

里根修辞中的公民主义成分帮助他成功利用了不满情绪，而民主党人在这一点上却失败了。然而，里根任内终究未能改善引发不满的状况。他的治理方式与其说像一个公民的保守派，不如说像一个市场的保守派。他所倡导的不受约束的资本主义非但无益于修补家庭、邻里和共同体的道德结构，反而对其造成了很大损害。

共和主义政治的风险

重振公民主义自由路线的任何努力，都必须面对两个严肃的疑问：第一，复活共和主义理想是否可能？第二，这是否可取？第一种反对意见认为，鉴于现代世界的规模和复杂性，要启动像共和主义传统所构想的那样一种自治是不现实的。从亚里士多德的城邦到杰斐逊的田园理想，公民主义的自由概念的家园是相对封闭的小地方，那样的地方基本可以自给自足，其中的居民有闲暇、学识和一致性来很好地考虑公共事务。与之相反，我们则生活在四通八达的大陆社会，充满了多样性。并且，这一庞大的社会也不是自足的，而是属于全球经济的一部分，其中的金钱与商品、信息与图像奔流不息，它们丝毫不在乎国家，更不在乎邻里。在这样的情况下，公民主义的自由路线怎么可能发挥作用？

事实上，这种反对意见还认为，美国政治中的共和主义虽然一直在延续，但总是用怀旧的腔调发表言辞。尽管杰斐逊倡导自耕农的生活，但美国还是逐步变成了一个工业国。安德鲁·杰克逊时代的工匠共和主义者、林肯时代的自由劳动的鼓吹手，以及布兰代斯在大企业面前想要捍卫的店主和药剂师也是如此。有人认为，共和主义理想每每等到最后才得到体现，已来不及提出替代的方案，只好不失时机地为失败的事业唱起挽歌。假如共和主义传统无可救药地带有怀旧情调，那么，无论其有着什么样的能力来说明自由主义政治的缺陷，都无助于我们走向更为丰富的公民生活。

第二种反对意见认为，就算有可能复兴共和主义理想，这样做也是不可取的。既然灌输公民美德并非易事，那么共和主义政治总是免不了要冒强制的风险。卢梭曾经述及民主共和国所必不可少的培养事业，我们可以在其表述中看到此种危险。他写道：共和国创立者或伟大立法者的任务，无非"改变人性，改变每个个体……使之成为更大整体中的一部分，而从这个整体当中，个体可以在某种程度上获得他的生命和他的存在"。立法者"必须否认各人有各人的力量"，以便使之依赖于作为整体的共同体。个体意志越是接近于"死亡和被抹杀"，这个人就越有可能去接受公意。"如果每个公民的全部所作所为都是为了与他人步调一致……那么他就能够说，立法已臻尽善尽美的程度。"

美国共和主义者并非不清楚灵魂塑造的强制性一面。比如，《独立宣言》的签署者之一本雅明·拉什就想要"将人们转变为共和主义的机器"，想要教育每一个公民"他不属于他自己，而是公共财产"。但是，公民教育并不一定要采取如此严酷的形式。在实践中，成功的共和主义灵魂塑造采取的是某种温和的教导方式。比如，指导19世纪美国人生活的公民政治经济学，就致力于在培养公民一致性的同时培养其独立性和判断力，以便更好地思考公共的善。它不靠强制作用，而是靠劝说和养成的混合，即托克维尔所谓的"社会自身的潜移默化"。

托克维尔时代的美国公共生活是分散、分化的，这种分化使公民品德培养的间接模式成为可能，这正是托克维尔笔下的公民实践不同于卢梭的共和主义追求的地方。因为不能容忍不和谐的因素，卢梭的共和主义理想力图抹杀人与人之间的距离，要公民处于无言的透明之中，彼此亲密无间。但凡公意起主导作用的地方，公民都"将自己视为一个整体"，没有做政治辩论的必要。"首先提出（新法律）的人，只不过是说出了人人已有的感受，因而不需要谋略或辩才"也能确保法律通过。

卢梭的政治学之所以具有强制倾向，并不是因为他的教养使命，而是因为他的这一预设：公共的善是单一的、无可争辩的。而共和主义政治并不需要做此预设。正如美国公民政治经济学的经验所表明的，公民主义的自由概念并没有使分歧变得多余。它提供了一条途径，这条途径孕育了政治辩论，而非超然于辩论之外。

与卢梭整齐划一的构想不同，托克维尔所描述的共和主义政治显得喧闹，而非意见一致。它并不摒弃分歧。它不是消弭人际空间，而是用公共机构来填补这些空间，从而使能力各异的人们聚集在一起，使他们既分隔又相连。这些机构包括镇区、学校、教派以及维持美德的各种职业；它们培养了民主共和国所需要的"思想品德"和"心灵习性"。无论其具体目的如何，这些公民教育的实施机构都致力于培养公民参与公共事务的习惯，而且由于这些机构多种多样，公共生活不至于沦为无差别的整体。

可见，公民主义的自由路线未必都是强制性的。它有时会表现出多样性。就此而言，自由主义对共和主义政治理论的反对是不恰当的。不过，自由主义的担忧确实也有其不容忽视的洞见：共和主义政治是冒险的政治，一种没有保障的政治，而且其所引发的风险就藏在它的培养方案之中。让政治共同体承担其公民品德方面的风险，就是要接受这样的可能性：不良共同体造就不良品德。分权以及公民培养场所的多样化，可能会使上述危险有所缓解，但无法加以根除。

自由主义者不敢涉足的领域

如何对待这种批评，就得看有什么样的替代方案了。假如有某种方式来确保自由，而又无须涉及公民品德，假如有某种方式来界定权利，而又无须确立善生活观念，那么，自由主义对培养方案的反对自然就显得举足轻重。但是不是有这样一种方式呢？自由主义政治理论声称有这样的方式。唯意志论的自由概念承诺要一劳永逸地消除共和主义政治的风险。假如自由能够脱离自治的实施，进而被设想为人们选择自己目标的能力，那么，培养公民美德的艰巨任务便能够最终被搁置在一边。或至少，它可以被限制为培养宽容或尊重他人这一显得较为单纯的任务。

在唯意志论的自由概念中，治国术不再需要灵魂塑造（极个别领域除外）。将自由与尊重自主自我的权利联系起来，就消除了如何培养自治习惯的老问题。这样一来，政治就不必涉及关于善生活本质的古老争论了。一旦自由与培养方案相剥离，"即便是魔鬼的民族也能够解决立国的问题"（套用康德的妙语），"因为这样的任务并不牵涉人的道德提升"。

然而，自由主义将自由与培养方案剥离开的做法也面临着它自身的问题，这些问题就表现在程序共和国的理论与实践两个方面。哲学上的困难在于，自由主义理念中的公民是自由选择的、独立的自我，丝毫不受那先于选择的道德纽带或公民纽带的束缚。这种公民概念无法解释大范围的道德义务和政治职责，诸如忠诚、团结等我们司空见惯的义务。它主张我们只受自己选定的目的和角色的限制，而不认为我们未选的目的，比如自然或上帝所设定的目的，或者由我们作为家庭、民族、文化、传统之一部分的身份所定的目的，也可以向我们提义务。

一些自由主义者则退一步说，我们可以被诸如此类的义务所约束，但他们同时又认为，这些义务只适用于私人生活领域，与政治毫无瓜葛。然而，这也引发了进一步的困难。为什么非要将我们作为公民的身份，与我们作为更广泛意义上的人的身份分割开来呢？为什么政治思考无须体现我们对至高人类目的的最佳理解？无论我们是否承认，有关正义和权利的主张，不是都必然依赖某种对善生活的看法吗？

程序自由主义理论中的问题在其所激发的实践中暴露无遗。政治若将道德与宗教排除得干干净净，自己就会很快遭遇祛魅。一旦政治话语失去了道德反响，对更高境界的公共生活的渴望就会通过令人讨厌的方式表现出来。基督教联盟等一类的组织试图用狭隘、不宽容的道德主义来覆盖空荡荡的公共广场。基要主义者则在自由主义者不敢涉足的地方横冲直撞。而且，这种祛魅还采取了更为世俗的形式。由于政治议程缺乏表达公共问题的道德维度，人们的关注点便日益集中到了官员们的私人过失之上。小报、脱口秀乃至主流媒体所抖落的各式丑闻、轰动事件以及各种爆料，正在一步步地占领我们的政治话语。当然，我们还不能说，当代自由主义公共哲学必须为以上种种倾向承担全部责任。但是自由主义视野中的政治话语过于贫乏，难以控制民主生活的道德能量。它造成了某种道德真空，为不宽容以及其他误入歧途的道德主义打开了方便之门。

政治议程缺乏实质性的道德话语，这是程序共和国公共哲学的病症之一。主宰感的丧失则是它的另一个病症。唯意志论自由观的胜利，正好赶上了人们无力感与日俱增的时期。虽说近几十年来权利日益扩大，但美国人还是觉得气馁，因为他们愈发控制不了那些左右其生活的力量了。这要归咎于全球经济中的工作缺乏保障，但也体现了我们日常的自我意象方面的一些问题。自由主义的自我意象与现代社会和经济生活的实际安排格格不入。即便我们能够作为自由选择的独立自我来思考和行动，我们也得面对这样一个世界，这个世界由不具个人色彩的结构化力量所控制，而那种力量又在我们的理解和控制范围之外。唯意志论的自由观念使我们无法应付这种状况。尽管我们可以摆脱我们所不要的身份认同的重担，尽管我们有资格享有福利国家所保障的一系列权利，但是，当我们凭自身力量去面对这个世界时，就会意识到自己有多么渺小。

全球政治与特殊认同

如果说，当代自由主义公共哲学未能应对民主的不满，那么我们要问：对共和主义主题的重新关注，如何能够帮助我们更好地应对当前的状况？在现代条件下，共和主义意义上的自治是否可能实现？如果可能，那又究竟需要何种品德来维持这样的自治？

我们可以在当代政治论辩的词语更替中，略见其初步的答案。

一些保守主义者以及近来某些自由主义者开始致力于复兴公民美德、品德培养、道德判断，以之作为公共政策和政治话语的考虑。从20世纪30年代到80年代，保守派一直在以自由至上主义的立论批评福利国家。然而，自20世纪80年代中期以来，保守派的主张主要针对的是联邦社会政策的道德后果和公民后果。如今，许多保守主义者认为，福利之所以与自由格格不入，不是因为它强迫纳税人，而是因为它让受益者产生了依赖性和不负责任的习惯，从而失去了完全的公民身份所要求的独立性。

自由主义者并不情愿去反对程序共和国，但他们也一样开始探讨公民议题了。1993年11月，比尔·克林顿在孟菲斯教堂发表演讲——马丁·路德·金遇刺前夜也曾在此布道。其演讲已然涉足晚近自由主义者竭力避开的道德和宗教领域。克林顿解释说，复兴市中心生活的工作至关重要，不仅因为它可能带来的收益，而且因为它的品德培养效应，因为它能为家庭生活带来纪律、秩序和自豪感。

但是，假使当前我们政治中的公民成分得到了更充分的表达，也确实改变了政治话语，那样就真的能缓解主宰力丧失、共同体被侵蚀等人们对民主的不满吗？就算是一种顾及而非回避实质性道德话语的政治，一种努力恢复培养方案的政治，也难免会面临可怕的障碍。这一障碍就在于现代经济生活规模庞大，难以获得足以将其掌控的民主政治权威。

这一困难涉及了两个彼此相关的挑战：其一是要创设能够驾驭全球经济的政治机构；其二是要培育公民的身份认同以维持这些机

构,并为其提供必要的道德权威。并不见得这两个挑战都能够得到实现。

资本与商品、信息与意象、污染与人群,正在以前所未有的容易程度实现跨国流转。在这样一个世界上,政治必须采取跨国的乃至全球的形式,才能跟得上发展。不然的话,经济力量就有可能不受经民主认可的政治力量的约束。传统上属于自治载体的民族国家将会发现,它们越来越难以引导民意去对左右其命运的经济力量施加影响。然而,经济全球化固然表明有必要采取跨国的控制方式,但仍有待考察的是:这些政治单元是否能够激发认同和忠诚,使民主权威最终能够在这种道德与公民的文化基础上建立起来。

全球经济中自治所面临的挑战,与美国政治在20世纪早期所处的困境有着惊人的相似之处。那时跟现在一样,新式的商业和通信溢出了人们熟悉的政治边界,并让人们跨越距离建立了互相依赖的网络。但是,这种新的互相依赖并没有带来新的共同体感。"互相依赖的呆板事实说明不了什么",简·亚当斯的这一洞见,如今还用得上。她那个时代有铁路、电报线、全国市场,我们的时代则有卫星网络、CNN、虚拟空间、全球市场——这些东西联系着人们,但未必能够使他们成为邻居、同胞或共同事业的参与者。

既然他们的困境与我们的差不多,那么似乎可以顺理成章地认为,进步主义解决方案的逻辑可以延展到我们的时代。既然应对全国经济的方式是加强中央政府,培养国民的公民意识,那么,应对全球经济的方式就应该是加强全球治理,并相应地培养全球或世界公民意识。具有国际视野的改革者已然开始阐述这一创意。由来自世界各地的 28 名政府官员组成的全球治理委员会最近发布了一份报告，呼吁将更大的权威赋予国际组织。委员会还呼吁，要努力激发"对全球公民伦理的广泛接受"，要"在经济交流的基础上"塑造"全球性邻里关系"，"并在普世的道德共同体中建立广泛的联系"。

我们这个时代的全球化冲动与进步主义时代的国家化计划之间的相似之处，在下述方面是能够成立的：没有跨国的政治组织，我们便无法管理全球经济，而如果不去培育广泛的公民认同，我们也难以维持这些组织。人权公约、全球环境协定以及管理贸易、金融和经济发展的世界组织，都需要公众的支持，去激发更大的参与感，以应对共同的全球命运。

但是，这种世界主义构想错在以为我们单靠把主权和公民认同往更高的层次上推，就能够恢复自治。如今自治的希望并不能寄托于重置主权，而是要寄托于分散主权。针对主权国家的最有希望的替代方案，并不是以人类团结为基础的世界性共同体，而是共同体和政治组织的多样化（其中一些组织范围比国家更大，有些则要小一些，这样，主权就被分散了）。唯有将主权既向上，也向下分散的政治，才能把全球市场力量的制衡力量与差异性结合起来，公共生活需要这种差异性，才可能激发公民的忠诚。

在一些地方，分散的主权促使那些次于国家的共同体（诸如加泰罗尼亚人、库尔德人、苏格兰人以及魁北克人）在文化上和政治上获得了更大的自治，甚至也促使欧盟以及其他跨国机构得到了强化和民主化。当国家主权被看得很重的时候所引发的那些冲突，在上述安排之下便得到了避免。美国从来不是欧洲意义上的民族国家，因而在美国，政治参与的布局将会采取不同的形式。美国的建国基于这样一个信念：主权不得集于一地。从一开始，美国宪法便在政府的各部门、各级别之间进行分权。然而，时至今日，我们同样也已经将主权和公民身份朝着国家的向度提升了。

在很大程度上，美国政治生活的国家化是对工业资本主义的响应。经济力量的集聚引发了政治力量的集聚。而今那些攻击大政府的保守派往往忽视这一事实。他们错误地认为，约束中央政府的权力，就可以解放个人，使之得以追求自己的目标；而实际上，这会导致他们任凭无羁的经济力量摆布。

保守派对大政府的批评引发了很大共鸣，但引发共鸣的原因并不是保守派所说的那些。美国福利国家在政治上有些脆弱，因为它并没有以符合其目标的国家共同体为基础。从进步主义时代到新政再到伟大社会，国家化计划仅仅是局部取得了成功。它力图营造一个强大的中央政府，却未能培养共同的国家认同。随着福利国家的发展，它采取得更多的是公平程序和个人权利的伦理，而不是社会团结和彼此负责的伦理。但事实表明，程序共和国的自由主义不过是福利国家所要求的强烈公民意识的一个不甚充分的替代物。

倘若美国只能激励起最起码的一致性，那么，全球共同体仅凭其自身的力量所取得的结果也好不到哪儿去。唯有一种复兴的公民生活，一种在我们所处的特定共同体中得到滋养的公民生活，才能为跨国民主政治提供更具前景的基础。处于北美自由贸易协定（NAFTA）的时代，邻里关系的政治变得愈发重要，而不是无关紧要了。无论那些遥远的"庞然大物"有多么重要，人们都不能保证效忠于它们，除非这些机构能够在某种程度上与参与者所认同的政治安排联系在一起。

超越主权国家和主权自我

对共同体认同的呼声日益高涨，这表明公众渴望这样的政治安排：它们能够使人们在日益受远方强大力量控制的世界中安身立命。曾几何时，民族国家承诺要响应这一渴望，要在认同与自治之间架起桥梁。至少在理论上，每一个国家都或多或少地是自足的政治体和经济体，它体现了由共同的历史、语言或传统所定义的全民族的集体认同。民族国家正是站在这样一个基础上要求其公民的忠诚：它所行使的主权体现了公民的集体认同。

然而，在当今世界，上述要求已经丧失了它的力量。由于跨国资本、商品、信息之流动，由于世界金融市场以及工业生产的跨国特征，国家主权受到了自上而下的侵蚀。而且，由于那些次于国家的组织再度追求自主和自治，国家主权还受到了自下而上的挑战。随着有效主权的丧失，国家日益丧失了其对公民忠诚的控制。受全球经济一体化倾向以及群体认同的碎片化倾向的困扰，民族国家要想在认同与自治之间架设桥梁，恐怕是难上加难了。即便是最强大的国家，也不能摆脱全球经济的规则；即便是最小的国家，也因为太过异质而难以在不压制其他群体的情况下，充分表达某一种族、民族或宗教群体的集体认同。

自从亚里士多德的城邦时代以来，共和主义传统一向将自治视为某种植根于特定地域的活动，由忠诚于该地及其相应生活方式的那些公民所实行。然而，如今的自治所要求的却是这样的政治：它在多重背景中展开——从邻里到全国再到整个世界。这样的政治要求公民能够容忍主权分置带来的模糊性，能够作为多重处境的自我（multiply situated selves）来进行思考和行动。我们时代特殊的公民美德就表现在我们能够在时而相互重叠、时而相互冲突的义务之间协调出一条道路，并能够容忍多重忠诚所引发的紧张关系。

塑造我们生活的全球化媒体和市场，将我们引到了一个疆域之外或归属之外的世界当中。然而，我们控制这些力量（或至少与之斗争）所需要的公民主义资源，仍然需要到那些能够让我们在这世上安身立命并赋予我们的生活以道德特性的地点与故事、记忆与意义、事件与身份当中去发掘。当前的政治任务是：培育这些资源，修复民主所依赖的公民生活。

第 2 章

超越个人主义：民主党人与共同体

本篇于 1988 年美国总统初选期间酝酿成文。这一年，迈克尔·杜卡基斯赢得了民主党提名，后在大选中被乔治·H. W. 布什击败。

半个世纪以来，民主党深得新政自由主义公共哲学的支持。民主、共和两党人士围绕着政府在市场经济中所扮演的角色，围绕着国家在基本需求的集体满足方面所担负的职责而争论不休。民主党人显然占了上风。1932—1964 年，除艾森豪威尔外，历届当选的总统皆是民主党人。

最终，共和党人不再抨击福利国家，而是声称自己能够将国家管理得更好。然而，辩论的言辞以及自由主义和保守主义的含义，依然脱不开新政议程的定规。自由派支持联邦政府在国内社会和经济生活中扮演更为重要的角色，保守派则反其道而行之。

两种方案彼此的消长形成了美国政治的节律。小阿瑟·施莱辛格曾经写道，美国政治从活跃到沉寂再到活跃，如此循环往复。因为，进步需要激情，而激情却难以持久，所以当自由主义一届届往前推进之时，总会插入保守主义的间歇，从而为深化改革提供舞台。

继共和党人踌躇满志的 20 世纪 20 年代之后，迎来了富兰克林·罗斯福和杜鲁门的激情岁月，然后便又回到艾森豪威尔的疲软时期。经过一段时间的巩固和铺垫，便又有了蓬勃的政治事业，肯尼迪呼吁"重振国家"，然后步入林登·约翰逊的"伟大社会"。到 20 世纪 60 年代末，困顿、纷乱的国家终于瘫倒在了尼克松的窘迫怀抱之中。

对政治钟摆的这番描述，说明了民主党为何在近些年显赫一时。虽然美国两党各有其特殊使命——民主党人改革，共和党人休整——但是，根据这种说法，民主党是道德提升和政治发展的主力军，它也确实当了半个世纪的主力军。正是民主党一手塑造了福利国家，而 20 世纪 60 年代的大问题（民权运动和越战），也是在民主党内部而非两党之间得以解决的。

若是严守着美国政治的轮回，1988 年本应该是民主党的年头。若是这个世界全然朝习惯思维的方向走，罗纳德·里根的 8 年任期之后，美国就该迎接改革了。

但我们有理由认为，轮回已停，模式已破。到了 20 世纪 70 年代，新政议程已经过时。其所酝酿的二元轮替，已然无力激励选民或激发有意义的辩论。从 20 世纪 60 年代到 80 年代，选民投票率持续下滑，对党派的忠诚日益销蚀，对政府的失望不断弥漫。与此同时，政客们力图揭示主流政治议程所忽视的那些挫折和缺憾。

左、右翼均孕育了抗议政治。1972年初选期间，民调专家惊奇地发现，乔治·华莱士的众多支持者竟然也将乔治·麦戈文作为仅次的拥戴对象。尽管两人有意识形态上的差异，但他们都诉诸平民主义的抗议传统。

1976年，吉米·卡特在预选时，将南方和进步主义的平民主义抗议路线合而为一。他与华莱士、麦戈文一样，采取的是政治局外人的竞选姿态，表现为联邦官僚机构和华盛顿当权派的批评者。然而，卡特参选时所抨击的那些缺憾，在其任内变本加厉。4年之后，又有罗纳德·里根号称政治局外人，他以批评政府的姿态参选，并一举成功。

卡特与里根以不同的方式谈到了新政议程未能应对的种种焦虑。两人都感受到了日甚一日的担忧：我们无论在个人方面，还是在群体方面，都越来越无法控制那些主导我们生活的力量。尽管近些年来，权利增多了，选举权扩大了，美国人却越来越觉得自己处于不讲人情的权力结构的钳制之中，而那种权力又超乎他们的理解，非他们所能驾驭。

到了70年代，自小习惯于生活水平不断提高、美国力量无可匹敌的一代人，突然发现世界不再听他们使唤。美国人自信能够塑造自己的个人命运，而10多年的通货膨胀和实际工资的减少，却使美国人自信扫地。这纷乱世界中爆发的一系列事件，标志着集体控制力的丧失：在越南，有一场我们打不赢的战争；在伊朗，人质被扣留，我们也难以雪耻；而1987年的股市崩盘，甚至连专家都不明所以。

更为糟糕的是，权力落入庞大机构之手的同时，传统共同体也在衰落。家庭与邻里，城市与城镇，宗教的、种族的、地区性的共同体或受到侵蚀，或被同质化，从而任由个人在缺乏居间共同体所提供的道德资源和政治资源的情况下，去面对无情的经济力量和国家力量。

现在我们显然看到，里根在任内并未动手解决他竞选期间所广泛激起的忧虑与渴望。他信誓旦旦说"美国昂首无畏"，这个论调既没有恢复美国人的自我主宰感，也没有逆转共同体的衰落。美国海军陆战队士兵在黎巴嫩被杀，武器换人质的努力以失败告终，华尔街跳水，天大的贸易逆差，这些都让人想起里根时代那个失控的世界。

然而，民主党人也难以从里根的失败中获益，除非他们从其有关自治和共同体的成功话语中吸取经验。说来也奇怪，美国自由主义的新公共哲学居然要师法里根的保守主义观念。

政治天才靠的是悟性，而非深思熟虑，就里根的情形而言更是如此。他的天分在于，他能够让美国保守主义的两条对立路线变得步调一致。其一是个体本位、自由至上、放任的保守主义，其二是共同体本位、传统至上、道德多数派的保守主义。前者要在公共生活中为市场寻求更重要的角色，后者则要为道德寻求更重要的角色。

个体本位的保守派相信，人们只要不伤害他人，想怎么做都行。这些保守主义者主张"别让政府老在人们背后盯着"。而共同体本位的保守派则与之相反，他们认为政府必须确立道德和宗教的价值。他们力图禁止堕胎，限制色情信息，恢复公立学校的校园祈祷。前者出于个人自由的名义，支持自愿从军；后者出于培养公民美德的愿望，支持义务兵役制度。前者将福利国家作为某种形式的强制慈善来加以反对；后者则支持福利国家，因为它促进了保守主义价值观。

里根力图同时接受两种伦理，而没有在两者间做出抉择。在其兼容并蓄的保守主义之中，米尔顿·弗里德曼与杰里·福尔韦尔合流，彼此共存了一段时间。当然，里根的政治功劳并不单是为自由派经济学家和基要派牧师牵线搭桥，而是要从保守主义理想之中，绅绎出救济时艰的一整套议题。

这里还有一重教益有待美国自由主义去吸取：那些更能触动人心的议题出自后一种路线，即共同体本位的保守主义思想路线。就里根有关个人自由和市场方案的各种言论而言，其诉求中最有力的部分乃在于他对共同体价值的倡导（涉及家庭与邻里、宗教与爱国主义）。里根激起的，是对近来显出衰退迹象的一种生活方式的渴求——一种更高境界的公共生活，这种公共生活的范围比民族国家要小，而且更有人情味。

不幸的是，近些年来，民主党人未曾就自治和共同体发表过什么高论。这并不只是个修辞的问题，其根源深植于自由主义政治理论之中。因为，与保守主义不同的是，当代自由主义缺乏第二种声音，或曰缺乏共同体路线，其基调是个人主义的。

与主张自由放任的保守派一样，自由主义者也认为，政府必须在道德和宗教问题上保持中立。自由主义者宁愿让个人自由地为自己选择价值,也不愿在法律上确立一种特定的善生活观念。他们认为,政府的职责在于保护人民的权利,而非促进公民的美德。政府应该提供一种能够在诸目的之间保持中立的权利框架,在此框架下,公民得以追求其所拥有的各种价值观。

尽管就保护个人权利的中立国家而言,个人主义的保守派与自由主义者享有共同的理想,但他们在何种权利最为根本、中立性理想所要求的是何种政治安排等问题上,却存在着分歧。保守主义者强调私有财产权,声称选择之自由能够在不受限制的市场经济条件下得到最为充分的实现。而自由主义者则答曰:真正的自由需要某种社会条件和经济前提,为此他们主张要有福利、教育、就业、住房、医疗等一系列权利。

因此,这种观点便沉寂了半个世纪。因为矛头主要是针对自由放任的保守派,所以自由主义者采纳了权利和资格的个人主义话语来为福利国家辩护。比如,建构社会保障体系的初衷,是要推行私人保险方案,而非社会福利计划,其资金来源于工资"缴费",而非一般的税收收入。富兰克林·罗斯福正确地认为,这将确保它在政治上能够站得住脚。

与欧洲的社会民主政体相比,美国的福利国家较少诉诸所谓的共同体义务和社会团结,而是更多地诉诸所谓的个人权利。鉴于美国政治文化的个人主义倾向,这恐怕是为基本物资的公共供给赢得广泛支持的唯一途径。

除了政治上的考虑之外,原则上也很难让自由主义者来提倡自治和共同体。他们会问:如果政府不是中立的,那么靠什么来防止不宽容的大多数将其价值观强加给异己者？民权斗争岂不是表明了"地方自治"可以是种族歧视的粉饰，"共同体"可以是偏见和不宽容的大本营？宗教右翼的兴起，岂不是已经告诉我们道德与政治混在一起会有多危险？

民主党人其实也谈论共同体，但他们指的往往是国家共同体。富兰克林·罗斯福主张"将地方共同体的古老原则进一步扩展到国家生活之中"，他鼓励美国人，要将自己视为国家共同体里面的"邻人"。最近，民主党人采用家庭来喻指国民间的纽带。林登·约翰逊在宣扬"伟大社会"时，便将美国视为"一个家庭，其人民靠共同的信心和友爱的纽带联系在了一起"。1984年，沃尔特·蒙代尔和马里奥·科莫也将国家比作家庭。蒙代尔曾说："让我们结成一体、结成一家吧，这样，我们便可以彼此关爱，用爱的纽带紧密地联系在一起。"

但是，将国家描述为家庭或者邻里的做法，已不再能够满足人们对于共同体的渴望。在今天看来，这一类比喻实在太牵强，难以服人。国家过于庞大，维持着的不过是微乎其微的共同之处；国家过于辽阔，能提供的不过是参与的偶然时机。

而地方性的归属，则可以将公民纳入超乎个人追求的共同生活，并通过培养其参与公共事务的习惯，从而实现自治。套用托克维尔的话说，它们使公民能够"在有能力施展的小范围内实施治理的艺术"。

至少从理论上说，其施展的程度将随范围的扩大而扩大。最先从里弄和镇公所、教堂和会堂、工会和社会运动中复苏的公民能力，最终在全国范围内得以体现。比如说，美国南方的黑人浸信会所推行的公民教育和所培育的社会团结，后来成了席卷全国的民权运动的首要前提。最先发生在蒙哥马利的巴士抵制运动，后来发展成对南方种族隔离制度的普遍挑战，进而引发全国性的公民资格和选举权的平权运动。当然，这场运动不仅仅是赢得选举的手段，其本身也是自治的契机、赋权的实例。它为地方归属和共同体纽带所缔造的公民参与提供了榜样。

从新政到伟大社会，权利和资格的个人主义伦理提供了蓬勃发展的动力。但是，到了20世纪70年代，它便丧失了鼓舞人心的能力。由于缺乏共同体敏感性，自由主义者能把握住人们的不满情绪。他们闹不明白，何以人民在拥有更多权利的同时，可能会失去一些实质性的权力。

这个时代的焦虑，在于居间共同体遭受了侵蚀。这些共同体处于个人与国家之间，包括家庭与邻里，城市与城镇，以及宗教、种族、文化传统所哺育的共同体。美国民主向来依靠这些共同体，以培育国家难以独力调控的那些公共精神。自治需要共同体，因为，当人民意欲掌握自己的命运之时，他们不仅是一些个人，而且是其所认同的公共生活的参与者。

然而，有关权利和资格的公共哲学使得民主党人对居间共同体持怀疑态度。从新政到民权运动再到伟大社会，自由主义的方案是要借助联邦政府之力，维护地方共同体无力保护的那些个人权利。由于不能满足人们对于自治和共同体的渴望，民主党人任由里根和宗教右翼来掌握这些愿望，并使其为保守主义所用。

这样一种退让的政治代价甚大，因为正如里根所表明的，政治的共同体维度具有强大的力量，绝对不容忽视。而这种退让在哲学上也是不必要的，因为，家庭、邻里、共同体、宗教问题，究其本质，并没有必然具有保守主义成分一说。恰恰相反，在现代情境中，传统的价值不可能靠保守主义政治来加以维护。里根未能凭借他所激发的愿景来执政，其失败便说明了这一点。

面对自治遭受侵蚀的问题，里根采取的办法是将权力从联邦政府下放到各州、各地方政府——削减联邦的财政支出，下放权力，放松管制。他们希望，更新了的联邦制度能使权力就近配置，从而恢复人民对于自己生活的控制。与此同时，联邦司法干预得少了，就可以任由共同体在堕胎、色情信息、同性恋、校园祈祷等问题上制定道德规范，从而强化传统价值观。

但是，这条道路注定是走不通的，因为它忽视了条件：这些条件首先引发了联邦权力的扩大，包括全国乃至跨国规模的公司力量的崛起。

当初设计联邦主义的时候，也是希望通过分散政治权力来促进自治。但是这种安排，又以一度风靡的分散化经济为前提。随着全国市场和大规模企业的成长，早期共和国的政治模式便在自治方面显得有些捉襟见肘了。自20世纪初以来，政治权力的集聚与经济权力的集聚如影随形，其目的是要维护民主的控制力。

里根所采取的那种分散化政府加非分散化经济的模式，只能算是半吊子的联邦主义。而从自治的角度来看，半吊子联邦主义比非联邦主义更糟。让地方共同体依靠远程发出的共同决策来讨生活，这样做并不是授权给它们；若说它有什么结果，那便是削弱了它们塑造自己命运的能力。

同样的道理，保守主义政治也不能满足对共同体的渴望。侵蚀传统价值观的最主要力量不是自由派法官，而是保守派所忽视的现代经济特征，其中包括：资本的自由流动及其对邻里、城市和城镇的瓦解作用；力量向大公司集聚，而大公司对其所服务的共同体并不承担责任；固定的工作地点，这迫使男女员工必须在职业发展和照顾孩子之间做出选择。

最终，里根的执政在鼓动方面取得了成功，在实行方面却失败了。无论是成功还是失败，他都留下了可供美国自由主义公共哲学改造参考的借鉴。

首先，自由主义应该学会自治和共同体的话语。这需要一种超越选举权的自治愿景，尽管选举权也很重要。同时，它还需要一种共同体愿景——这种共同体拥有介于个人与国家之间的大量公民资源。

其次，单靠说教并不能复兴共同体，除非人们认同它们并找到了理由参与其中。因而，民主党人需要激活属于他们自己的联邦主义，应该着手探讨与地方控制最为相宜的政治责任。民主党人的联邦主义理论，可以从界定最基本的国民权利开始，然后以这些权利为基础，设法赋予地方共同体以更大的、左右其生活的决定权。比如说，它得问一问，如何在保障种族平等、全体公民受体面教育这些全国性权利的同时，加强地方对于学校的控制。

再次，民主党人还得承认（共和党人不承认这一点）：凡是有意义的政治权力下放，都要求现代经济在结构方面进行改革。他们需要政策来应对资本的空前流动、大公司不负责任的权力，以及劳工与管理层的对立关系。将自治摆在第一位的公共哲学，应该少谈预算赤字、税率等宏观经济问题，而要多关注经济结构方面的问题。并且，它在阐述上述问题时，不仅要从 GNP（国民生产总值）最大化的立场出发，还应该考虑到共同体建设的需要，使共同体能够在可操控的范围内实现自治。

在这一点上，它令人回想起进步主义传统中的一场较为古老的辩论，这场辩论涉及的是最能够听从民主政府调控的经济秩序。部分新政人士支持国民经济计划，认为它是在应对经济力量时维护民主的一条途径；另一些人则支持反垄断政策和经济分散化。早在 20 世纪初，西奥多·罗斯福的新国家主义便与伍德罗·威尔逊的新自由主义政策针锋相对。尽管彼此有分歧，但是争论双方都很清楚：经济政策不仅涉及消费，而且关乎自治。今天的民主党人应该好好发掘进步前辈的那些真知灼见。

最后，民主党人应该断了这样的念头：将道德和宗教的话语从公共生活中清除出去。他们应该抛弃"政府可以是中立的"这一想法。公共生活如果没有了道德内涵和共同理想，就不可能维护自由，只能为不宽容打开方便之门。正如道德多数派所表明的，一种政治，倘若它的道德资源抛荒了，便会给那些强施狭隘道德教条的人留下可乘之机。基要主义者闯进了自由主义者不敢涉足的领域。自由主义者的对策不是回避道德话题，而是积极参与其中。其实，一直以来，自由主义者都不乏道德主张，而且往往旗帜鲜明。当年民权运动便是"以法立德",并大大方方地使用了宗教语言。

近年来,自由主义显得有些支支吾吾,因为它未能就公共的善的愿景提供任何辩护。这就等于把美国政治中最有分量的资源,拱手让给了保守派。关乎自治、关乎共同体的公共哲学,应该出于自由主义的目的要回那些资源,从而让民主党人得以恢复其作为道德教化和政治进步之政党的职业生涯。

第 3 章

讨巧美德的政治

<u>本篇及下一篇文章撰写于 1996 年美国总统大选期间，当时比尔·克林顿与共和党人鲍勃·多尔对决。克林顿以大幅领先的票数连任总统。</u>

自理查德·尼克松以支持法律和秩序、反对反主流文化运动的姿态荣登总统宝座以来，民主党人在价值观上便一直处于守势。但现在不同了。在当代美国政治的一次大翻盘中，比尔·克林顿在美德的政治方面占了上风。在过去的一年里，克林顿力挺电视分级童锁、宵禁、校服，谴责少女怀孕、未成年人抽烟和逃学的现象。有人嘲笑这些不过是小恩小惠的絮叨，他们估摸着总统到时候还会大张旗鼓地反对脏话。但是，此虽小节，在美国政治中却有持久的影响力，其耐力甚至超过了大节大义；这一点，共和党人早已明白。

最深知其中奥妙的，莫过于罗纳德·里根。他巧妙地倡导家庭与邻里关系、宗教与爱国主义，同时又提倡一种毫无约束、削弱了其所赞扬的传统和共同体的资本主义。别的共和党人也都步其后尘。乔治·W. H. 布什之鼓吹价值,与其说是出于信念,不如说是一种策略。他在国旗工厂作秀,让公众知道了威利·霍顿。丹·奎尔指斥做了未婚妈妈的电视明星墨菲·布朗。威廉·贝内特发起了一场运动,反对说唱歌词的暴力倾向。帕特里克·布坎南要我们"寻回我们的文化,赢回我们的国家"。相形之下,民主党人之所以拒斥美德的政治,并不是因为看不惯保守派特有的道德判断,而是因为他们压根儿就不认为道德判断在公共领域占有一席之地。当共和党人试图禁止堕胎、反对同性恋、鼓励校园祈祷之时,自由主义者则回答说,政府不应该以法立德,不能太在乎公民的道德品质。他们认为,从治国术转向灵魂塑造,未免会有强制的风险。政治该做的事情,不是去教人民怎么生活,而是要让人民有自主选择的自由。

这些自由主义者坚决主张,政治应该在道德和宗教事务上保持中立。他们的这一立场在原则上会误导人,在实践上也可谓代价高昂。在哲学的层次上也很难说得清,政府能不能、该不该对当前紧迫的道德问题保持中立。民权法案确实树立了道德规范,而且做得有理。它们不仅取缔陋习(比如便餐馆里的种族隔离),而且致力于陶冶道德情操。

且不说哲学,民主党人拒斥美德政治确实付出了巨大的代价,因为这就把政治的道德话语留给了保守派,任由其唱独角戏。这帮助共和党人赢得了1968—1988年六次总统大选中的五次。最终是克林顿打破了这一模式,他既强调权利,又大谈责任,终于作为一名"新民主党人"入主白宫。不过,克林顿从共和党人手中成功夺回价值观议题一事,还得等到1996年夏季才变得明朗起来。

有两件事令其梦想成真。其一是共和党人在中期选举中执掌了国会。克林顿既已无望再走立法这步棋,所以就在总统选举的修辞方面下功夫。于是,在白宫这个霸王讲坛上,传出了呼吁灵魂塑造的声音。

其二是鲍勃·多尔获得了提名,而在美德的话题上,多尔既乏天分,也少意趣。他唯一一次大胆尝试用道德对付市场是在一年之前,他在好莱坞发表了一通演说,指责制片人迎合大众口味(暴力、性、腐败),但他这么说并非真心。他最近又去了好莱坞,居然说市场与道德实际上没有冲突,制片人可以迎合我们的高贵本能而大赚一笔,比如《独立日》讲述一场针对外星入侵者的高科技阻击战,便取得了不菲的票房。多尔不再做警世的先知,而俨然成了情真意切的公关顾问。"在今日的好莱坞,主要趋势是,负责任就有好买卖。你可以在收视率上升、票房收入节节攀升的同时,仍能正视自己。"多尔甚至说,售票窗口就是"文化投票箱",它见证着美国人"喜欢美好而不喜欢怪诞,喜欢卓越而不喜欢压榨,喜欢从容的美德而不喜欢廉价的暴力"。

出于为其竞选增添活力之需要,多尔不得不在现代共和主义政治的两大热源之间有所取舍:宗教右翼的道德热情,或者,供给学派中坚分子的减税热情。由于堕胎问题的争吵分裂了共和党,多尔心怀厌倦,因此选择了后者,从而替克林顿打开了价值观前哨的缺口。《今日美国》曾就价值观问题对多尔进行采访，他的不耐烦溢于言表。他说，他的接受提名的演讲将会"慎言价值"。他将会指出："这要的不是一个村庄，而是一个家庭。如此等等。"但即便是对美德政治的这一勉强的让步，也似乎与他那直来直去的心态相抵触。"难道你会到处去说：'来吧！我是价值候选人。我会给你一些价值观'？"

克林顿则未曾这么吞吞吐吐，但他们的灵魂塑造计划还需要一些实质性内容。目前还不太清楚该怎么做。前几任总统登上讲台，劝说其同胞做出巨大牺牲：去冲锋陷阵，去向不幸者进行施舍，或者，为了公民美德而放弃物质享受。而真正让自由主义者忧心的是，灵魂塑造的最雄心勃勃的部分，往往会涉及某种程度上的强制，比如：19世纪有促使移民美国化的举措，或者，进步主义时代为了抵御贫困，采用了安置房以及其他道德提升手段。

然而，对于一个渴慕共同体但又受不了约束、追求道德目标但又缺乏牺牲精神的国家而言，何种灵魂塑造才合适？克林顿或靠谋划，或凭直觉，终于找到了答案：不是把道德约束施加给成人，而是施加给孩子。电视分级童锁、宵禁、校服以及大张旗鼓地反对逃学、少女怀孕、未成年人吸烟，凡此种种，都有一个共同之处：它们都通过关注孩子的道德品质来解决人们对于道德权威被侵蚀的焦虑。克林顿的美德政治要人们不折不扣地变得像个父亲，从而打消他们对于家长制的异议。

也许有人会抱怨：与历史上各种道德提升和公民培养方案相比，克林顿的说教仅仅实现了不痛不痒的灵魂塑造，而实施这样一种讨巧的美德，压根儿就没有触及成人的公民习惯和素质。但恐怕，我们如今能够盼望的仅限于此了。最起码，克林顿的美德政治要比什么国旗工厂或威利·霍顿高明一些。这正好帮了他的忙，使他得以成为继富兰克林·罗斯福之后，第一位获得连任的民主党总统。

第 4 章

大观念

在本届总统大选中,一个大而空的观念与众多有价值的小观念在一比高下。这个大而空的观念构成了鲍勃·多尔减税计划的核心:人们理应把收入中的更大份额留下来。然而,并不见得是理应如此。首先,还有预算赤字,大众需求也尚未得到满足,政府需要钱。其次,与其他工业民主政体的公民相比,美国人所缴的税在其国民收入中所占的比例已经算是小的了。最后,在多尔的承诺中,除了减税就没有更高的目标了,他显然违背了自己在接受提名的演讲中的信誓旦旦,说总统们应该以道德考虑为先,以物质考虑为后。多尔有时也想抬高减税的道德地位,认为过重的税额有损于自由。但并不见得每人将区区数百美元转入私人消费,就一定能够使美国人变得更自由。

比尔·克林顿的竞选并没有大观念,有的只是成堆的小观念——志愿者扫盲计划,职业培训券,禁用可穿透防弹背心的子弹,新的控烟措施,立法禁止强迫妇女在分娩后 48 小时内出产房,采取措施减少拨打 911 时的忙音。这些都是很好的想法,但它们并没有归结为一个治国理念。克林顿认定，他打选战不需要那样一个东西；他大概是做对了。

多尔的竞选最失败的地方在于：他让克林顿如鱼得水，他替克林顿免除了挑战，使得他不用再去检讨进步主义政治，不用去对付那些迟早会改变美国政治辩论的力量。如果帕特·布坎南获得了共和党提名，那么克林顿就不得不去应付那些因工作性质改变、传统共同体沦丧、全球市场兴起、国家主权削弱所带来的忧虑。然而，克林顿所面对的却是这样一个共和党人，其政治想象力深陷于困乏的政党政治的老套套之中，所以他可以牢牢抓住惯常的要点，而不必顾忌那些隐现在边缘的大问题。尽管克林顿总统口口声声说要架设通往21世纪的桥梁，但就本届选举而言，他日倘若尚未被人遗忘，人们对它的印象将是：它并非美国政治新时代的开端，而是旧时代的隐约回响。

能对21世纪有决定性作用的那一场选举，恐怕要等十几年之后才会到来。唯有当人们为形势所迫，找到了办法来解释新的生存环境之后，激励一个时代的那些问题才会浮出水面。"架桥通往"20世纪的那场选举，到1912年才出现。当时是民主党人伍德罗·威尔逊，与接着代表公麋党（进步党）的西奥多·罗斯福一起阐述了大观念，从而塑造了20世纪的政治。

他们的困境与我们的类似。那时就跟现在一样，经济生活的规模与政治共同体的言辞难以协调。铁路、电话、电报线和日报等跨越了地方的界限，使人们得以接触到远方的事件。全国市场和复杂的工业体系使得工人和消费者彼此依赖。但已经习惯于在小共同体中讨生活的美国人，却在难以掌控的力量面前深感无力。分散化的政治体制原是为农夫和店主设计的，在大公司的力量面前捉襟见肘。

这种以地方为根基的民主体制，怎么才能管理全国规模的经济呢？这一问题使威尔逊与罗斯福分道扬镳。威尔逊主张打破垄断，使经济力量分散化，这样，地方性的政治单位也能够让经济力量担负应有的责任。威尔逊声称，大企业已经变得"比这个国家的政治组织更加集中"。大公司的预算比州的预算还要高，"而且，就对各类人民共同体的生活和命运的影响而言，它们似乎比整个联邦还要大"。在威尔逊看来，仅仅接受和管控垄断力量，是一种投降。他质问道："难道我们已经落到这样的地步，就连美国总统也要在巨资面前脱下帽子，说，'您是我们无法抗拒的主子，而我们要知道的是怎样才能精益求精'？"

而西奥多·罗斯福则认为，大企业是工业发展的必然产物，他觉得没有必要去恢复19世纪的分散化经济。在他看来，对抗全国性经济力量的唯一办法，就是加强全国性民主机构的力量。对付大企业的办法就是大政府。罗斯福要用全国性的政治力量来抗衡全国性的经济力量。但他同时又认为，全国性民主体制所需要的不仅是政府的集权，而且是政治的国家化。政治共同体必须重组为全国性质的共同体。罗斯福的"新国家主义"力图在美国人中间激发出"真正的、持久的道德复兴"，并树立起一种新的国民身份意识。

威尔逊赢得了选举，而罗斯福的"新国家主义"却赢得了未来。从新政到伟大社会，甚至到里根和金里奇的时代，国家化计划都在为美国政治辩论提供动力和目标——不管是意欲拓展联邦政府职责的自由派,还是想要限制联邦政府的保守派,都从中汲取力量。

而我们今天所面临的新困境,与20世纪初美国人所面临的困境是类似的。今天与当时一样,新式的商业和通信跨越了政治的疆界,它们既编织了相互依赖的网络,又破坏了人们熟悉的共同体。当时有铁路、电报线路和全国市场,如今我们有虚拟空间、CNN和全球市场——这些手段将远距离的人们联结在了一起,却没有让他们成为邻居、公民同胞或有共同事业的伙伴。经济生活的规模再次超出了现存民主制度的范围。因此,我们的政治笼罩着一重困乏感,我们忧心如焚,怀疑两党还能不能在消解时代焦虑方面大有作为。

我们今天辩论的问题,与当年威尔逊和罗斯福最关注的问题并无相似之处,可见我们的政治有多贫乏。民主在全球经济框架内还有没有可能?从北美自由贸易协定到关贸总协定(GATT),再到国际法庭,这些新兴的国际机构怎么能够激发对于邻人和国家的忠诚?如果公民美德必须在离家近的地方(学校、教堂或工作场所)才能得到很好的培养,那么,这些共同体又如何能够帮助我们获得在全球规模上行使公民权利的能力?通往21世纪的桥梁,不可能用一大堆小答案来构筑,而应该用几个大问题来架设。

第 5 章

礼貌问题

<u>对不文明和党派性的担忧，也属于美国政治的老生常谈之一。此种担忧在 1996 年大选的余波之中再度引起了关注；通过这次选举，克林顿总统得以连任，共和党则继续执掌参众两院。</u>

在美国人的生活中，粗鄙不受欢迎，举国上下一致提倡文明礼貌。美国人已经厌烦了骂人广告、揭短竞选和党派结怨，同样，美国人也讨厌日常生活中的不文明举止，如在高速公路上横冲直撞，好莱坞电影和流行音乐中的暴力和野蛮，日间电视中厚颜无耻的爆料，向裁判吐唾沫的棒球明星……

克林顿总统和共和党领袖们知道民众对不礼貌的反感，于是承诺要超越党派偏见，寻求共同的基础。国会议员们策划了两党周末静修活动，以增进彼此的了解，并设法用更文明的方式来表达双方的分歧。与此同时，越来越多的全国性委员会采取了措施来复兴公民身份和共同体。

美国人有理由担忧日常生活中的不礼貌，但切莫以为，举止文明、待人礼貌就能够解决美国民主的根本问题。在政治中，文明礼貌作为一种美德，往往被抬得过高。

礼貌存在的问题，正是引得政治人物赞美它的理由：礼貌是无可争议的。但是，正常运行的民主政治往往充满了争议。我们推举政治家去辩论那些充满争议的公共问题，如：教育开支或国防开支是多少？用多少钱去救济穷人？如何惩治犯罪？该不该准许堕胎？我们不必顾忌辩论所造成的喧嚣和吵闹，那正是民主政治的声音和景象。

若是能够本着互相尊重的精神，而不是怀着敌意来进行政治辩论，那当然是求之不得的事情。不过现如今，呼吁政治的礼貌，往往变成了好听的借口，以期对方少来追究非法竞选捐款或其他不当行为。同样，超越党派偏见的呼吁，也可能混淆合理的政策分歧，或者使无原则、无信念的政治得以合法化。

从新政到民权运动，有原则的政治一向是党派性政治，至少是意味着要动员那些政见相投的公民去为某个遭受反对的事业而战。

靠劝说或通过弱化政治分歧的办法，并不能根除今日美国生活中四处泛滥的不文明行为。那是伴随着我们的公共生活的一种根深蒂固的病症，难以靠党派声音的弱化来加以疗治。美国人为不文明现象担忧，实则反映了更深层次的隐忧：共同体的道德架构正在我们身边瓦解。从家庭、邻里到城市、城镇，再到学校、教堂和工会，这些机构一直以来都在为人们提供道德支柱和归属感，而今却变得岌岌可危了。

诸如此类的共同体有时被统称为"公民社会"的机构。一个健全的公民社会之所以重要，不仅是因为它提倡文明礼貌（这固然也是令人欣喜的副产品），而且是因为它所提倡的习惯、技能和品德能够使民主社会的公民充满活力。

当然，公民社会的各个机构都有其特定的目标。学校旨在教书育人，教堂和会堂是为了崇拜，如此等等。而当我们上学或加入教会之后，我们也就培养了公民美德，拥有了好公民应有的品质。比如我们学会了如何顾及全体的利益，如何担负对旁人的责任，如何处理利益冲突，如何在尊重他人意见之时为自己的见解辩护。总之，公民社会的这些机构使我们摆脱了自私自利的心态，使我们养成了参与公益的习惯。

一个半世纪以前，托克维尔称赞美国的充满活力的公民社会，说它培养了"心灵的习惯"，为民主奠定了基础。如果托克维尔所言不虚，那么就有理由为公民社会的健康而担忧（姑且不说它影响了人们在商店、在街头的举止）。

倘若家庭、邻里、学校出了问题，它们就不可能培养出一个成功的民主政体所需要的积极向上、怀有公德的好公民。（最近选举中的糟糕局面便说明了这一点。）

这起码是形形色色的全国性委员会的一个重要出发点；这些委员会冒出来，正是要想方设法来复兴公民身份和共同体。它们包括：本月在费城成立的"宾州全国社会、文化与共同体委员会"，威廉·贝内特和前佐治亚州参议员萨姆·纳恩领导的公民复兴全国委员会，前教育部长拉马尔·亚历山大任主席的慈善与公民复兴全国委员会，以及坐落在波士顿的公民社会协会（最近它公布的一项公民复兴计划由前科罗拉多州众议员帕特里夏·施罗德主持）。

这些努力能否重振美国的公民生活，首先取决于它们是否愿意去应对那些富有争议的难题，因为正是这些问题所涉及的因素，严重破坏了维护美德的共同体。它们必须抵制这种委员会特有的诱惑，避开充满政治色彩的问题。

表面上看，复兴公民社会的举措与提倡公共生活中的文明礼貌一样，都属于非党派性的诉求。使家庭、邻里、学校变得更好，这样的努力谁会反对呢？但是，重振公民社会的努力要想不引起争议，除非它停留在劝导层面，就好像独立日演讲和国情咨文那样。

任何提振作为价值载体的共同体的真正举措，都必须面对那些破坏共同体的力量。像贝内特先生这样的保守主义者，将维护美德的机构所受的威胁归于两大根源：流行文化和大政府。

在他们看来，说唱音乐和低俗电影教坏了年轻人，而大政府和福利国家则消磨了个人的创造性，削弱了地方自助的积极性，抢占了居间机构的角色。他们主张要修剪大政府这棵遮阴大树，这样，家庭、邻里以及教会的慈善活动就能够在阳光下、在猛长的大树被修剪后留下的空间里茁壮成长。

文化保守主义者确实有理由担忧流行娱乐的粗俗化后果，因为流行娱乐和广告攻势一起，勾起了消费的热望，导致了与公民美德格格不入的政治冷漠。但他们却错误地忽视了最为了不得的力量——不受约束的市场经济的腐蚀力量。

当大公司动用其力量，从急需就业机会的城市和州那里获得减税、分区规划变更、环保政策退让的时候，它们对于共同体的瓦解作用比任何联邦命令影响都要深远。当日益加剧的贫富分化致使富人撤开公立学校、公园和公共交通而遁入特权飞地的时候，公民美德就变得难以维持，公共的善便从人们的视野中渐渐消逝了。

任何重振共同体的努力，都必须与那些蚕食社会结构的经济力量和文化力量进行斗争。我们需要的政治哲学，应该探讨什么样的经济秩序最适宜于自治以及维持自治的公民美德。公民重振的举措之所以重要，并不是因为它提供了消弭政治分歧的途径，而是因为健康的美国民主政体需要公民社会的重振。提倡文明礼貌也是同样的道理。

第 6 章

弹劾今昔谈

<u>本篇评论写于 1998 年，当时众议院启动了针对比尔·克林顿的弹劾程序。众议院基本上按党派投了票，最终通过了两项弹劾条款。但克林顿仍受公众支持，参议院表决予以赦免。</u>

我也曾是一名 21 岁的华盛顿实习生。在大学三、四年级之间的那个暑假，我在《休斯敦纪事报》驻华盛顿记者站当记者。那是 1974 年的夏季，众议院司法委员会正在考虑弹劾理查德·尼克松。

尼克松曾说："让他们沉湎于水门好了。"我那时沉湎得不亦乐乎。7 月 8 日，我坐在最高法院的会议室里，聆听特别检察官利昂·贾瓦斯基与总统的律师詹姆斯·圣克莱尔辩论是否应该迫使尼克松交出他的录音带。（其实我只听了半场口头辩论。新闻区实在太拥挤了，不少报纸记者只能共用庭内座椅，每隔半小时轮流进出。）几天之后，众议院司法委员会公布了其工作人员所准备的证据案卷。那可不是像今天这样,"转储文件"可以即刻上网,那时的案卷往往要在头天晚上拿到国会大厦,封着以待次日早晨公布。我自告奋勇,去收拾指派给我们报纸的案卷拷贝,并将其扛到国会山后边的公寓里,一读便读至深夜,以便从大量案卷中挑出可披露的新内容。当夏季结束之际,我获准保留了一份案卷,那可真是一个庞大的纪念品啊。

最近的弹劾风波触动了我,于是我将那发黄的案卷从架子上抽了出来。对照着《斯塔尔报告》,1974年委员会的《信息陈述》可谓严谨之至。它只涉及事实和证明文件,而没有辩护和结论。它还包括由尼克松的律师提供、由委员会发布的平行案卷,其中强调的是对总统更为有利的证据。

尽管表面上有一些相似,但那年夏季我在场的弹劾听证却与如今在华盛顿展开的那些听证有许多不同。那时跟现在一样,国会的多数党负责调查处于第二任期的反对党总统。委员会中两党党员比例基本相当:一个是21∶17,民主党占多数,彼得·罗迪诺任委员会主席;另一个是21∶16,共和党占多数,亨利·海德任委员会主席。罗迪诺的调查就跟当前众议院共和党人提议的一样,不受时间和问题的限制。从受权调查到最后表决,差不多花了6个月。最终,罗迪诺得以确保两党多数赞成弹劾,同时也赢得了全国的舆论支持。

海德委员会恐怕不能取得这些成就,理由有三。第一个理由与国会内部的变化有关。大家知道,今天的众议院,尤其是司法委员会,与25年前相比,党派之争更激烈了。这样的对照未免有一丝怀旧的情结。尼克松的弹劾听证并不缺乏党派激情。委员会中有12名民主党人，包括马萨诸塞州的罗伯特·德里南、纽约州的查尔斯·兰热尔和伊丽莎白·霍尔茨曼、密歇根州的小约翰·科尼尔斯（为现任委员会的资深少数派），因为尼克松对柬埔寨的秘密轰炸而投票弹劾他。（这一条未能通过。）在大老党（共和党）方面，查尔斯·威金斯（代表尼克松原在的加利福尼亚州选区）以及小查尔斯·桑德曼（一名好斗的新泽西州共和党人），则始终大张旗鼓地维护他们的总统。当时跟现在一样，少数派抱怨消息走漏，处理不公。

但是，当时的火药味没有现在浓，政党和意识形态也不像今天这样泾渭分明。在罗迪诺委员会的21名民主党人中，有3人是来自南方的保守民主党人。沃尔特·弗劳尔斯（亚拉巴马州）、詹姆斯·曼恩（南卡罗来纳州）、雷·桑顿（阿肯色州）均来自1972年高票支持尼克松的选区，他们的投票到弹劾程序后期还不明确。共和党方面则包括北方的温和人士，如缅因州的威廉·科恩（现为国防部长）、纽约州的小汉密尔顿·菲什、伊利诺伊州的汤姆·雷尔斯巴克。南方民主党人与共和党温和派往来密切，缓和了弹劾过程中的党派对立。结果，全体民主党委员和7名共和党委员投票赞成弹劾。

第二个重要区别涉及总统不当行为的性质。尼克松的过错——掩盖水门窃听（第一项弹劾条款）和动用FBI（联邦调查局）、CIA（中央情报局）、IRS（美国国税局）来对付政敌（第二项弹劾条款）——是典型的"对政府体制所犯的严重错误"；委员会说得很对，弹劾旨在补救。委员会投票后不久，尼克松交出了那盒被称作"确凿证据"的磁带，表明他参与了掩盖水门窃听的阴谋，至此，那10个挺他的铁杆共和党委员也宣布赞成弹劾。他们在少数派附录中写道，"只有当错误严重威胁到宪法所确立的政府体制的时候"，总统才必须下台。一些忠于尼克松的委员也在陈述书上签了字，包括当时的新任众议员特伦特·洛特。而今海德、洛特及其共和党同僚，恐怕难以说服民主党人以及全国老百姓相信克林顿的不当行为对宪政体制构成了威胁（尽管其行为也应受到谴责）。

第三，之所以很难想象全国支持弹劾克林顿，原因还在于总统在美国生活中角色的变化。越战、水门事件以及现今的克林顿性丑闻，已经损害了总统的尊严和光环，鼓励总统候选人在全国电视观众面前表明心迹、袒露缺点的媒体报道风格也是如此。克林顿与尼克松相比，更讨人喜欢，但没那么受人尊敬。吊诡的是，正是少三分敬意的境况，使克林顿免遭勃然大怒和理想受损所带来的恶果，而尼克松却未能幸免。

7月27日晚，当罗迪诺主席让工作人员唱名表决的时候，我就坐在雷伯恩国会办公楼的2141室内。现场鸦雀无声，只听见委员会的委员们一个接一个地回答"是"或"否"。其中说"是"的声音很轻，轻得几乎听不见。这一时刻颇有几分宗教般的庄严。当第一项弹劾条款表决后，罗迪诺的槌子落下，新闻记者们像往常一样，纷纷冲到了前面委员们坐的地方。我的任务是要从强悍的芭芭拉·乔丹那里套出一两句话来。这位来自休斯敦的民主党国会议员在整个听证过程中口若悬河，相当引人注目。"现在，我不想对任何人说任何话。"她突然情绪失控。很快，她噙着泪水躲进了后面的房间。我转身而返，感触良多。即便与尼克松作对的民主党人也感到了这次弹劾的沉痛。如今已经很难想象这种民心震颤的时刻了。
　　　　　　　　　　　　　　　　　　　　　　　62

第 7 章

罗伯特·肯尼迪的承诺

1968 年，罗伯特·肯尼迪在加州初选获胜当晚遇刺身亡。回想起他的死，总不免会做本该如何如何的遐想。因为他在竞选总统期间，已经走向了某种政治愿景，对战后美国自由主义的自鸣得意形成了挑战。倘若他还活着，他恐怕已经让进步主义政治步入新的、更为成功的轨道。在他去世后的几十年里，民主党未能恢复其道德能量，未能重拾其大刀阔斧的公共目标，而这一切，罗伯特·肯尼迪早有交代。

尽管肯尼迪替穷人着想，也反对越战，但在气质或意识形态方面，他不是一个自由主义者。他的政见与党内主流相比，在一些方面更保守，在另一些方面则更激进。与大多数自由主义者不同，他担忧大政府鞭长莫及，支持权力分散，批评福利是"我们最大的内政失败"，不相信经济增长是包治社会百病的良方；对于犯罪，他主张采取强硬路线。

有人认为，罗伯特·肯尼迪对自由主义正统的偏离是精明的策略，既可以赢得劳工阶层的白人投票者的支持，又能保留少数族裔和穷人的支持。它确实有那样的效果。在1968年印第安纳州的初选中，肯尼迪显然做到了，他既赢得了86%的黑人选票，又拿下了曾在1964年全力支持乔治·华莱士的各县。记者杰克·纽菲尔德恰如其分地将肯尼迪称作唯一"能够同时向弱势两极说话"的候选人。

不过，肯尼迪与20世纪60年代自由主义的传统观念不相投合，并不只是一种政治策略。他的话之所以有反响，是因为它吸取了现代管理政治未能容纳的那些公民愿景和共同体愿景。罗伯特·肯尼迪在努力阐述那种针对时代困局的公共哲学的过程中，复活了一种古老的、高要求的公民生活愿景。按照其理想，所谓自由并不单单在于有公平机会获得消费社会的福利，它还要求公民享有自治，能够共同塑造那些左右着集体命运的力量。

肯尼迪采取的公民主义政治路线，使他得以表达60年代后期的焦虑（而且它们延续至今）：对政府不信任，感到无力，担心共同体的道德架构瓦解。自由主义者在立论时往往采用个人主义的话语，或者诉诸国家共同体的理想。相比之下，肯尼迪则强调介于个人与国家之间的那些共同体的自治的重要性，并为现代社会丧失了这些共同体而感到难过："国家或城市过于庞大，难以提供共同体的价值……邻里之外的世界日益变得冷漠和抽象"，超出了个体能够掌控的范围。"急遽扩张的城市，正在吞噬着里弄和小区。一套套房屋拔地而起，但却没有地方供人们散步，供父母和子女相聚，供公众开展活动。要穿过昏暗的隧道或乏味的高速公路，才能到达遥远的工作地点。医生、律师和政府官员往往来自别处，而且几乎都不认识。在那么多地方——在宜人的郊区和城市街道旁——所安的家居然成了睡觉、吃饭和看电视的地方，而共同体却不是我们所生活的地方。我们四处奔波，因而无处安身。"

在谈到国内城市问题时，20世纪60年代的民主党人总是强调失业，而共和党人则大谈犯罪。肯尼迪令人信服地谈到了失业和犯罪问题，并将两者与公民议题结合起来。他认为，犯罪的悲剧不仅在于它对生命的危害，而且在于它对邻里和共同体等公共空间具有破坏作用："家家闭户锁门，这样的国家并不自由，因为它为恐惧所困。公民都害怕上街，这样的国家不正常，因为隔绝会极大地妨碍公共参与。"同样，失业也构成了对公民地位的挑战，而不啻于经济问题。问题不仅在于人们失业后没有收入，而且在于他们不能参与公共的公民生活。"失业意味着无所事事，也就是说，跟我们中别的人不打交道。没有了工作，与自己的公民同胞不再相干，那可真是成了拉尔夫·埃利森笔下的'看不见的人'了。"

肯尼迪与主流自由主义观点的最主要区别表现在福利问题上。与反对将联邦开支用于穷人的保守派不同，肯尼迪之所以批评福利，是因为它有损于受惠人的公民能力。它使"我们成千上万人陷于依赖和贫困而不能自拔，眼巴巴等着他们的公民同伴开支票帮助自己。同伴情谊、共同体的团结、共同的爱国精神——我们文明的这些核心价值并不只是靠一同购买和享用商品而形成的。它们源自一种共同享有的个体独立和个人奋斗的精神"。消除贫困，不能靠政府提供保障性收入，而要靠"收入不菲的体面工作，这种工作可以让他对自己的共同体、对自己的家庭、对自己的国家，尤其是对他自己说，'我为国家建设出了力了。我已经投身于它那伟大的公共事业之中'"。而保障性收入，无论它有什么样的益处，"都不可能带来自豪感、共同体生活的参与感，而这些感受，对民主政体的公民而言却是至关重要的"。 ⁶⁵

如果民主党人采纳了罗伯特·肯尼迪对于犯罪的强硬立场，那么他们恐怕已经成功地剥夺了一代共和党人最有分量的议题之一。如果民主党人能够重视肯尼迪对于福利的担忧，那么他们就可以在不抛弃穷人的情况下对福利进行改革，从而避免长期以来在福利上的民怨以及由此造成的与政府的进一步对立。如果民主党人从罗伯特·肯尼迪那里学会了重视共同体、自治、公民美德，那么他们就不会将如此强而有力的理想拱手让给罗纳德·里根那样的保守主义者。三十年后的今天，进步主义的理念还得重新激发出令人信服的声音。我们仍然需要一种奋发的理想主义来号召我们重塑公民资格，而这种资格所包含的远远不只是消费社会应有的基本教导。 ⁶⁶

Part 2

第 二 编

道德和政治主张

本编文章涉及平权法案、排污权和干细胞研究等当前立法和政治争论中提出的道德主张。其中一些文章研究市场的道德局限，未来我计划写本书更系统地探讨这一主题。我在第8~13章提出，市场行为和商业驱动会败坏公民体制，腐蚀公共领域。两个突出的例子：一个是人们越来越热衷于通过官办彩票、校园商业广告来筹集教育及其他公共项目的资金；另一个虽不那么突出但却同样带来不良后果的例子是，商标、商业主义、市场规则扩张到包括政府、体育和大学的领域，而这些领域在传统上，至少在一定程度上是由非市场准则控制的。

第14章《我们应该购买排污权吗？》，反对的是美国在这方面的做法，即美国坚持全球环境协议应该包括一个可交易的排放方案，允许各国买卖排污权。该文一度引发了经济学家们的抨击，对他们而言，可交易的排污权是市场机制促进公共的善的绝佳案例。文章发表后不久，我便收到了我校经济学教授的一张便条。他出乎意料地对我的主张表示赞同,但要求我不要透露自己从他那里学到了经济学知识。

我们常常认识不到,在关于机会、荣誉和奖励的公正分配之争的表面下潜藏着道德应得问题。第15~17章主要关注的是,在当代关于残障人士的权利、平权法案和刑事处罚的辩论中,引发争论的应得概念至关重要。第18章《克林顿和康德论撒谎》,以克林顿总统对其性行为不检点所发的假誓为例,来考察伊曼纽尔·康德关于说谎和误导之间的道德区分。

当政治家、活动家和政治评论家谈到政治中的道德时,他们头脑中常常想到的是那些文化论争所关注的富有道德和宗教意味的问题——堕胎、同性恋权利、协助自杀和近来较为突出的干细胞研究。第19~21章讨论了这些问题。贯穿这些文章的是这一判断:自由主义试图评论权利,却在争论中不诉诸基本的道德和宗教要求,就这一点而言,其宽容是有缺陷的。

有人主张,对于那些根深蒂固的道德和宗教信念,尤其是那些涉及人类生命起源和神圣性的信念,进行理性论证是不可能的。这些文章将挑战这一主张。第20章对干细胞研究伦理的讨论,源自我作为美国总统生命伦理委员会成员时遇到的那些辩论。该委员会由总统乔治·布什任命,负责审查新生物医学技术的伦理影响。我在委员会和其他同事一起积极辩论,这使我坚信我的感觉:即使是针对那些如人类胚胎的道德地位一样令人担忧的问题,也可以进行理性论证。(这并不意味着理性论证必然导向一致同意。这篇文章所述观点仅为个人之见,不代表委员会其他成员的意见。)第21章讨论备受争议的堕胎和同性恋权利问题。我将从20世纪60年代隐私权案例到2003年废止禁止男同性恋和女同性恋行为法律的案例出发，评价美国最高法院在这些问题上的推理。

第 8 章

反对州营彩票

政治腐败有两种形式。常见的是那种见不得人的勾当：贿赂、回扣、以权谋私、掮客把钱塞到官员兜里以换取准入资格和好处。这些腐败私下"兴盛"，被曝光时常会受到谴责。

还有另一种腐败，在某种程度上是在众目睽睽之下发生的。这既非偷盗，又非欺诈，而是改变公民习惯，逃脱公共责任。第二种，即公民腐败，比第一种腐败更隐蔽。它不违背法律，但却使良法所赖以生存的精神源泉衰竭。等到人们意识到这类腐败的时候，其导致的新习惯可能已经无孔不入，难以扭转。

让我们考虑一下自开征所得税以来公共财政中最具决定性的改变：州营彩票的大肆泛滥。20 世纪的大部分时间里，彩票在各州均属非法，如今却突然成了政府财政收入剧增之源。1970 年，美国有两个州发行彩票；如今，40 个州以及哥伦比亚特区都在发行彩票。1985 年，彩票销售不过 90 亿美元，而 2004 年，全美范围内的彩票销售额超过 480 亿美元。

传统上反对彩票的理由在于赌博是一种恶习。最近几十年，这一反对理由失去了力量，部分原因在于"罪"的概念发生了改变，也在于和以往相比，美国人更不愿意让道德法律化。即使人们认为赌博在道德上是可耻的，应该反对，但只要对整个社会来讲并没有有害的影响，就不至于仅仅基于这个理由就禁止赌博。

撇开传统的、家长式的对赌博的反对，州营彩票的赞成者提出了三个看似不错的理由：第一，彩票是在不加征税收的情况下，增加财政收入以用于重要公共设施的一种没有痛苦的方式；彩票是个人选择，不像税收那样有强制性。第二，彩票是一种流行的娱乐方式。第三，彩票给卖彩票的零售商（如便利店、加油站和超市）和宣传彩票的广告公司、传媒业带来了商机。

那么，州营彩票问题何在？一方面，它们虚伪地依赖于一种对赌博残留的道德异议，而在明面上，州营彩票的拥护者是反对这种异议的。基于传统的道德理由，不允许私开数字押赌，所以彩票由政府垄断经营。由于垄断经营，州营彩票获得了巨额利润。（在拉斯维加斯，各赌场相互竞争，老虎机和牌桌大约要缴纳90%的盈利税收。垄断经营的州营彩票却只要缴纳50%。）州营彩票的自由至上主义辩护者不能同时解释以下现象：如果彩票像干洗店一样，是一项道德上合法的事业，那么它为什么不能向私营企业开放呢？如果彩票像卖淫一样，是道德上应受谴责的事，那么政府为什么要参与其中呢？

彩票拥护者经常这样答复：人们应该自行决定赌博的道德地位。他们指出，没有强迫任何人去玩，那些反对者可以不玩。对那些受到州政府从罪恶中获得财政来源这一想法困扰的人，彩票拥护者回答,政府常常对许多所谓的不良产品(如酒和烟草)征收"罪恶税"。这一主张进一步认为,彩票比征税要好,因为它完全出于自愿,是一件可选择的事情。

但彩票的实际运作极大地偏离了这一放任主义的理想。各州不仅为其公民提供赌博的机会,而且积极促进和鼓励公民去赌博。每年近4亿美元的彩票广告投入,使彩票成为全美最大的广告客户之一。如果彩票也是"罪恶税"的一种形式,那么它是唯一一个让政府耗巨资鼓励其公民犯罪的税种。

毫不奇怪,彩票把最积极的广告瞄准了最佳消费者——工人阶级、少数族裔和穷人。在芝加哥某贫民区,一个吹捧伊利诺伊州彩票的广告牌这样宣称:"这可能是带你离开这里的车票。"广告经常激发人们中头奖、永远不用再工作的幻想。每月月初,社会保障款和福利金到账的时候,也是彩票广告在各电视、广播电台中泛滥的日子。和政府其他生活福利设施(比方说,警察保护)形成鲜明对比,彩票销售店挤满了穷人和蓝领,富人则很少光顾。

马萨诸塞州是全国人均彩票销售额最高的州,这为蓝领偏爱彩票提供了一个有力的证明。据1997年《波士顿环球报》的系列报道,在马萨诸塞州最穷的城镇之一切尔西,每363个居民就有一个彩票代理点;与此相比,在高消费阶层居住区韦尔斯利镇,每3 063个居民才有一个彩票代理点。和其他各州一样,在马萨诸塞州,这种"没有痛苦的"税收替代物是以极为倒退的方式增加了财政收入。令人吃惊的是,去年切尔西的居民在彩票花费上达到了人均915美元,大约占他们收入的8%;而住在林肯这个富裕郊区的居民，在彩票上的花费仅为人均 30 美元，只占他们收入的千分之一。

对越来越多的人来说，玩彩票并不是其倡导者声称的那样，是自由自愿的选择。即时游戏，如刮奖和基诺（一种电脑彩票，每五分钟开奖一次），现在已经成为彩票中最赚钱的游戏，是导致赌博成瘾、赌场和赛马场争相出现的主因。赌博者互诫会中的彩票成瘾者越来越多，比如有个人每天要刮价值 1 500 美元的彩票，结果耗尽了他的退休积蓄，欠了 11 张信用卡的债务。

与此同时，政府和这些成问题的赌博者一样，对彩票也上了瘾。在马萨诸塞州，现在彩票收入已经攀升到州财政收入的 13%，这带来了令人意想不到的根本改变。尽管困扰于彩票的危害，但没有政治人物敢用增税或大幅削减投入来代替彩票带来的财政收入。

政府沉溺于金钱，只能继续用与构成民主生活的工作、奉献和道德责任不一致的信息愚弄其公民，尤其是那些最脆弱的人。公民腐败是彩票带来的最严重危害。政府沦为堕落的公民教育的承办商，腐化了公共领域。为了保持盈利增长，现在美国各地的州政府都在使用其权威和影响力，不是培养公民美德，而是散播虚假的希望。政府必须说服公民，只要有一点点运气，他们就能逃离那个他们不幸陷于其中的劳作世界。

第 9 章

教室里的商业广告

波士顿红袜队的球场边上刚立起巨大的可乐瓶时,当地的体育评论家抗议,如此俗气的商业行为玷污了神圣的芬威球场。但是,棒球场长期充斥着宣传牌和广告。今天,球队把球场的冠名权卖给公司已成常态,如科罗拉多落基山队在库尔斯棒球场打球。无论怎样令人不快,这些商业行为似乎并未腐化体育竞技或毁灭体育运动。

对于最新的商业前沿——公立学校,却不能说同样的话。公司侵入教室,使学校沦为骗子强行兜售的天堂。由于渴望俘获尚在学习中的消费者从而乘机赚钱,公司向教师们提供大量免费录像、海报和"学习工具",这些产品被设计出来,在孩子们的脑海中留下企业形象和醒目的商标名称。现在,学生们从好时巧克力和麦当劳提供的课程材料中了解营养学,或者通过埃克森石油公司制作的录像来学习阿拉斯加石油泄漏所带来的后果。亚历克斯·莫尔纳在《给孩子们以商业》一书中说,孟山都农场录像讲述奶牛生长激素在牛奶生产中的好处,而宝洁公司的环境课程教导学生一次性尿布有利于地球。

并非所有企业赞助的免费教育用品都带有意识形态议程，有些只是简单地挂上品牌名称。许多年以前，金宝汤公司提供了一个科学工具包，向学生展示如何证明金宝汤的普瑞格（Prego）意大利面酱比乐鲜（Ragu）的浓。通用磨坊公司提供了科学工具包，内含夹心水果糖的免费小样，咬下水果糖，果汁夹心就会喷出。老师引导学生咬这种水果糖，将其与地热的喷发进行比较。一个关于计算和写作的工具包推荐孩子们把采访家庭成员对同笑乐糖果（Tootsie Roll）的记忆作为家庭作业。

一些商家试图通过迂回的方式把品牌名称嵌入课程，另一些商家采用一种更直接的方法：在学校里购买广告。多年前，当西雅图教育委员会面临财政危机时，就投票决定邀请公司打广告。教育官员希望通过赞助，如"由锐步赞助的啦啦队"和"麦当劳体育馆"，每年增加100万美元收入。家长和老师的抗议迫使西雅图教育委员会搁置了这一政策，但是这样的买卖行为在全国各地的学校呈增长的势头。

从校车到课本封面，公司的商标现在都争着吸引学生的注意力。在科罗拉多州斯普林斯，激浪（Mountain Dew）的广告装饰着学校走廊，汉堡王的广告装饰着校车的各个侧面。马萨诸塞州的一个公司在全国范围内向将近2 500万名学生免费发放印有耐克、佳得乐和CK服装的书皮。明尼苏达州的一家广播公司在15个州的学校走廊和咖啡馆播放音乐，每小时播放12分钟的商业广告。40%的广告投入流入学校。

学校商业化最令人震撼的例子是"第一频道",1.2万所学校的800万名学生收看12分钟这个频道的电视新闻节目。1990年,惠特尔通信公司推出了第一频道,为学校的每个教室提供一台电视机、两台录像机和一个卫星天线。以此为交换,学校每天播放第一频道的节目,包括两分钟的商业广告。由于第一频道触达全国40%以上的青少年,因此它能够向广告商收取每30秒20万美元的广告费。在对广告商的宣传中,公司承诺在没有"电话、音响和遥控器等通常会分散注意力的物品的环境"中,可以拥有历史上最多数量的青少年观众。惠特尔公司的节目打破了禁止在教室中明目张胆地播放广告的禁忌。尽管这在许多州存在争议,但只有纽约州禁止在学校播放第一频道。

学校疯狂蔓延的商业化以两种方式腐化着教育。第一,大多数公司赞助的学习用品充斥着偏见、歪曲和肤浅的内容。消费者协会最近的一项研究发现,将近80%的免费学习产品倾向于推销赞助商的产品。今年早些时候发布的针对第一频道的一项独立研究发现,其新闻节目对学生把握公共事务几乎没有帮助。只有20%的电视节目时间报道当前的政治、经济和文化事件,其余时间则专门用来播放与广告、体育、天气和自然灾害相关的报道。

但是,即使公司赞助商提供的教学工具既客观,又在质量上无可挑剔,商业广告在教室出现仍然是有害的,因为它破坏了学校存在的目的。广告鼓励人们追求他们想要的东西,满足自身的欲望,而教育鼓励人们对自身的欲望进行反思,约束或超越欲望。广告的目的是招揽消费者,而公立学校的目的是培养公民。

如果孩子在童年的大部分时间接受的都是商业社会的基本训练，要把他们培养成公民，使其能够对周围的世界进行批判性思考就并非易事。在孩子们上学时要经过充满商标和标签的广告牌和摆满衣服的橱窗的这个时代，对学校而言，为学生创造一个远离沉浸着消费主义呼声的大众文化的环境变得更加困难，因此也更加重要。

但是，广告憎恨距离。它模糊了地方之间的界限，并使每一个地方都成为销售的站点。去年5月，新奥尔良举办了第四届年度加强拓展儿童市场会议，会议宣传手册声称："在学校宿舍门口发现你的收入之河！""无论是刚开始学习的一年级新生，还是十多岁准备买第一辆车的孩子，我们能够保证把你的产品和你的公司介绍给在传统教学场所里的孩子！"营销人员涌向学校门口的原因和威利·萨顿抢劫银行的原因是一样的——钱就在那里。6~19岁的消费者所花的钱，以及在他们的影响下父母所花的钱，现在每年已经达到了4 850亿美元。

货币对孩子们影响力的不断增长，本身就是父母不再立于孩子和市场之间的可悲结果之一。同时，面临着财产税上限、预算削减和入学率的增加，资金紧张的学校更容易受到公司赞助商的迷惑。我们不去想办法筹措用来教育我们孩子的公共基金，反而选择了去把他们的时间和思想卖给汉堡王和激浪。

第 10 章

公共空间的品牌营销化

从 1998 年撰写本文以来，公共空间的品牌营销开始迅速发展。"市政营销"公司纷纷涌现，帮助城市出售冠名权。2003 年，纽约市市长任命了该市第一个首席营销官。上任后，他所做的第一笔交易，就是和思乐宝（Snapple）签订了价值 1.66 亿美元的合同，指定思乐宝为纽约市的官方饮品。

要在公司和国家之间做出区分变得越来越难。科罗拉多州朗蒙特的地球观测有限公司最近向太空发射了世界上第一颗商业间谍卫星。现在，任何人只要花几百美元，就能买到中东导弹基地或者名人后院游泳池的监控照片。从太空进行监视曾经是政府的特权，现在变成了一种商业。

即使在国家保留了传统功能的领域，管理和市场也越来越纠缠不清。数十年来，官方候选人把他们自己像早餐麦片一样推销。今天，整个国家都是如此。让我们看看英国的"品牌重塑"。几个月前，托尼·布莱尔首相的顾问建议他应该提升国家形象，是时候把英国"重塑"为"具有世界领先地位的国家，而不是一座世界博物馆"。红色电话亭正被透明的玻璃电话亭取代。像盒子一样的伦敦出租车正在采用更时尚的、打磨光滑、流线型的设计。"酷，不列颠！"取代"秩序，不列颠！"成为英国交通管理局的新口号。现在，英国交通管理局的标识是活泼的联合王国国旗，用黄色和绿色点缀。布莱尔解释："英国的形象，过去是圆顶礼帽和条纹裤子，这已经非常过时，并且乏味拘谨，现在要用更具活力、开放、前瞻性的东西来代替它们。……我为国家的过去感到自豪，但我并不希望活在过去。"英国的"品牌重塑"不是一个孤立的事件，而是时代的标志。它反映了政府看重形象、走向商业化的新路线，这使得我们面临着国家身份认同变成品牌名称、国歌变为广告歌曲、旗帜变为公司商标的危险。

去年，美国邮政署发行了一张兔八哥邮票。批评者抱怨，邮票应该纪念历史人物，而不是商业产品。但是，邮局面临着来自电子邮件、传真机和联邦快递的激烈竞争，它把品牌授权看作前途之所在。每一张被收藏而不是邮寄的兔八哥邮票都会为邮局带来 32 美分的利润。而且，集邮带来的利润还算是少的。和华纳兄弟公司签订的授权协议，让邮局能在全美 500 多家邮政商店售卖兔八哥的领带、帽子、音像和其他产品。

另外，还出售一条名为美国邮戳（Postmark America）的新产品线，旨在利用邮政服务本身的品牌名。产品包括价值 2.95 美元一顶的年轻人戴的小马快递（Pony Express）帽、装饰有"Just

Delivered"（刚刚送达/出生）字样的婴儿服，以及一件售价345美元的航空邮递飞行员的皮夹克。一位邮政服务高管解释，零售业务是仿效华纳兄弟和沃尔特·迪士尼公司，"它们把卡通形象转变成产品线。这正是我们在尝试做的东西。我们正试图锁定我们的邮票以及邮票形象"。

然而，有时把国家标识转变为品牌名称会遭到抵制。1995年，加拿大皇家骑警向迪士尼出售了骑警形象的全球营销权。迪士尼每年支付加拿大联邦警局250万美元的许可费和市场开发权费用，迪士尼可销售印有骑警形象的T恤、咖啡杯、泰迪熊、枫糖浆、婴儿用品包和其他商品。许多加拿大人抗议骑警把这一稀有的国家象征卖给美国巨头公司。总部在多伦多的《环球邮报》的一篇社论抱怨："这不是它所标的价格的问题，有问题的是交易本身。""骑警漏算了一个关键点：自豪。"

加拿大已经学会适应骑警的市场化，但批评者说对了一点：有理由担心政府和商业的过度混合。当人们对政治和政府普遍不满时，政府官员不可避免地合法利用大众文化、广告和娱乐的吸引力。问题不在于这种借力失败了，而在于太成功了。根据民意调查，美国政府最受欢迎的两个机构是邮局和军队。也许并非巧合，这两家政府机构的电视广告都铺天盖地。在一个媒体渗透的世界，公民对政府的判断越来越依赖于它所投射的形象。

这不仅对那些缺乏广告预算的政府项目不公平（谁见过社会福利部门的广告？），而且扭曲了那些在广告形象上花大笔钱的机构做事的优先次序。不久之后，这些机构的使命就几乎成了营销。曾经的邮局出售邮票和投递邮件，今天的邮局卖与邮票相关的形象和授权服装。邮政局局长马文·鲁尼恩详细阐述了新的商业化管理方式背后的理论："我们必须由市场驱动，友好地对待顾客，制造人们想要的产品。"

但是，公民不是顾客，民主不仅仅是提供人们想要的东西。恰当实行的自治会引导人们反思他们的需求，并出于不同的考虑来调整需求。和顾客不同，公民有时会为了公共的善而牺牲自己的需求。这就是政治与商业、爱国主义与品牌忠诚度的区别之所在。

当政府过分依赖借助卡通形象和新锐广告获得吸引力时，可能会提升其支持率，但同时也会损害公共领域的尊严和权威。如果没有完好的公共领域，那么民主公民就难以驾驭日益壮大、潜移默化影响我们生活的市场力量和商业压力。

撒切尔夫人反对英国品牌重塑，却无意中助长了这一现象。在她任首相期间，她将英国航空私有化。在最近的保守党会议上，她偶然发现英国航空公司的一个展台，结果沮丧地发现，展示的飞机模型上的尾翼不再标有英国国旗，而是一个代表多元文化的标识，用来展示英国航空新的全球身份。撒切尔从手袋里抽出一张纸巾，盖住尾翼，以示抗议。撒切尔夫人本该知道，市场虽能带来种种辉煌，但却是以荣誉和自豪为代价的。

第 11 章

体育与公民认同

当资本主义和共同体发生冲突时（近来此类冲突越来越多），共同体需要尽可能得到帮助。以体育为例，像美国生活中为数不多的公共机构一样，职业棒球、足球、篮球和曲棍球是社会黏合剂和公民自豪感的源泉。从扬基体育场到烛台公园，体育馆是我们公民宗教的大教堂，是一个公共空间，这里聚集了各行各业的人，汇集了失去和希望、亵渎和祈祷的仪式。在棒球场和竞技场，人们也产生了共同的情感。几年前，当波士顿凯尔特人队和洛杉矶湖人队在NBA的决赛中争夺冠军时，人们走在波士顿的街头，每扇打开的窗户里都传出为比赛喝彩的声音。

但是，职业体育不仅仅是公民认同的源泉，也是一门生意。近来，在体育上花的钱已经开始对共同体造成损害。当然，当球迷们去棒球场，他们并不是为了公民体验而去。他们是去看小肯·葛瑞菲远距离击球，或是令人不可思议地中场接球。但是，他们在比赛中体验到的是民主公共生活的两个重要特征：一个是条件的大致平等，另一个是对特定地方的归属感。虽然正面看台座位总是比露天看台贵，但棒球场是为数不多的几个公共场所之一。在那里，总裁们和邮件收发室职员并肩而坐；在那里，所有人都吃着湿哒哒的热狗；在那里，下雨时穷人和富人一样被淋湿；在那里，所有人的心都随着主场球队的命运一起沉浮。

这些年来，情况发生了变化。今天，由于受到巨大利润的诱惑，球队老板通过打破体育和民主赖以繁荣的阶级混合的习惯和地方归属感的方式，改变了比赛。豪华贵宾看台激增，把上层社会与下面看台上的普通民众隔离开来。同时，如果主办城市不愿意或不能为体育场支付巨额公共补贴，球队老板常常会把球队搬到另一个地方，或者威胁要这么做。

贵宾看台的流行始于达拉斯牛仔队在得克萨斯州体育场安装豪华座位，各个公司花费高达150万美元的费用，获得在人群之上的豪华座位款待高管和客户的权利。整个20世纪80年代，十多支球队仿效牛仔队，对那些坐在高处的树脂玻璃后面的特权球迷宠爱有加。20世纪80年代末，国会削减了公司购买贵宾看台可以申请课税减免的额度，但这并没有减少人们对这种温控贵宾看台的需求。尽管贵宾看台的收入使各支球队大发横财，但它们却改变了球迷和比赛的关系，也改变了球迷和球迷之间的关系。拉里·伯德时代波士顿公园的汗流浃背、平等的亲密感，现在已经让位于波士顿那宽敞但阶层界限分明的舰队中心球馆。在那里，豪华包厢的客户在高得看不到球场的餐厅中，享用开心果烤三文鱼。

正如臭名昭著的克利夫兰布朗队事件所表明的那样，如果贵宾看台用阶级来划分球迷，那么搬迁意味着剥夺一个共同体拥有它的家乡球队的权利。拥有布朗球队35年之久的阿瑟·莫德尔，从来没有抱怨过克利夫兰的球迷。每一场比赛，克利夫兰的球迷都坐满了市体育馆的7万个座位。但1995年，巴尔的摩当地政府给他6 500万美元、一个免费使用的新体育馆，以及来自豪华包厢的收入时，阿瑟宣布把他的球队搬到巴尔的摩。

由于球队老板追逐利润最大化而使家乡球迷的忠诚得不到回报，这样的地方不止克利夫兰一个。1984年，受到广泛拥护的巴尔的摩小马橄榄球队脱离巴尔的摩，转到印第安纳波利斯，这促使巴尔的摩对布朗球队开展了大手笔的竞购。（当时小马队的老板直言不讳地宣称："这是我的球队，我拥有它，我可以做任何我想做的事。"）在过去的6年时间里，为了得到更多甜头，8支职业联盟球队离开了他们原本的城市，另外有20个城市以新的和改造后的体育场地的形式支付球队所开出的天价。近来，许多其他的球队也在要求补贴，作为他们仍然留在原本城市的条件。例如，超级碗[1]冠军丹佛野马队威胁要离开，除非纳税人为新体育场支付超过2.66亿美元。

从市场原则的角度来看，把球队卖给出价最高的人并没有错。为了吸引新企业到本地来，城市和各州之间常常相互竞争。如果可以通过减税和补贴说服汽车厂搬迁，那么对职业体育进行同样的竞标为什么不对呢？答案是，各州所进行的竞标战都应该遭到反对，因为它们允许公司占用本应该用于教育和其他紧迫公共需求的财政收入。就体育而言，竞标带来的是双重危害，因为它践踏了共同体投入他们球队的忠诚和公民自豪感。

如果可能，共同体如何才能免受他们热爱的球队的敲诈勒索？戴维·莫里斯是总部位于明尼阿波利斯的一个团体的共同创始人之一，这一团体被称为地方自力更生研究所（Institute for Local Self-Reliance）。戴维·莫里斯提供了一种有希望的解决方案：既然球队现在要求给予超出球队自身价值的补贴，为什么不允许社区持有所有权？在职业体育联盟中唯一的社区所有的例子是绿湾包装工队，该队于1923年作为非营利组织组建。尽管市场很小，但包装工队赢得了三次超级碗冠军，连续30多个赛季卖光了比赛的门票。等待他们赛季门票的人超过3.6万名。他们的10.8万名球迷股东知道不能盈利，但是他们也不用担心包装工队会离开绿湾。

正如莫里斯所指出的，美国职业橄榄球大联盟（NFL）现在禁止共同所有权（包装工队例外），美国职业棒球大联盟也制定了反对共同所有权的非正式政策。因此，莫里斯支持由俄勒冈州众议员厄尔·布鲁门奴尔提出的立法，该立法要求联盟允许球队为公共所有。拒绝公共所有权的联盟球队将会失去宝贵的反垄断豁免权，该豁免权允许球队合作出售转播权。这一法案被称为给予球迷机会法（Give Fans a Chance Act），同时，它要求球队离开之前180天公示，让当地团体有机会参与所有权竞标或为保留球队做出其他建议。

无论国会是否采取行动，追求共同体所有权的运动都可能对选民产生持续的吸引力，他们不愿为了留下球队而去补贴已是百万富翁的老板和球员。丹佛的活动家计划在全州范围内发起一项倡议，把对所有体育场地的补贴都捆绑在美洲野马队的公共股

| 第11章　体育与公民认同 |

份上。在明尼苏达州，由于面临着双城棒球队加入北卡罗来纳州夏洛特市的危险，明尼苏达州的一些立法者提案，希望准许州政府购买球队，并把它卖给球迷。共同体所有权运动的推进已经赢得两方面的支持，一方面是来自反对体育场馆补贴的保守人士，另一方面是来自那些重视社区、希望政府在运动领域平衡私人财富和公共的善的进步人士。

第 12 章

出售历史

最近约翰·肯尼迪纪念品拍卖展示了20世纪90年代美国文化令人反感的两个特征：一是对名人的痴迷，二是乐意把一切东西都转化为商品。售出的物品包括：一把肯尼迪摇椅（30万美元），一幅总统的涂鸦（12 250美元），肯尼迪前往达拉斯所携带的黑色鳄鱼皮公文包（70万美元），他在哈佛时穿的毛衣（27 500美元），短裤（3 000美元），一把塑料梳子（1 100美元）。这次拍卖的大部分物品来自罗伯特·怀特，他是肯尼迪纪念品的狂热收藏家，是从肯尼迪多年的秘书伊夫琳·林肯那里得到这些东西的。

肯尼迪的子女卡罗琳·肯尼迪和小约翰·肯尼迪反对这一拍卖，对一些物品的所有权持有异议，并呼吁把它们送到波士顿的约翰·肯尼迪图书馆。他们说："林肯女士对怀特先生从她那里得到的大多数肯尼迪物品从来都没有获得所有权，它们曾经属于我们的父亲，现在属于我们的家庭，属于历史，属于美国人民。"拍卖会的支持者指责肯尼迪的子女伪善，指出他们两年前把属于肯尼迪夫人杰圭琳·肯尼迪的物品拍卖，获得了3 440万美元。怀特的律师指责他们试图"把收藏品当作宾恩服装（L. L. Bean）的商品目录挑挑拣拣"。怀特最终同意把肯尼迪的两本日记和其他一些私人物品交出，以换取肯尼迪的子女承诺不把这次拍卖告上法庭，纠纷到此结束。姑且不考虑法律是非，这场拍卖反映了一种日益流行的俗气趋势：把记忆变成商品，兜售民族自豪感和痛苦，把过去放进邮购商品目录和家庭购物频道。就与肯尼迪有关的物品而言，纪念品市场的红火不仅有感情的因素，而且是一种可怕的对悲剧的猎奇所致。收藏家尤其中意与暗杀相关的物品。去年，一家拍卖行出售了美联社报道肯尼迪遇刺事件的电报打印件。几年前，杰克·卢比刺杀李·哈维·奥斯瓦尔德时用的枪拍卖售得20万美元。

许多人对拍卖行展示的历史物品感到一种道德上的忧虑，那么，将总统日记、文件和内衣卖给出价最高的人到底有什么问题呢？对不同的物品而言，这至少有两方面的问题：一方面是它将应该公开的东西私有化；另一方面是它将本属隐私的东西公开化。

就重要的历史文献而言，把它们出售给私人收藏家意味着剥夺了公众通过图书馆、博物馆和档案馆接近这些收藏品，并获取集体身份和了解过去的机会。把历史商品化带来的后果是公共领域的萎缩。这就是为什么艺术领域的许多人反对为筹集资金或支付开销，把博物馆所收藏的艺术珍品倒卖、出售的原因。这也是人们对几年前把新发现的第一版印刷的《独立宣言》以240万美元的价格出售给私人收藏家的事情感到遗憾的原因。一些学者和民权人士对马丁·路德·金的家人试图把他的遗产变现的行为提出了类似的反对。去年金的家人与时代华纳签订多媒体协议，推广金博士的语音和形象，这一交易预计会带来3 000万到5 000万美元的收益。由于和时代华纳的交易涉及图书、录音带和光盘，我们也许可以说这种商业行为是促进而非限制了公众接触。但是伴随着金博士的遗产迅速市场化的是对学术界接近金博士中心档案的严格限制。在执行遗产许可权方面也异常严格。它曾起诉哥伦比亚广播公司出售包含金博士"我有一个梦想"演讲片段的录像带，并起诉《今日美国》在未支付许可费的情况下发布该演讲。

当然，收藏家梦寐以求的许多东西更多与名人有关，而不是与历史有关。公共领域并没有因为某人付一大笔钱买了一把总统用的梳子而变小。不过，买卖公众人物的个人物品多少有些令人反感，也许，隐藏在拥有这些东西的欲望背后是一种猎奇的、低级的趣味。几个月前，在另外一个备受争议的拍卖会上，米奇·曼特尔的前经纪人兼同伴格里尔·约翰逊，试图拍卖大量曼特尔纪念品，包括他作为纽约扬基队强击手的一撮头发、他的美国运通卡、浴袍、护身三角绷带、旧袜子、高尔夫球鞋、四小瓶处方药解充血药。在曼特尔家人提出诉讼的威胁下，约翰逊同意撤销一些出售的私人物品，包括处方药瓶。去年，另外一个名人纪念品拍卖会——在东京举行的披头士纪念品拍卖会上，来自世界各地的收藏家通过卫星和电话出价竞标。保罗·麦卡特尼赢得法庭判决，即禁止出售他的歌曲《便士小巷》(*Penny Lane*)的手写稿，但他的出生证（曾被他的继母以14 613美元的价格售出）却卖到了73 064美元。

对名人——体育英雄、摇滚歌星、电影偶像——的崇拜并不是什么新鲜事。但是，将名人商品化，购买和拥有相关商品的狂热冲动达到了前所未有的程度。几代人以来，小孩们早早来到棒球场，希望能见到一名球员，得到他的亲笔签名。今天，亲笔签名市场是一个价值5亿美元的产业，销售商付给选手钱，选手在成千上万的物品上签名，这些物品通过全国各地的产品目录公司、有线电视频道、邮购商店和体育纪念品商店出售。据报道，1992年曼特尔通过亲笔签名和形象代言获得275万美元，超过了他在扬基队整个职业生涯中的收入。

具有讽刺意味的是，今天人们最追捧的形象和物品，属于肯尼迪、米奇·曼特尔、披头士、马丁·路德·金等文化偶像，这些人物都来自20世纪60年代那个更天真、更理想化的时代。那时，公众人物的私人癖好还不会被无情地曝光，总统们也不会在电视上谈论他们的贴身短裤。或许，我们正以这种疯狂的市场手段，徒劳地试图买回一个并非任何东西都能销售和向公众开放的世界。

第 13 章

追求优绩的市场

当美国各地的高中生思考怎么选择大学时，他们的父母也在考虑如何支付这笔费用。一些私立学院和大学的学费、食宿费现在每年超过 4 万美元。然而，对许多家庭而言，实际的开支并不像看起来那样令人惊愕。就像飞机票，并非每个人都全价购票。几十年来，大学会对那些付不起全部费用的学生提供经济资助。并且，近年来，越来越多的大学给理想的学生提供基于优绩的奖学金，不论学生是否有经济上的需要，只要足够优秀就能获得。

对于那些没有资格享受基于经济需要的助学金的家庭而言，基于优绩的奖学金的出现无疑是一种福音，它也是渴望招收优秀学生的大学的一种有用的招生手段。但是，从高等教育的立场来看，它是充满矛盾的福音。给那些能支付学费的学生更多的钱，就意味着能给予那些需要资助的学生的钱变少了。在整个 20 世纪 80 年代，基于优绩而给予的资助的年增长率达到了 13%（根据通货膨胀调整），这比基于需要而给予的资助的年增长率要高。在那些试图与拥有最优秀学生的顶级学校竞争的第二梯队学校中，年增长率的提高更加夸张。排名前五的私立学院和大学几乎不提供基于优绩的资助。与此相比，处于第二梯队的文理学院，奖学金几乎有一半是根据优绩授予的。

反对优绩奖学金的最有力的理由是，"优绩"是"市场"的一个委婉的说法。按照这一观点，优绩奖学金代表着市场价值向教育的渗透。大学给顶尖的学生学费打折，不仅是表彰他们优秀的学业成绩，而且实际上是在收买那些如果只基于经济需要给予资助，就不可能去它们那里的更好的学生。

和普通企业不一样，高校并不追求利润的最大化。但它们追求最大限度地提高学术选拔严格性、优秀和声望等品质，所有这些都要花钱。受竞争的驱使，许多大学在招生和经济资助方面采用了类似市场的政策。从市场的观点来看，优绩奖学金就像一张超低价的飞机票，是设计出来让账本更好看的。像航空公司一样，许多大学现在采用计算机辅助的"招生管理"政策，来预测各类入学申请人的"支付意愿"。如今，新生班级的座位价格可能不仅因申请人的经济状况和学业排名而不同，而且因种族、性别、所属地、预计的研究领域的不同而不同。一些学校发现，前来参加校园面试的人入校意愿更强，因此也更愿意接受钱少一些的资助方案。

市场化的做法是使大学经济资助政策合理化还是腐败，取决于高等教育的目的。只要教育是一种商品———一种对人力资本的投资，它会产生未来的收益———就有理由按照市场原则来分配它。就教育推进非市场的理念而言，即追求真理、培养道德感和公民意识，我们有理由担心市场原则可能会腐化教育。

多年前，这两种高等教育观在美国司法部针对东北地区精英高校的著名的反垄断案件中发生了冲突。从 20 世纪 50 年代后期开始，八所常春藤盟校和麻省理工学院同意只提供基于需要的经济资助，并将其定为共同准则。为执行这一协议，学校代表每年碰面，比较各校的经济资助供给，并根据差异做出调整。例如，一个被哈佛、普林斯顿和哥伦比亚同时录取的学生，从这三所大学得到的经济资助是相当的。

司法部对这些学校提起了反垄断诉讼，声称它们这种做法相当于价格垄断。这些学校是这样回应的：它们不是追求利润的公司，而是致力于推进两个有价值的社会目标的教育机构。保证那些不能支付精英大学教育费用的人有平等的机会进入大学，使得所有被录取的学生都能在选择大学时不受经济条件的束缚。这些学校认为，经济资助不是对产品的折扣，而是学校为了推进其教育使命而给予学生的慈善礼物。

联邦法院最终驳回了这一观点。美国上诉法院表示："当大学在交换过程中获得实实在在的利益时，为处于需要之中的学生提供教育服务费用的折扣不是慈善。"那些实实在在的利益不是利润，而是那些如果学费不打折，就没钱上常春藤盟校的杰出学生。在奖励性的经济资助方面避免与同类机构竞争的能力，使得常春藤盟校能够设定比它们本来可能设定的学费更高的学费。虽然常春藤盟校可以继续采用共同的奖学金资助原则，但它们不能再对具体学生的资助情况进行比较。

毫不奇怪，最强烈主张反对优绩奖学金的，是那些几乎不需要优绩奖学金的学校。在财政竞争环境公平的情况下，全国最具挑选能力的大学凭借其声望，能够挑选到好的学生。由第二梯队高校所提供的优绩奖学金在教育上的一个好处可能在于，这能让顶尖学生分散在更广范围的高校之中，而不仅仅集中于几所精英大学。

尽管如此，对优绩奖学金的原则性反对并不能轻易地置之不理。曾经，当政府对教育的支持下滑时，除了那些最富有的学校，其他学校很难坚持学生只要有需要就能进入的原则。并且，即使是那些从实施优绩奖学金中获得竞争优势的学校，也不应该对滑入商品化的危险无动于衷。在一定程度上，即使是最热衷于市场的宣传者仍然会把高等教育从市场压力下隔绝开来。例如，如果为了吸引顶尖学生而提供全奖是对的，那为什么付薪水就不可以？为什么不应该允许全国大学生体育协会对明星运动员的服务公开竞标？或者，如果大学发现选择某些课程或专业的学生太多，为什么不可以收取额外费用？如果一位不受欢迎的教授选课的人总是很少，为什么不给他的课程打折扣？

在某种程度上，至少在高等教育方面，市场解决方案会玷污高校所分配的教育产品的特征，越来越多地使用优绩奖学金可能会将我们带向那个时刻。

第 14 章

我们应该购买排污权吗?

1997年在日本京都召开的关于全球变暖的会议上,美国在两个重要问题上与发展中国家产生了分歧:第一,美国希望这些国家承诺限制排放;第二,美国希望达成一项贸易协议,允许各国买卖排污权。

克林顿政府在第一点上是正确的,但在第二点上是错误的。建立排放信用的国际市场将使我们更容易履行条约规定的义务,但会破坏我们本应努力培养的环境伦理。

有些发展中国家担心这样的交易会让富裕国家用购买的方式,逃避减少温室废气排放的义务。最终,发展中国家同意在发达国家之间进行某些排放交易,具体细节将在第二年进行谈判。

克林顿政府把排放交易作为其环境政策的核心。它论证道,建立国际排放市场来减少污染,是一种比通过强加给每个国家固定的排放标准来减少污染更有效的方式。

对美国来说,对温室气体进行交易使美国的合规成本降低,也减少了痛苦,美国可以付钱给其他国家,让它们减少二氧化碳的排放，而不是减少美国自己的二氧化碳排放。例如，美国发现付钱给一个发展中国家，让它更新一个陈旧的燃煤工厂，比在国内对耗油量大的运动型多功能车征税更划算（而且在政治上也更合人心意）。

有人可能会问，既然目标是要限制这些气体的全球排放量，那么，从地球上的哪些地方向天空排放的碳更少，这有什么不同？

从宇宙的角度来看，这可能没有任何区别，但是却有政治差异。尽管国际排放交易具有有效性，但有三个理由反对这一体制。

第一，它制造了可以让富裕国家逃避义务的漏洞。如根据《京都议定书》的方案，美国可以利用俄罗斯的排放量减少。俄罗斯的排放量自1990年以来减少了30%，但不是通过提高能源效率，而是由于经济衰退。美国可以从俄罗斯购买额外的信用额度，在缔结的协议下，由俄罗斯承担美国的义务。

第二，把污染转化为一种可以买卖的商品，消除了理所应当与之相关的道德污点。如果一家公司或一个国家由于排放了过多的污染物而被罚款，那么共同体向人们传递的是这样一个判断：污染者做了错事。而另一种方式——收费，则使得污染成为生意场上的另一种花费，就像工资、福利和租金。

在破坏环境方面，我们不应该轻易放弃罚款和收费之间的区别。假如，对在大峡谷乱扔啤酒瓶的行为罚款100美元，而一个有钱的旅行者决定付100美元购买这个便利。他对待罚款的态度就像罚款是一种昂贵的垃圾处理费，这难道没有错吗？

或者，让我们考虑一下在残障人士专用车位停车的罚款。如果一个忙碌的承包商需要把车停在他的建筑工地附近，并愿意支付罚款，那么他把那个不能停车的残障人士专用车位看作一个昂贵的停车场，这难道没有问题吗？

抹杀罚款和收费之间区别的排放交易就像最近的一个提议：在洛杉矶的高速公路上，对那些愿意支付费用但车内只有司机一人的车辆开放拼车专用道。目前，如果这样的车驶入拼车专用道，是要处以罚款的；在市场提议下，他们能够不受任何指责地享用更快捷的交通。

反对国家间进行排放交易的第三个理由是，它可能削弱不断增加的全球合作所需要的共同责任感。

想一想我们在秋天会做的事：把落叶耙成一堆并点燃篝火。假设有这样一个小区，每个住户同意每年只能烧一小堆火。但是他们也同意，各个家庭可以自行选择购买还是出售烧火许可权。

住在山顶别墅中的家庭从他的邻居那里购买许可权——付钱给他们，让他们把落叶拖到城里的肥料堆。市场起作用了，污染减少了，但是原本在没有市场干预的情况下所产生的共同牺牲精神却消失了。

那些出售和购买许可权的人，开始认为篝火更多的是一种奢侈品，一种能够买卖的身份象征，而不是一种对清新空气的侵犯。而对住在大别墅中的家庭的怨恨，使得未来需要与他们更多参与合作变得更加难以实现。

当然，参加京都会议的许多国家已经让合作变难了。它们都还没有同意限制排放。它们的拒绝肯定会破坏全球环境伦理的前景，而我们的排污交易计划也一样会。

但是，如果这些发展中国家不能合理地抗议，提出排放交易允许富裕国家通过购买来逃避全球责任，那么美国将会采取更多的游说手段。

第 15 章

荣誉和怨恨

古人的政治与美德和荣誉有关,但我们现代人更关注公平和权利。这句人们常说的格言有一些道理,但只是在一定程度上有道理。从表面上看,我们的政治辩论很少提到荣誉,荣誉仿佛属于那个地位分明、充满骑士和决斗的古老世界。然而,在这个表面之下,我们关于公平和权利的一些最激烈的辩论,其实反映了我们在何为社会地位真正基础这个问题上的深层次分歧。

让我们来看看得克萨斯州西部一所高中的 15 岁啦啦队队长考利·斯马特遭到的反对。尽管考利患有脑瘫,只能坐在轮椅上行动,但她还是成为一名受欢迎的新生啦啦队队长。正如苏·安·普雷斯利在《华盛顿邮报》中所报道的那样:"她满怀着校园精神跟大家相处……球迷们似乎在她那里获得快乐,橄榄球运动员也说愿意看到她迷人的笑容。"但是,在赛季结束后,考利却被踢出了啦啦队。今年秋初,她被降级为荣誉啦啦队队长;现在,甚至这一职位也没有了。在其他一些啦啦队队长和他们父母的压力下,学校官员告诉考利,明年组队时,她将不得不像任何其他人一样,参加严格的常规选拔,包括劈叉和翻滚。

啦啦队队长的父亲反对考利参加。他声称他只是担心考利的安全。他表示,如果一个运动员飞出场地之外,"那些没有残疾的啦啦队队长能够躲得更快些"。但是,考利从来没有在啦啦队受伤。她妈妈怀疑,引发这些反对的原因可能是怨恨考利所获得的赞誉。

但是,啦啦队队长的父亲可能会产生何种怨恨呢?这不可能是由于担心考利的加入会取代他女儿的位置,她已经在队里了;也不可能是由于单纯地嫉妒这个女孩在翻滚和劈叉方面比他的女儿做得好,因为考利显然做不到。这种怨恨更像是反映了这样一种信念,即考利获得了她本不应该得到的荣誉;而这是对他女儿带领啦啦队的能力感到自豪的一种嘲弄。如果带领啦啦队的事可以由一个坐在轮椅上的人做,那么那些擅长翻滚和劈叉的人该获得什么样的荣誉呢?对这种错位荣誉的愤慨是一种道德情感,这种情感在我们的政治中占有重要地位,使得关于公平和权利的争论变得复杂化,有时甚至会激化。

应该允许考利继续留在啦啦队吗?有些人会借助于非歧视的权利回答:如果她能在这个角色上表现出色,就不应该仅仅由于她缺乏表演体操常规项目的身体能力(而这又不是她自己的过错),就把她排除在啦啦队之外。但是,非歧视论证回避了争论的核心问题:出色地履行啦啦队队长的角色意味着什么?反过来,这个问题是关于啦啦队活动所尊崇和奖励的美德和卓越的问题。支持考利的理由是,通过她在赛场边坐轮椅上呐喊,挥舞着她的绒球并激励团队,她完成了啦啦队应该做到的事情:激发了学校精神。

但是，如果由于考利虽然残疾，但展示了适合于她角色的美德，她就应该成为啦啦队队长，那么她的要求确实对赋予其他啦啦队队长的荣誉构成了一定的威胁。在啦啦队里，她们所展示的体操技巧对于啦啦队的卓越表现不再是必不可少的，而这曾经是她们激励队员的一种方式。尽管啦啦队队长的父亲不太绅士，但他准确地抓住了关键之所在。多亏了考利，一种曾经被认为在目的和授予荣誉方面是固定的社会实践，现在被重新定义了。

关于荣誉分配的争论是其他关于公平和权利争论的基础。例如，考虑一下围绕大学招生中的平权法案的辩论。同样，这里也有一些人试图通过援引反对歧视的普遍观点来解决这一问题。平权法案的拥护者认为，有必要补偿歧视带来的影响，而反对者却坚持，考虑种族因素将会导致反向的歧视。非歧视论证再一次避开了一个关键问题。所有招生政策都是基于某种理由的区别对待。真正的问题是，什么样的区别对待适合大学服务的目的？这个问题是有争议的，不仅因为它决定如何分配教育机会，而且因为它决定大学把什么样的美德定义为值得尊崇。

如果大学唯一的目的是促进学术卓越和智力美德，那么它应该招收最有可能为这些目标做出贡献的学生。但是，如果大学的另一个使命是为多元社会培养领导人才，那么它就要寻找有可能促进公民目标和智力目标的学生。在最近一个挑战平权法案的法院判例中，得克萨斯大学法学院援引其公民目标，论证它的少数族裔招生计划有助于使黑人和墨西哥裔美国人毕业后服务于得克萨斯州立法机构，这些人有的成为联邦法官，有的甚至入主总统内阁。

平权法案的一些批评者反对大学应推崇智力之外的品质这一理念，因为如果大学不只尊重智力的话，标准的优绩美德就不具有道德特权地位了。如果种族和民族与大学录取相关联，那么对于那些确信女儿凭成绩和考分就能被录取的自豪父母的信念该怎么办呢？就像那个为自己的啦啦队队长女儿的翻滚和劈叉感到自豪的父亲一样，这样的信念必须通过承认荣誉与社会制度来调整，而社会制度的目的是可以争论和修正的。

也许，关于荣誉的政治最有影响力的例子是对于工作的辩论。许多工人阶级投票者讨厌福利，不是因为他们对花在福利上的钱有所不满，而是因为他们反对福利所传达的关于什么配得荣誉和奖赏的信息。用公平和权利来为福利辩护的自由主义者经常忽略这一点。收入不仅是一种有益于社会的鼓励人们努力工作、提高技能的方式，而且是对我们珍视的事物的一种衡量。对"努力工作，遵守规则"的人来说，给那些待在家里不工作的人以报酬，是对他们所花费的努力和从工作中获得的自豪感的一种嘲弄。他们对福利的怨恨，并不构成放弃穷人的理由。但是，它的确表明，自由主义者需要更加令人信服地详尽阐述他们关于公平和权利的论证背后的美德和荣誉概念。

第 16 章

平权法案的争论

自 20 世纪 70 年代以来，平权法案一直反复出现在政治和宪法辩论中。1996 年，加利福尼亚州的选举人颁布了"209 号提案"，这是一项禁止在公共教育和就业方面给予优待的州宪法修订案。2003 年，美国最高法院否决了密歇根大学的一项本科生招生政策，该政策使用积分制给予少数族裔申请者特权。但是，美国最高法院却支持在密歇根大学法学院所使用的一种更为灵活的平权政策，并规定种族可以作为录取的一个考虑因素。

有人说，所有这些都只是措辞。当 1997 年休斯敦公投要求选举人结束平权法案时，他们拒绝这样做。当"209 号提案"要求加利福尼亚州的选举人结束基于种族的优惠待遇时，他们却对此表示赞成和感激。

控制政治辩论的语言是赢得胜利的第一步。然而，在平权法案的例子中，不同的回答反映的不仅是政治操纵，而且是矛盾的公众心态。平权法案的批评者说，这是因为美国人不愿意用新的歧视去补偿过去的错误，而平权法案的支持者会说，这是因为公众中长期挥之不去的种族主义。两方都是错误的。平权法案很难得到辩护，理由与种族毫无关系。真正的问题在于，支持平权法案的最佳理由挑战了神圣的美国神话，即获得一份工作或成为大学新生，是一个人单纯通过自身努力而应该得到的一种奖赏。考虑一下把种族作为大学入学的一个因素的两种主要论证：一种论证是基于补偿，另一种是基于多元化。补偿论证把平权法案视为对过去错误的补偿。这种论证把入学主要看作对接受者的一种好处，并试图以补偿过去歧视的方式来分配这种好处。

但是，补偿论是这两种论证中最无力的。正如平权法案的反对者所注意到的，受益者并非必然是那些遭受歧视者，那些付出补偿的人几乎都不是有责任纠正他们的错误行为的人。许多平权法案的受益者是中产阶级中的少数族裔学生，他们没有遭遇到像年轻的黑人和西班牙裔学生所受到的来自城市内部的困难和折磨，而那些在平权法案计划下被淘汰的人已经遭遇到他们自身带来的障碍。

那些基于补偿的理由为平权法案辩护的人，必须解释为什么原本有资格的申请者应该承担纠正其他人对少数群体犯下的历史错误的责任。即使可以争辩说，补偿不应该被理解为对特定歧视行为的一种特定的补救措施，这种补偿的合理性也过于狭隘，因而不能证明以平权法案之名提出来的一系列计划的正当性。

多元化的论证更具说服力。它并不需要证明今天受到优待的少数族裔学生在过去实际上遭受过歧视。这是因为，它不是把录取看作对接受者的奖励，而是看作推进有社会价值的目标的一种手段。多样性论点认为，种族多样的学生群体是可取的，因为学生在这样的群体里能比在种族单一的群体里学到更多。正如来自同一个地区的学生群体会在思想视野上有所局限，来自同一个族群、阶级和种族的学生群体也会如此。而且，把处于弱势的少数群体置于公共角色和职业角色的核心领导位置之上，可以有助于提升大学的公民目标和公共的善。

平权法案的批评者可能会承认这一目标，但却质疑其手段。即使需要一个多元化的学生群体是可取的，对于那些拥有足够高的考试成绩，却并非因自身原因而不属于入学考官出于可敬的目的，想要招收的那些种族和民族群体，把他们排除在外，这难道不是不公平吗？那些具有最好学业成绩、最有前途的学生难道不应该被录取吗？

对这个问题最诚实的回答是：不，他们不能。在为平权法案所做的多元化论证之下潜藏着一个影响深远的假设：入学不是一种荣誉，不是用来奖励卓越的美德的。无论是获得高分的学生，还是那些处于弱势的少数群体的学生，被录取在道德上都不是他们应得的。假设录取的标准与一种有价值的社会目标相关，并且随后申请者被照此标准录取，那么任何人都无权抱怨。

多元化论证的道德力量在于，它把录取和个体的要求分开，并将它们与公共的善的考虑联系起来。但这也正是它的政治脆弱性之所在。工作和机会是对应得者的回报的信念，深深植根于美国人的心灵之中。政客们不断提醒我们，那些"努力工作，遵守规则"的人应该获得成功，并坚持认为那些实现美国梦的人应该把他们的成功视为自身美德的标志。

如果美国神话的影响力变弱了，如果有一天美国人开始对世俗的成功意味着此人在道德上应得的信念产生怀疑，那么支持平权法案和其他社会团结举措的理由将会更容易被人接受。但是，哪位政治家能够站出来解释，即使在最好的情况下，游戏规则也根本不奖励美德，而只是在特定时刻唤起促进公共的善所需的品质？

第 17 章

审判时受害者应该有发言权吗？

在判处蒂莫西·麦克维死刑之前，俄克拉何马州恐怖爆炸案的陪审团听取了幸存者和受害者家属令人心碎的证词。有人说，这样的证词，无论怎样令人感动，在法庭上都没有立足之地。他们认为，犯罪的被告是否应该被判处死刑，要根据对事实和法律的理性反思来决定，而不是由受害者家属真实感受到的愤怒和情绪来决定。其他人则认为，在作恶者受到惩罚的过程中，受害者应该有发言权。他们主张，如果惩罚应该和犯罪相适合，那么陪审团必须了解受害者所遭受和失去的所有方面。

主持麦克维审判的法官理查德·马奇，似乎在这两个立场之间左右为难。在审判过程中，他虽然允许一些受害者在量刑阶段做证，但是他排除了使用带有情感因素的证据，如诗歌、结婚照片和一个 9 岁小孩的证词，他的妈妈在爆炸中丧生。理查德·马奇竭力阻止可能"激起或煽动陪审团对所造成的巨大悲痛的复仇或同情的感情"的证词。他说，这些情绪"在对被告是否应被处以死刑做出一个恰当的、深思熟虑的道德判断时是不合适的"。法官的矛盾心理反映了对刑事惩罚目的的两种相互竞争的概念。那些赞同让受害者在刑事判决中发表意见的人有时会不知不觉地依赖两种不同的论点——一种与治疗相关,另一种与惩罚相关。第一种论证把惩罚看作受害者的一种安慰源泉、一种宣泄的表达,以及一种宽慰。如果惩罚是考虑到受害者的利益,那么受害者在决定罪犯该受何种惩罚时就有发言权。治疗性的惩罚理论在一些州法案中得到了最清晰的表达,这些法案不仅准许受害者描述他们的痛苦和遭遇,也允许他们表达对被告的观点,这使得法院表现出像日间脱口秀节目一样的嘈杂场景。得克萨斯州的法律甚至允许受害者或其亲属在宣判后在公开法庭上斥责被告。

但是,出于治疗的理由要求受害者做证是有缺陷的。它混淆了惩罚罪犯的效果(受害者和他们的家属对此结果感到满意)和它的主要理由(给予犯罪者应得的惩罚)之间的区别。允许受害者对陈述产生影响的最有力的理由是惩罚:给陪审团提供关于犯罪的道德严重性的全面陈述。尽管我们可能知道在俄克拉何马州恐怖爆炸案中有168人丧生,但是只有那些蹒跚学步的小孩悲伤地哭喊着要妈妈的痛苦故事,才能向我们充分传递犯罪的道德后果。

用报应的观点来看,受害者对陈述的事产生影响并不是为了让受害者发泄情绪,而是为了伸张正义,触及问题的道德真相。就情感是歪曲而不是澄明犯罪本质这方面来说,在审判过程中,法官应该限制情感在量刑中的作用。

尽管报应论证为受害者做证提供了最好的理由,但是它可能遭到两种明显的反对。第一,使用特定受害者的性格和他们对于家庭或社区重要性的证据，暗含着某些人的生命比其他人的生命更有价值。否则，谋杀者是杀了一个被四个孩子所爱戴的母亲，还是谋杀一个没有人哀悼的未婚的流浪者，是谋杀了马丁·路德·金，还是谋杀了两个街头醉汉，它们之间有什么道德上的不同？除非此类判断有一些基础，否则很难解释关于特定受害者的生命或性格的证词所具有的道德相关性。

第二，即使某些谋杀比其他谋杀在道德上伤害更大，针对犯罪者没有意识到的犯罪行为的某些方面给予额外的惩罚，这难道不是不公平吗？如果一个攻击者杀了一个陌生人，那么对他的惩罚是否取决于这个受害者是一个流氓还是一个圣人呢？最高法院在"布斯诉马里兰州案"（Booth v. Maryland）中强调了这一反对意见，这个发生在1987年的案子认为受害者在死刑案件中影响法庭陈述是违宪的。允许陪审团考虑受害者的性格或家庭环境，"可能会导致被告因为没有意识到的因素和与被告决定杀人无关的因素而被判处死刑"。

比起第一种反对意见来，第二种反对意见显得不那么有分量。我们惩罚谋杀者，不仅仅因为"杀人的决定"，而且因为他们所带来的伤害。一个打算暗杀而枪没有开火的人，受到的惩罚比一个成功的刺客要轻，尽管在这两种情况下，他们都做出了"杀人的决定"。醉酒的司机驾车撞死一个行人，与一个同样醉酒但所幸没有撞死人的司机相比，受到的惩罚更重，尽管他们都没有做出"杀人的决定"。

而第一种反对意见并不像第二种反对意见那样容易被驳回。要求受害者做证的惩罚的案例暗示着在谋杀者（也许还包括受害者）之间存在一种很难被否定的道德等级。道德辨别的观念与我们时代不加评判的本能相矛盾。但这不构成反对它的理由。没有道德辨别的观念，我们就无法理解对于罪与罚的判断。

法官马奇并不是唯一在这些相互矛盾的惩罚理论中挣扎的人。近年来，由于受害者权利运动和1991年最高法院判决潘恩诉田纳西州案（Payne v. Tennessee）的推动，使用受害者影响陈述书的做法已经萌芽，该判决推翻了"布斯诉马里州案"，并允许受害者在死刑案件中做证。现在大多数州都赋予受害者发表意见的权利，国会规定把考虑受害者的证词纳入1994年的联邦犯罪法案。3月，克林顿总统签署了一项立法，俄克拉何马州恐怖爆炸案的受害者被允许见证审判，即便他们可以被传唤做证。克林顿说："当一个人是受害者时，他或她就应该处于刑事司法程序的中心，而不是在外面看着。"

对受害者权利日益增加的关注是一个道德含糊的趋势。它反映了美国公共生活中不断增长的治疗冲动——一个辩护律师称受害者证词为"审判的奥普拉化"[1]——而且还有对传统惩罚正义概念日益增长的诉求。正如治疗伦理代表着对道德责任的逃避，报应伦理也代表着恢复道德责任的渴望。挑战在于，把第二种冲动从第一种冲动中解脱出来。被适当控制的受害者证词，能够通过揭示犯罪的道德后果来伸张正义。但是，把受害者"置于刑事司法程序的中心"存在着危险，和私人复仇一样古老，受害者的心理需要将压倒罚与罪相称的道德命令。

第 18 章

克林顿和康德论撒谎

出于论证的需要,假设克林顿总统与莫妮卡·莱温斯基的确有性关系,那么,他否认此事是错误的吗?简单的答案是,是错的——与白宫实习生的婚外情已经相当糟糕了,撒谎只会加重罪恶。虽然对私下不检点行为进行公开撒谎在道德上可能不是一件值得称赞的事情,但是这样的谎言也不必然增加它意欲掩盖的行为的错误。它甚至能够得到辩护。

再来看看另一个总统欺骗的案例——否认将国家带入战争的计划。在 1964 年的总统竞选活动中,林登·约翰逊隐瞒了他欲使越战升级的意图,就像富兰克林·罗斯福否认参加"二战"的计划一样。罗斯福在 1940 年的竞选中宣称:"我以前说过,但我会一遍又一遍地说,那就是我们不会把你的孩子送到任何外国战场。"这两位总统都欺骗了公众——罗斯福是为了正义,而约翰逊是出于不正义。因此,他们各自欺骗的道德地位也有所不同。比起罗斯福的欺骗,约翰逊的欺骗更不能得到辩护,这不是因为其谎言比罗斯福的谎言更不真实,而是因为其谎言服务于一个没有意义的目的。克林顿的例子的不同之处在于，正在讨论的行为不是一个公共事务，而是一个所谓的私人不当行为。它当然缺乏罗斯福那么崇高的道德目的。但这可以是这样一个例子，假如它不承担公共责任，那么，在隐私和礼仪的名义下，即使对克林顿行为的指控属实，总统也可以否认对他的恶言诽谤。对于讲真话的要求，犹太法典允许有三种例外情形，包括知识、友爱和性。当一位学者被问到是否知道犹太法典的箴言中的某段话时，为了避免展现知识的不谦虚，他可以假称不知道。当他被问，他是否受到热情接待时，为了避免主人招来一大堆不受欢迎的客人，他可能也会说谎。最终，如果他被问及一些私密的问题，比如婚姻中的义务，他也有权说谎。（这最后的豁免仅宽泛地适用于克林顿的例子。一方面，它意味着说谎权可能源于问题的不当。另一方面，豁免仅针对婚内关系方面的问题，而不包括所谓的不忠。）

没有真正撒谎的也可能产生误导，欺骗的道德性由于这一事实而变得复杂。对那些尴尬的指控，克林顿以详细的但在语言上漏洞百出的话来否认。当他被问，在他第一次总统竞选期间，他是否曾经使用过消遣性毒品时，克林顿回答，他从来没有违反过国家和州政府的反毒品法。后来，他承认，在英国读书时，他曾吸过大麻。1992年，克林顿做客《60分钟》，与这一著名的访谈相关的记述揭露了他实际上从未否认他和珍妮弗·弗劳尔斯的婚外情。当被问到与弗劳尔斯12年婚外情的小报报道时，克林顿回答："那些说法是错误的。"这一技巧性回答与克林顿在保拉·琼斯案中承认他确实和弗劳尔斯有性关系这一陈年旧事是一致的。

有技巧的回避和赤裸裸的谎言之间有道德上的区别吗？克林顿的批评者会说没有，同样，许多伦理学家也会这样说。他们认为，误导性的事实与彻头彻尾的谎言具有相同的目的，如果成功的话就具有相同的效果：欺骗听众。然而，历史上最伟大的道德哲学家之一却不同意这种观点。18世纪德国哲学家伊曼纽尔·康德坚持认为，在这个世界上，说谎和理论上是实话的回避之间存在着巨大的差异。

康德认为，任何人在任何时候都不应撒谎。他坚持，即使是在一个凶手闯入你的房间，寻找躲藏在你家中的人的情况下，你在道德上也是不允许撒谎的。说真话的义务与结果无关。与康德同时代的法国人邦雅曼·贡斯当曾对这种不通融的立场提出异议。贡斯当认为，讲话的义务仅仅适用于那些配知道真相的人，凶手显然不是这样的人。康德回应，对凶手撒谎是错误的，这不是因为谎言会伤害他，而是因为撒谎违反了真正正确的原则，有损于说谎人作为人的尊严。康德说："因此，在任何时候都要讲真话（诚实），这是神圣的、无条件的理性命令法则，这一法则在任何时候都没有例外。"

尽管康德绝对禁止撒谎，或者正因如此，他在说谎和误导性言论（正式意义上并非不真实的言论）之间进行了严格区分。在与贡斯当交换意见几年前，康德发现他和国王弗里德里希·威廉二世之间有些麻烦。国王和他的审查员要求康德不要发表任何他们认为歪曲和贬低基督教的讲稿和作品。康德原本计划进一步论说和发表关于宗教的研究，他用措辞谨慎的声明回应，承诺"作为陛下您忠诚

| 第18章 克林顿和康德论撒谎 | 117

的臣民，我将在未来停止任何与宗教相关的公众演讲或论文"。

几年后，国王去世了，康德认为他自己可以解除遵守诺言的义务，因为这一诺言仅仅是当他"作为陛下您忠诚的臣民"时才与他相连。康德后来解释，他"非常谨慎地斟酌了措辞，这样，就不必被永远剥夺自由……而是只在国王陛下活着的时候失去自由"。通过这种巧妙的规避，普鲁士正直的典范成功地误导了审查人员，而又没有对他们撒谎。

许多人认为，在早期的丑闻中，克林顿用的也是一种类似的策略，他不断地使用现在时态否认对过去不当行为的指控，他说："现在没有性关系。"当杂志记者抓住这种可能的回避时，他才最终做出了一种没那么模棱两可的否定。

如果总统已经从一种有误导性的真实陈述（像康德那样的）转换到一种实际的撒谎，那么这里可能仍然有一种减轻错误行为的因素。即使是最正直的人，可能也不欢迎暴露公众人物的八卦。再想想犹太法典，它讲述了一位圣人拉比的故事：有一位圣人拉比所做的一切都值得效仿，以至于他的门徒曾经藏在他的床下，想学习他和妻子做爱的适当方式。当拉比发现了他的门徒并要求他离开时，这个门徒回答："这是律法，是值得学习的。"总统的声望并未受到影响，不是因为美国人相信总统讲的是真话，而是因为他们觉得他的性生活不是律法，并且不值得研究。

第 19 章

有没有辅助自杀的权利?

> 这篇文章写于最高法院对两起案件进行考虑之际,其中一件与禁止医生辅助自杀的州法律有关。法院一致同意支持这项法律,并否定了医生辅助自杀是宪法权利的观念。

最高法院将很快决定临终病人是否有宪法规定的医生辅助自杀的权利。很有可能,法院会说不。几乎每个州都禁止辅助自杀,并且在今年早些时候所进行的口头辩论上,大法官们曾表达了对在一个如此痛苦的道德问题上废除如此多的州法律的疑虑。

如果最高法院按预期进行裁决,那么它不仅要驳回已经宣布自杀是一种宪法权的两个联邦法院的决议,而且要拒绝六位杰出的道德哲学家的建议,他们提交了一份"法庭之友"简报。简报的作者是自由主义政治哲学梦之队——罗纳德·德沃金(牛津大学和纽约大学)、托马斯·内格尔(纽约大学)、罗伯特·诺齐克(哈佛大学)、约翰·罗尔斯(哈佛大学)、托马斯·斯坎伦(哈佛大学)、朱迪丝·贾维斯·汤姆逊(麻省理工学院)。[1]

哲学家们论证的核心是一个具有吸引力但却错误的原则：政府应该在有争议的道德和宗教问题上保持中立。哲学家们认为，既然人们对于什么赋予生命以意义和价值的问题存在分歧，政府就不应该通过法律对这些问题强加任何特定的回答。相反，应该尊重一个人根据他自己对什么样的生活值得过的信念来生存和死亡的权利。注意到法官不愿冒险进入道德上有争议的领域，哲学家们坚持认为，法院可以确认辅助自杀的权利，而无须对自杀本身的道德地位做出评判。他们写道："这些案件并没有邀请或要求法院对诸如此类的问题——人们应该怎样接近或面对他们的死亡，或者什么时候加速自己的死亡或请别人帮助自己加速死亡在伦理上是恰当的——做出道德、伦理或宗教的评判。"相反，哲学家们说，法院应该赋予个人权利，让他们自己做出这些"严肃的判断，不受法院或立法机构强加的任何宗教或哲学传统观念的影响"。

尽管哲学家们声称中立，但他们的论点却传达了关于什么是值得过的生活的某种观点。按照这一观点，生和死最好的方式是有意识地、自主地生或死，用一种使我们能够把我们的生活视为自己的创造物的方式。过着最好的生活的人自视为生命戏剧的作者，而不仅仅是一场戏剧的参与者。简报指出，"我们中的大多数人把死亡……看作人生戏剧的最后表演，我们希望这最后的表演能够反映我们自己的信念"。对那些终结自己生命的人，哲学家们如此推断，继续活着"是毁坏而不是提升他们已经创造的生活"。在最近的堕胎案，即1992年的"计划生育组织诉凯西案"（Planned Parenthood v. Casey）中，哲学家们引用法院的话，强调个人有权做出"个人尊严和自主权的核心选择"。这种自由无非包括"定义自身生存观、意义观、宇宙观和人类生命奇迹"的权利。

哲学家强调自治和选择,言下之意是,生命是生活着的个人的拥有物。这种道德观与一系列把生命视为礼物,认为我们是生命的保管者且负有责任的道德观点相违背。这些道德观点反对生命可以不加限制地使用这一观念,即使是对拥有生命的人而言也是如此。简报中提出的自治伦理远非中立,它背离了许多宗教传统,也背离了自由主义政治哲学创始人约翰·洛克和康德的观点。洛克和康德都反对自杀权,并且都反对我们的生命是可以被随心所欲地处置的财产的观念。

提出同意(consent)理论的哲学家洛克支持有限政府的理由是,某些属于我们的权利的意义是如此深远,即使是通过同意的方式,我们也不能放弃它们。他主张,既然生命和自由的权利是不可让渡的,我们就不能把自己卖为奴隶或自杀:"任何人都不能给予自己既有权力之外更多的权力,一个不能取走自己的生命的人,也不能将这样的权力授予他人。"

对康德而言,尊重自主牵涉对自己和他人的义务,而在所有义务中,最重要的义务是把人看作目的本身。这一义务限制着人们对待自身的方式。按照康德的观点,谋杀是错误的,因为它把受害者作为一种手段,而不是尊重他,把他看作目的。同样,在自杀问题上也是如此。康德写道,如果一个人"为了摆脱一种痛苦状况而终结生命,他仅仅是把人看作一种维持在可以容忍的事物状态直至生命终结的手段。但是,人不是物——不是被用来作为一种手段的某物：在他的行动中，他必须始终被视为目的本身"。康德得出结论，一个人没有杀死他人的权利，同样也没有杀死自己的权利。

与康德相反，哲学家们的简报假定一个人的生命价值是他或她赋予生命的价值，前提是这个人有行为能力并充分了解情况。哲学家们写道："当一个有能力的人确实想死，那么，以病人不能被杀的权利作为为什么不允许设计一种让他死的行为的理由，是没有任何意义的。"康德可能不同意。一个人想死的事实，即使他想死的意愿不是强迫的，甚至经过深思熟虑，杀死他也不能在道德上得到允许。

哲学家们可能会回答，允许辅助自杀不会伤害那些认为辅助自杀在道德上令人反感的人；那些宁愿把自己的生命视为一场更大戏剧场景中的一个插曲，而不是把自己的生命视为自主的创造的人，仍然可以如此认为。

但是，这一回答忽略了这一点，即法律方式的改变可能会带来我们理解自身方式的改变。哲学家们正确地观察到，现有的反对辅助自杀的法律反映和巩固了什么赋予生命意义的观点。但是，如果法院以自治之名宣布人们有辅助自杀的权利，那么法院也同样是在认可某种关于生命意义的观念。新政策将不仅扩展选择的范围，而且将鼓励人们更少地把生命视为礼物，而更多地把生命视为财产。这可能会提高我们赋予自主、独立的生活方式的声望，并贬低那些被视为依赖者的主张。这种转变将如何影响对老年人、残障人士、穷人和体弱多病者的政策，以及怎样重塑医生对他们病入膏肓的病人、子女对他们年老的父母的态度，还有待观察。

反对自治论证，并不必然反对在所有情形下的辅助自杀。即使是那些把生命视为一种神圣托管物的人也承认，怜悯有时可能也会凌驾于保护生命的义务之上。挑战在于，我们要找到一种方法尊重这些主张，既保留加速死亡的道德负担，又保留对生命的敬畏，将生命视为我们珍惜的东西，而不是我们选择的东西。

第 20 章

胚胎伦理：干细胞研究的道德逻辑

乍一看，联邦政府资助胚胎干细胞研究的理由似乎太明显了，不需要辩护。这类研究有希望治疗和治愈毁灭性的疾病，比如帕金森病、糖尿病、脊髓损伤，政府为什么要拒绝支持这些研究呢？干细胞研究的批评者提供了两种主要的反对意见：一些人认为，尽管干细胞研究的目的是有价值的，但它是错误的，因为它涉及对人类胚胎的破坏；另一些人担心，即使对胚胎的研究本身没错，它也会导致一系列不人道的做法，比如胚胎农场、克隆婴儿、使用胎儿作为备用器官，以及人类生命的商品化。

尽管这两种反对意见都提出了干细胞研究的支持者应该严肃对待的问题，但它们最终都没有说服力。我们来考虑第一种反对意见。持有这一意见的人，正确地从这一点开始论证，即生命医学伦理不仅仅关乎目的，而且关乎手段；如果研究以侵犯基本人权为代价，即使研究获得了巨大好处，也不能得到辩护。例如，纳粹医生的残忍而变态的实验，即使他们的研究发现能减轻人类遭遇的痛苦，也不能从道德上得到辩护。

很少有人质疑这一观念：尊重人类的尊严，要给医学研究施加一些道德束缚。问题是，在干细胞研究中，破坏人类胚胎是否算得上杀人。"胚胎异议"者坚持说，这就是杀人。对那些支持这一观点的人而言，从一个胚囊中提取干细胞在道德上等同于从一个婴儿身上取出器官去救其他人的生命。

一些人将这一结论建立在胚胎形成时就有灵魂的宗教信仰基础上。另一些人试图不诉诸宗教，而是通过每个人从胚胎开始其生命的推理，来为上述观念辩护。如果我们的生命值得尊重，因此不可亵渎，那么，仅仅借助于我们的人性，就可以断定一个人若处在生命发展的一些早期阶段，就不值得尊重，这种看法是错误的。这一论证声称：在从胚胎到标志着人的出生的过程中，除非我们能指出一个决定性的时刻，否则，我们就必须把胚胎视为和已经完全发育的人一样不可亵渎。

但这种论证是有缺陷的。每个人从胚胎开始生命的事实，并不能证明胚胎是人。考虑一个相似的情形：尽管每棵橡树都曾是橡果，但不能说，橡果就是橡树。同样，在我家前院里的松鼠吃掉了一颗橡果所导致的橡果的丧失，和被一场暴风雨吹倒的橡树所导致的橡树的死亡，我也不能把它们看作一样的。尽管它们的发展具有连续性，但橡果和橡树就是不同的事物。同样，人类的胚胎和人也是不同的事物。有知觉的动物能够向我们提出要求，而无感觉的事物却做不到这一点；能够经验和感知的人类也能提出更高的要求。人的生命有不同的发展程度。

那些把胚胎视为人的人常常想当然地认为，如果不认同这一观念，人们就一定会用道德冷漠的态度来对待胚胎。但是，为了尊重胚胎也不必要把胚胎看作一个完全的人。在我看来，把胚胎仅仅看作可以任我们使用的事物，是忽视了胚胎作为潜在人类生命的重要性。很少有人会赞成对胚胎的恣意毁坏，或为了开发新的化妆品生产线而使用胚胎。人格不是获得尊重的唯一保障。例如，当一个旅行者把自己姓名的首字母刻在一棵古老的红杉树上，我们认为这是一种不尊重的行为，不是我们把红杉树视为一个人，而是我们把红杉树视为一种值得欣赏和敬畏的自然奇迹。尊重古老的森林并不意味着任何树都不能因人类的目的而被砍伐。尊重森林与使用它可能并不相悖。但是，人类使用它的目的应该无愧于或适合于森林的奇妙本质。

培养皿中的胚胎具有和人一样的道德地位的观念可能受到进一步的质疑。也许看待它的不合理性的最好方式是发挥其全部含义。第一，如果从胚囊中提取干细胞真的与从婴儿身上获取器官相提并论，那么负有道德责任的政策应该取缔它，而不仅仅是拒绝提供联邦资助。如果一些医生为了得到移植的器官而杀害小孩，那么没有人会认为，虽然谋杀婴儿没有资格获得联邦资助，但可以在私有部门继续存在。如果胚胎干细胞研究等同于谋杀婴儿的观点能说服我们，那么，我们不仅要禁止它，而且要把它视为一种恐怖的谋杀形式，进行胚胎干细胞研究的科学家应当以罪犯论处。

第二，把胚胎看成一个人，就应当不仅把干细胞研究排除在外，而且把包括生产和丢弃多余胚胎在内的所有生殖治疗都排除在外。为了提高受孕率，免除妇女重复尝试的痛苦经历，大多数体外受精诊所会培养出比最终移植入子宫更多的受精卵。多余的胚胎一般被永久冷冻或抛弃。（少数被捐赠用来做干细胞研究。）但是，如果为了治愈和治疗毁灭性的疾病而牺牲胚胎是不道德的，那么为了治疗不育症而牺牲胚胎同样是不道德的。

第三，体外受精的辩护者提出，在辅助生殖中，胚胎损失的频率低于自然怀孕，在自然怀孕中，一半以上的受精卵要么不能着床，要么丢失了。可见，把胚胎等同于人的看法存在进一步的困难。既然在自然生育过程中，成功分娩和胚胎损失间有一定比例，那么也许我们不必过于担忧在体外受精和干细胞研究中发生的胚胎损失。那些把胚胎视为人的人可能会回答，婴儿的高死亡率并不能证明杀害婴儿是正确的。但是，我们对胚胎的自然损失的回应方式表明，我们并不认为这一事件在道德或宗教的重要性上同于婴儿死亡。即使那些最关心人类生命诞生的宗教传统，面对胚胎损失，也不会像面对小孩死亡那样举行同样的葬礼和哀悼仪式。而且，如果伴随着自然繁殖的胚胎死亡和婴儿死亡具有同等的道德重要性，那么怀孕将不得不被视为一种具有流行性的公共健康危机；减少自然的胚胎死亡将会成为一种比讨论堕胎、体外受精和干细胞研究加起来都更为紧迫的道德事业。

即使是干细胞研究的批评者，对于接受胚胎异议的全部含义也很犹豫。总统乔治·W. 布什禁止联邦资助用于 2001 年 8 月 9 日后投入使用的胚胎干细胞研究生产线，但是却没有禁止胚胎干细胞研究，他也没有呼吁科学家们都停止进行这类研究。中止干细胞研究的辩论在国会升温，而即使是那些直言不讳表示反对胚胎研究的人，也没有发起禁止体外受精或禁止生殖诊所培育和抛弃多余胚胎的全国性运动。这并不意味着布什和胚胎研究的反对者们没有原则立场，而只是意味着他们的立场不能建基于胚胎是不可亵渎的这一原则。

还有什么限制联邦资助干细胞研究的理由？可能是担忧胚胎研究将导致人们滑向剥削和滥用的灾难性道路。这一反对意见提出的担忧是合理的，但是为了解决这些问题而终止干细胞研究，却是错误的方式。国会可以通过颁布合理的法令，从完全禁止人类生殖克隆开始，来避免走向这一灾难性的道路。按照英国采用的方法，国会也可以要求用于研究的胚胎不允许发育超过 14 天，限制胚胎和配子的商品化，建立一个干细胞库，以防止私人利益垄断干细胞生产线。当我们试图履行我们时代的伟大生物医学诺言时，诸如此类的法规能够让我们不至于在不知不觉中走向"美丽新世界"。

第 21 章

道德论证与自由主义的宽容：堕胎与同性恋

人们用两种不同的方式替反对堕胎和同性恋行为的法律辩护：一些人认为，堕胎和同性恋应受到道德谴责，因此应该被禁止；另一些人试图避免对这些行为进行道德批判，而是主张，在一个民主社会，政治上的多数派有权在法律中体现他们的道德信念。

与此相似，对反堕胎和反同性恋的法律表示反对的论证也采取两种不同的方式：一些人主张，这样的法律是不公正的，因为它们所禁止的行为在道德上是允许的，有时甚至是人们所欲求的；另一些人也反对这样的法律，但他们避开这些行为的道德特征不谈，而是论证个体有权自行选择是否进行这些行为。

这两种类型的论证可以被分别称为"天真"和"世故"。天真的观点坚持，法律的正义取决于其禁止或保护的行为的道德价值。世故的观点坚持，这些法律的正义并不依赖于对这些行为做出实质性道德评判，而是取决于关于多数裁定规则和个体权利的普遍理论，一方强调民主，另一方则强调自由。

在这篇文章中，我试图揭示前述天真观点中的道理，我认为这一派的道理在于，反对堕胎和同性恋行为的法律的正义（或不正义），至少部分取决于这些行为的道德（或不道德）。[1]这一主张是世故的观点所反对的。无论是世故观点的多数主义版本，还是其自由主义版本，世故的观点都试图为了正义之故，把有争议的道德和宗教观搁置或"悬置"起来。它坚持认为，在善生活的不同愿景之间，法律辩护应该中立。

当然，在实践中，这两种论证方式很难区分。在对罗诉韦德案（Roe v. Wade）[2]和鲍尔斯诉哈德威克案（Bowers v. Hardwick）[3]类似的案子的辩论中，两大阵营都试图在世故观点掩护之下推进天真观点。（可见世故的论证方式的声望。）例如，那些出于憎恶而主张禁止堕胎和同性恋的人，常常会以尊重民主和司法约束的名义来陈述观点。同样，那些赞同堕胎和同性恋并想得到法律允许的人，论述时常常以自由主义宽容为名义。

这并不意味着所有世故的论证例子都不诚实，它们实际上是为了提倡某种实质性道德信念。那些主张法律在关于善生活的各种竞争性观点中应该中立的人，为他们的主张提供了各种理由，其中最突出的是以下两点：

一、唯意志论者的观点是，在各种善生活的观念面前，为了尊重作为自由公民和自治主体的人为他们自身选择生活观的能力，政府应该保持中立；二、最低限度论者或实用主义论者的观点是，在道德和宗教上，人们不可避免地存在分歧，因此，为了政治共识和社会合作，政府应该把这些争论悬置起来。

为了揭示天真的论证方式中的道理，我打算回顾一下法官和评论家近年来在处理堕胎和同性恋的案例中所做的实际论证。他们的论证忠实于世故观点，体现了因法律之故而悬置道德判断的困难。尽管我的很多论证都批评自由主义宽容的主导理论，但我并不认为多数主义原则就是令人满意的。自由主义的解药不是多数主义原则，而是更真诚地欣赏实质性道德话语在政治和宪政论证中的地位。

隐私权：私密和自主

就宪法的隐私权而言，政府中立和个人意志自由的观念经常结合在一起。例如，在堕胎案中，任何州都不得"通过采用一种生命理论"，[4] 来无视一个女人决定"是否终止妊娠"[5]的权利。政府不能强迫人们接受特定的道德观，不管持这种观念的人有多少，因为"任何人都不应仅仅因为多数人不认同她的'价值偏好'而被迫放弃为自己做出决定的自由"。[6]

正如宗教自由和言论自由一样，对于隐私，中立的理念反映了人类主体的唯意志论概念。政府必须在各种善生活观中保持中立，以尊重个体为其自身选择价值观和人际关系的能力。隐私权和唯意志论的自我观之间的联系非常紧密，因此评论者经常把隐私和自主的价值同化。隐私权被说成是"基于个体自主的观念"，因为"如果人们不能自由地选择和采取一种表达他们独特性和个体性的生活方式，那么宪法所保护的人的尊严将遭到严重削弱"。[7] 在"承认宪法保护隐私权"方面，法院已经落实这种观点，即"人们有能力自主地生活，并有权利实施这种能力"。[8] 最高法院废除反对避孕品的法律决定，"不仅保护了选择不生育的个体，也保护了夫妻结合的自主性"。[9] 这些决定保护了这些男人和女人，他们不必对不想要的孩子"承担非自己选择的义务"，也不必再接受"父母这一强加的社会角色"。[10]

在最高法院的裁决和异议中，大法官们经常把隐私权和唯意志论的假设联系在一起。因此，法院把禁止使用避孕药具的法律定性为违反"在生育问题上对个人自主权的宪法保护"。[11] 它捍卫了堕胎权，理由是"对个体的尊严和自主而言"，没有什么决定"比一个女人⋯⋯是否终止妊娠的决定更私人或更基本"。[12] 大法官威廉·道格拉斯对一宗堕胎案表示赞同，强调隐私权保护诸如此类的自由，如"自主地掌握个人的智力、兴趣、趣味、个性的发展和自我表现"，以及"自由选择与个人生活相关的结婚、离婚、生育、避孕、子女教育和成长的基本决定"。[13] 四名大法官试图将隐私保护扩展到双方同意的同性恋行为，理由是"丰富的人际关系大多来自个体不得不选择这些亲密的个人联系的形式和性质的自由"。[14]

尽管隐私和自主权之间的联系现在看起来是如此之近，以至于像是自然而然，甚至是必要的，但是隐私权并不需要预设一种唯意志论的个人观。事实上，在美国法律的大部分历史中，隐私权既不隐含中立政府的理念，也不包含个体自由选择其目标和钟情对象的自我理念。

当代的隐私权是指不受政府限制地从事某一行为的权利，而传统的隐私权是指使某些个人事务免受公众评议的权利。新的隐私保护个体"在做出某种重要决定时的独立性"，而旧的隐私保护个体的利益，"避免曝光个人事务"。[15]

把隐私等同于自主的趋势，不仅模糊了对隐私的理解的不断变化，而且限制了保护隐私的原因的范围。尽管这种新出现的隐私观念惯常依赖唯意志论的证明，但是它也可以用其他方式来证明。例如，在婚姻问题上免受政府干预的权利，不仅可以在个体选择之名下得到捍卫，而且可以在被保护实践的内在价值和社会重要性之名下得到捍卫。

从旧的隐私到新的隐私

在美国，隐私权首先是作为侵权法律原则，而不是作为宪法原则获得立法承认的。在1890年的一篇颇具影响力的文章中，时任波士顿律师路易斯·布兰代斯和他从前的律师合伙人萨缪尔·沃伦认为，民法应该保护"隐私权"。[16]这与后来所关注的性自由相去甚远。相比而言，布兰代斯和沃伦的隐私就显得古怪了，他们关注那些追求轰动效应的媒体发布的上流社会的流言蜚语，或者是广告中使用未经授权的人物肖像。[17]最初是慢慢地，后来在20世纪30年代更加频繁，大多数州的民法中都认可了这种隐私权。[18]然而，在20世纪60年代之前，宪法中很少关注隐私权。

最高法院于1961年首次处理了关于这种隐私权的问题，当时康涅狄格州的一位药剂师在波诉厄尔曼案（Poe v. Ullman）中，质疑该州的避孕药具禁令。[19] 尽管大多数法官以技术理由驳回了此案，[20] 但是大法官道格拉斯和约翰·哈伦却提出异议，他们论证该法律侵犯了隐私权。他们所为之辩护的隐私是指传统意义上的隐私。其所涉及的权利，不是指使用避孕药具的权利，而是免于强制执行所要求的监视的权利。道格拉斯写道："如果我们设想一个全面执行法律的政权，就会理解这一点，即只要签发搜查令，警察就会进入我们的卧室看能找出什么……如果（州政府）能制定这种法律，它就能执行它，并且违法的证据必然涉及调查夫妻关系。"[21] 道格拉斯表示，禁止销售避孕药具和禁止使用它们不同。禁止销售意味着限制获得避孕药具，但不会把亲密关系暴露在公共审查之下。执行时警察只是去到药店，而不是卧室，并且也不会侵犯传统意义上的隐私。[22]

大法官哈伦基于对传统隐私和新隐私的区分，反对这一法律。他反对，并不是因为禁止避孕药具的法律在各种相互竞争的道德观念中丧失了中立性。尽管哈伦承认，法律是基于这一信念，即避孕药具本身是不道德的，并且避孕药具通过最小化"灾难性后果"助长了诸如私通和通奸这样的"放荡行为"，[23] 但是他并不认为这种非中立性的立场违反了宪法。在一段明显反对中立性约束的话中，哈伦主张，道德是政府应当关注的。

社会的目标不仅仅是共同体的物质安康，而且是在传统上也关注其居民的道德健全。实际上，尝试在公共行为和纯粹是双方同意或主观自愿的行为之间划清界限，就相当于将一系列文明时代所有社会都必须面对的问题移出了共同体的关注范围。[24]

尽管哈伦反对政府中立的理念，但他并未由此断定，康涅狄格州可以禁止已婚夫妇使用避孕药具。和道格拉斯一样，哈伦推论，强制执行法律将会侵犯隐私，而隐私对人们所珍视的婚姻制度至关重要。他反对侵犯传统意义上的隐私，反对"整个刑法机器侵犯婚姻隐私的核心，要求丈夫和妻子在刑事法庭前，提供他们在性行为时使用避孕药具的理由"。[25] 按照哈伦的观点，政府有权在法律中表达避孕药具是不道德的信念，却不能执行"它选择实施该政策时令人讨厌的侵犯行为"。[26]

四年后，在格里斯沃尔德诉康涅狄格州案（Griswold v. Connecticut）[27] 中，异议者占了上风。最高法院宣布康涅狄格州禁止避孕药具的法律无效，并且首次明确地公开承认宪法的隐私权。尽管这一权利被置于宪法而不是侵权法之中，但它仍然与使秘密之事免受公众注视这种传统的隐私观相连。侵犯隐私包括强制执行法律时所构成的侵犯，但不包括限制自由地使用避孕药具。大法官道格拉斯在呈给法院的证词中写道："为了寻找使用避孕药具的蛛丝马迹，我们是否允许警察搜查已婚夫妇的卧室这一神圣之地？这个想法本身就与围绕婚姻关系的隐私观念相悖。"[28]

对隐私权的这种辩护不是基于唯意志论的，而是基于实质性道德评判；法院维护的隐私不是为了让人们自由选择他们的性生活，而是为了肯定和保护婚姻这一社会制度。

婚姻就是共享幸福，共渡难关，满怀希望，亲密无间至近乎神圣的程度。婚姻是一种提升生活方式的结合……一种生命的和谐……一种彼此的忠诚……正如我们以前的任何决定一样，婚姻中的双方是为了崇高的目的而结合在一起的。[29]

尽管批评者和法官常常把格里斯沃尔德案视为严重背离宪法，但是，其所声称的隐私权与20世纪初的传统隐私权是一致的。从隐私观变化的角度来看，一个更具决定性的转变是七年之后的一个相似的案子，即艾森施塔特诉贝尔德案（Eisenstadt v. Baird）。[30] 与格里斯沃尔德案一样，它涉及一条限制避孕药具的州法律。然而，在艾森施塔特案中，受到挑战的法律限制的是避孕药具的分销，而不是避孕药具的使用。因此，它限制的是接触避孕药具的渠道，对它的强制执行就不能说是政府对亲密行为的监督。这一法律并没有侵犯传统意义上的隐私。[31] 此外，法律只是禁止把避孕药具卖给未婚人士。因此，这一法律没有像康涅狄格州的法律那样牵涉婚姻制度。

尽管存在这些分歧，但最高法院否决了该法律，只有一位异议者。最高法院的决定包括两个革新之处，一个很明显，另一个则不然。明显的革新之处在于，隐私权的拥有者从作为社会婚姻习俗参与者的人，变成了独立于社会角色和其他附属身份的个体的人。正如法院所解释的那样，"确实，在格里斯沃尔德案中，隐私权争论的焦点在于婚姻关系。然而，婚姻并不是一个拥有自己意志和心灵的独立实体，而是由具有独立的智力和情感组成的两个个体的联合体"。[32]

在艾森施塔特案中,较不明显但同样重要的变化是传统隐私观向新隐私观的转变。最高法院提出,隐私不是指免受监视或揭露私密之事,现在,隐私权保护人们不受政府限制地参与某些活动的自由。尽管在格里斯沃尔德案中,隐私阻止执法者闯入"夫妻卧室这一神圣领地"[33],但是,在艾森施塔特案中,隐私权却阻止政府干涉某种决定。而且,随着隐私含义的改变,对隐私的辩护也发生了改变。在艾森施塔特案中,最高法院保护隐私,不是因为隐私提升了社会实践,而是因为隐私所确保的个人选择。"如果隐私权有什么含义的话,那就是它是包括已婚者还是单身者在内的个体权利,这些个体在一些对其影响重大的事情上,如决定是否生孩子方面,不受政府的无端干预。"[34]

一年后,在罗诉韦德案中,[35]通过宣布得克萨斯州禁止堕胎的法律无效,并把隐私扩大到"包括妇女决定是否终止妊娠",最高法院给予新的隐私以最富争议的含义。[36]最初是和避孕药具,然后是和堕胎相连,隐私权已经成为一种做某些选择时免受政府干涉的权利。

新隐私观的唯意志论理由在 1977 年的案子中得到明确阐述,该判决宣布禁止向 16 岁以下的未成年人出售避孕药具的纽约州法律是无效的。[37]最高法院首次使用自主的语言描述隐私所保护的权益,公开主张从旧的隐私观向新的隐私观的转变。法官威廉·布伦南在凯里诉国际人口服务组织案(Carey v. Population Services International)中为法院撰文,承认格里斯沃尔德关注的事实是,禁止使用避孕药具的法律可能导致警察进入夫妻的卧室。"[38] "但是，随后的判决明确表明，宪法在生育问题上保护个人自主权并不取决于那个因素。"[39] 在调查之前的案例时，他强调，艾森施塔特保护的是"是否生孩子的决定",[40] 罗保护的是"一个女人是否终止妊娠的决定"。[41] 他总结道："格里斯沃尔德的教义是，宪法保护个体在生育问题上免受国家的无理干预。"[42]

鉴于对隐私的唯意志论解释，限制销售避孕药具和禁止使用避孕药具一样严重侵犯隐私，两者都限制了选择。威廉·布伦南观察到："确实，在现实中，一项反对所有销售的禁令，由于更容易实施，也不会带来太多冒犯，甚至可能会对选择避孕药具的自由带来更具毁灭性的影响。"[43] 具有讽刺意味的是，禁止销售避孕药具这一事实并不会威胁到旧的隐私，却对新的隐私构成了更大的威胁。

后来，支持堕胎权的判决也是使用自主的语言来描述备受争议的隐私权。在一个这样的案例中，法院认为："没有什么决定比一个女人终止妊娠的决定更具有隐私性，更体现个体尊严和自主。无疑，一个女人自由地做出那种决定的权利是最基本的。"[44] 在1992年的堕胎权案例中，法官桑德拉·D. 奥康纳、安东尼·肯尼迪和戴维·苏特撰写的意见，可以说是对作为自主的隐私观最完整的表达。隐私权保护"一个人在一生中可能做出的最私密、最个性化的选择，这种选择对个人尊严和自主权至关重要"。法官们接着得出结论，在作为自主的隐私和唯意志论的个人观之间存在明确的联系："自由的核心是，一个人有权利界定自己关于存在、意义、宇宙和人类生活奥秘的观念。在这些事上的信念如果是在政府的强迫下形成的，就不能用来界定一个人的人格特征。"[45]

尽管把隐私等同于自主的趋势越发明显，但法院最终以5∶4的决议，反对将隐私保护扩展到双方同意的同性恋行为。大法官拜伦·怀特在多数意见中强调，法院先前所处理的隐私案，保护的只是与孩子的抚养和教育、家庭关系、生育、婚姻、避孕药具和堕胎相关的选择。他坚持："我们认为这一点是显而易见的，在那些案子中所宣布的权利，没有一项与同性恋者所要求的鸡奸行为的宪法权有任何相似之处。"[46] 他也反对这一主张，即佐治亚州的市民不能在法律中体现他们的信念，即"同性恋的鸡奸行为是不道德的，是不能被接受的"。[47] 中立性走到了它的反面，"法律……的基础始终是道德观念，如果所有表达基本道德选择的法律，在法律的正当程序条款（Due Process Clause）面前被视为无效，那么法院将会非常繁忙"。[48]

在代表四位异议法官撰写的意见中，法官布莱克门论证，法院先前关于隐私的规定，并不取决于这些规定所保护的实践行为的德行，而是取决于个体在私密事务中自由选择的原则。"我们保护那些权利，不是因为它们有助于……普遍的公共福祉，而是因为它们是个体生命中最核心的部分。隐私的概念根植于这一'道德事实，即一个人既不属于他人，也不属于作为整体的社会，而是属于他自己'。"[49]

通过用个人主义的语言表述法院对传统家庭纽带的关注，布莱克门主张在考虑同性恋行为时应用早期的隐私权判例："我们之所以要保护是否生孩子的决定，是因为父母角色如此戏剧性地改变了

第21章 道德论证与自由主义的宽容：堕胎与同性恋 | 139

个人的自我定义……我们之所以保护家庭,不是因为偏爱僵化的家庭模式,而是因为家庭是个人幸福的重要源泉。"[50] 由于在性关系中,隐私权保护"个体选择他们亲密的私人交往的形式和性质的自由"[51],所以,隐私权也保护和其他亲密选择一样的同性恋行为。

为了替政府中立性理想辩护,布莱克门补充,传统宗教谴责同性恋,"并不代表政府就能把其评判强加于全体市民"。[52] 相反,政府用宗教教义来反对同性恋,削弱了法律"代表了对强制性的世俗权力的合法使用"的主张。[53]

尽管法院不愿意把隐私权扩展到同性恋者,但是,从过去25年中的隐私案例中可以看出,法官越来越多地采用从自由主义个体观得出的假设。与此同时,这些案例提出了与自由主义相关的两个问题:第一,把有争议的道德问题悬置在一定范围是否可能?第二,唯意志论的隐私观是否限制了保护隐私的理由的范围?

宽容的最低限度自由主义论证:堕胎

和唯意志论为中立性提供的基础不同,最低限度自由主义寻求一种政治的而非哲学的正义观,它没有预设任何一种特定的个人观、自治观或其他观念。它提出,把有争议的道德和宗教问题悬置起来,以便在面对目标分歧时寻求社会合作,而不是去追求自主或个体主义之类的"综合的"自由主义理念。[54] 对最低限度自由主义的反对之一是,把特定的道德和宗教争论悬置起来的理由,可能部分取决于对它意图悬置的争论的隐匿的回答。如在堕胎案中,在道德相关性的意义上,我们越是相信胎儿和婴儿之间的区别,就越有信心去为了政治目的而悬置关于胎儿的道德特征的争论。

在罗诉韦德案中,[55] 法院的论证阐明了通过悬置有争议的道德和宗教问题判定宪法案例的困难。尽管法院声称在生命何时开始的问题上保持中立,但它的判决却预设了对此问题的特定回答。得克萨斯州的法律反对堕胎,其依据是生命始于何时的特殊理论,法院就从评述这一理论开始。"得克萨斯州极力主张……生命始于受孕并贯穿整个孕期,因此,国家有强烈的意愿去保护怀孕之时和怀孕之后的生命。"[56]

随后,法院声称在此问题上保持中立:"我们不必解决生命从何时开始的难题。当那些在医学、哲学和神学各个领域训练有素的人也不能就此难题达成任何一致时,司法部门……没有立场去凭猜测给出答案。"[57] 接着,它指出,纵观西方传统和美国各州的法律,"在思考这一最敏感和最困难的问题时,存在广泛的分歧"。[58]

通过这番考察,法院得出结论,"未出生的人从来就没有在法律上被承认是一个完全意义上的人"。[59] 因此,它认为得克萨斯州把法律根植于一种特定的生命理论是错误的。由于没有任何理论是决定性的,因此它认为得克萨斯州错误地"采用了一种生命理论……这将侵犯处于问题中心的孕妇的权利"。[60]

然而,与其所宣布的中立性相反,法院的决定预设了对其所要求悬置的问题的特定回答。

关于国家对潜在生命的重要性和合法性的关注,"令人信

| 第21章　道德论证与自由主义的宽容:堕胎与同性恋 | 141

服"的观点就在于发育能力。之所以这样,是因为胎儿被假定为在母亲的子宫之外有过一种有意义生活的能力。因此,保护发育后的胎儿的国家规定,既能从逻辑上,又能从生物学上得到辩护。[61]

在罗诉韦德案中,法院的判决预设了对要求悬置的道德问题的特定回答,这并不是反对其判决的论据,而是一个反对其声称已将生命何时开始这一有争议的道德问题悬置的论据。法院没有用一种中立姿态代替得克萨斯州的生命理论,而是采用了它自己的另外一种不同的理论。

最低限度自由主义对中立性的主张导致一个更深层次的困难:假使为了社会合作在悬置有争议的道德和宗教问题上达成一致,就可能在什么才算得上是被悬置的问题上产生争论;要想解决这一争论,要么需要对处于重要地位的利益进行基本评估,要么需要最低限度自由主义所竭力避免的自主的能动性概念。1986年所发生的支持罗案件的堕胎案,即索恩伯勒诉美国妇产科医学院案,[62]就是关于这类困难的一个例子。

大法官怀特写下异议,力劝法院在索恩伯勒一案中推翻罗诉韦德案中的裁决,"重新把这一问题交给人民处理"。[63]他同意堕胎是一个有争议的道德问题,但却认为,对法院来说,最好的方式是让各州自行解决这一问题。实际上,他提议将关于堕胎这一棘手的争议悬置,正如斯蒂芬·道格拉斯提议将关于奴隶制的棘手争议悬置一样——反对将单一的结论强加于整个国家。怀特写道:"堕胎是一个引起激烈争论的道德和政治问题,在我们的社会,这样的问题可以通过人民的意愿解决,既可以通过立法来表达,也可以通过被采用和包含在宪法之中的普遍原则来表达。"[64] 否则,法院所做的就不是保持中立,而是"把其自身有争议的价值选择强加于人民之上"。[65]

大法官约翰·保罗·史蒂文斯通过主张另一种悬置来对怀特做出响应。他极力主张,考虑这些重要的有争议的道德问题时,应该是作为个体的女性,而不是立法者,为她们自己做出决定。法院坚持女性自己做出选择的自由,不是要强加法院的价值观,而只是防止当地的多数人把他们的价值观强加于个体之上。"个体不应该仅仅由于她的'价值偏好'不能为大多数人所接受就被迫牺牲自由,为其做出那种决定。"[66] 对史蒂文斯而言,基本的问题不是哪种生命理论是正确的,而是"是由个体做出的'堕胎的决定',还是由多数人'任意地把其自身的、宪法之外的价值偏好'强加于他人所做出的'堕胎的决定'"。[67]

这两种悬置的方式原则上与最低限度自由主义惊人的一致:在对公共的善存在分歧的情况下,对社会协作的实际关注,并不能为选择其中一种而不选择另一种提供理由。即使为社会合作之故,而假定人们一致同意悬置棘手的道德或宗教争论,什么可以称得上是该悬置的问题也仍然是不清晰的。而且,解决这一问题——在怀特和史蒂文斯的立场之间做出决定——要么要求关于重要的道德和宗教利益的立场,要么要求一种如唯意志论所主张的个人的自主观。然而,这两种解决方式都将否定最低限度自由主义的最低限度原则,每一种解决方式都将导致其所谓关于正义的政治概念与其试图避免的道德和哲学信念纠缠在一起。

宽容的唯意志论论证：同性恋

在"鲍尔斯诉哈德威克案"[68]中，异议者关于宽容的论点说明了将宽容只与自主权联系在一起的自由主义版本的困难。在鲍尔斯案中，多数人反对将隐私权延伸到同性恋。他们宣称，在早期隐私案例中所宣布的权利，没有一个与现在寻求的同性恋权利相似，"家庭、婚姻或繁衍与同性恋行为之间没有任何联系"。[69]任何对法院立场的回应都必须表明，已经属于隐私保护的活动和尚未受到保护的同性恋行为之间存在某些联系。假如这两者都享有宪法规定的隐私权，那么，异性之间的性行为和同性之间的性行为有什么相似性呢？

至少有两种不同的方式来回答这一问题——一种是唯意志论的，另一种是实质论的。第一种是论证这些行为所反映的自主，第二种则是寻求这些行为所实现的人类善。唯意志论者坚持认为，人们应该自由选择他们的性交往方式，不论他们的选择是不是流行的美德，只要他们不伤害他人。在这种观点下，同性恋关系和法院已经保护的异性恋关系相似，它们都反映了个体的自主选择。

相比之下，实质论的回答主张，很多在传统婚姻中值得珍视的东西，也出现在同性恋关系中。在这种观点下，异性恋关系和同性恋关系之间的联系，就不是体现在两者都是个体选择的结果，而是体现在两者都实现了重要的人类善。第二种回应方式不是单单依赖于自主，而是详尽阐述了同性恋可能和异性恋共同分享的美德，以及同性恋自身所具有的、区别于异性恋的美德。这种方式采用了格里斯沃尔德案为婚姻隐私辩护的方式，为同性恋隐私辩护。它论证，和婚姻一样，同性之间的结合也可以"亲密到近乎神圣的程度……他们和谐相处……彼此忠诚"，是为了一种"高贵的目的"的结合。[70]

对于以上两种可能的回答，在鲍尔斯案中持异议者完全依赖于第一种。大法官布莱克门用个体主义的方式来解释法院早期的案件，他指出，保护同性之间的性行为，不是因为这种行为分享了和法院已经保护的异性性行为一样的人类善；他还发现，对这些早期案例的解读同样可以应用到同性恋，因为"丰富的人际关系大多来自个体自由选择他们之间私人交往纽带的形式和性质"。[71] 问题的关键不在于这些同性恋行为，而在于尊重这一事实，即在决定如何安排他们的生活方面，"不同的个体将做出不同的选择"。[72]

大法官史蒂文斯专门撰写了一份异议，也避免论及同性性行为和异性爱情可能共同分享的价值。他宽泛地写道，"个体有权利做出一些不同寻常的、重要的决定"，"尊重个体选择的尊严"。[73] 他反对这种观念，即这样的自由只属于异性恋者。"从个体的角度来看，同性恋和异性恋一样，都能决定他/她将怎样过自己的生活，甚至更严格地说，他/她将自行决定如何处理与其伴侣的私人结合和自愿结合。"[74]

在鲍尔斯案的众多异议中，唯意志论的论证处于支配地位，以至于人们很难想象司法机构会采纳实质论的观点。但是在同样的案子中，上诉法院的意见中可以发现实质论的观点的一丝曙光。[75]美国上诉法院做出对哈德威克的裁决，并废除了他被定罪的法律。和布莱克门和史蒂文斯一样，上诉法院在婚姻隐私和同性恋关系中的隐私之间构建了一种相似性。但是和高级法院的异议者不同，上诉法院并不把这种相似性单单建立在唯意志论的基础上。相反，它认为这两种人类行为都能实现重要的人类善。

上诉法院写道，婚姻关系至关重要，不仅是因为繁衍后代的目的，而且是"因为它提供了相互支持和自我表达的绝好机会"。[76]上诉法院回顾了高级法院在格里斯沃尔德案中的观察，"婚姻就是共享幸福，共渡难关，满怀希望，亲密无间至近乎神圣的程度"。[77]法院在格里斯沃尔德案中如此赞扬的婚姻品质，同样可能出现在同性恋关系中，"对某些人而言，在这里备受争议的性行为和婚姻中的亲密关系有着同样的目的"。[78]

具有讽刺意味的是，把隐私权延伸到同性恋的方式依赖于对格里斯沃尔德案的"老派的"解读，自从法院开始采用个体主义的解读之后，已经很久不见"保护在婚姻中实现的人类善"这样的说法了。[79]通过借鉴格里斯沃尔德案肯定某些价值观和目的的方面，同性恋隐私的实质论案例冒犯了坚持中立性的自由主义。实质论把隐私权植根于它所保护的人类活动的善，因此在善的概念中不能保持中立。

更常被引用的同性恋权利判例，不是格里斯沃尔德案，而是斯坦利诉佐治亚州案，[80]此案支持个人在家中有权拥有违反现存性道德观的淫秽物品。斯坦利并不认为在被告卧室中找到的黄色电影服务于一种"高贵的目的",他只是坚持,在私人空间里,被告有权观看黄色电影。斯坦利所捍卫的宽容,完全与被宽容之物的价值或重要性无关。[81]

1980年,在人民诉奥诺弗雷案中,[82]纽约上诉法院正是基于这些理由,为同性恋的隐私权辩护。法院的理由是,如果按照斯坦利所言有一种"通过被谴责为淫秽的物品来满足性欲望"的权利,那么,也应该有一种"从曾被普遍视为'变态'的行为中寻求性满足"的权利,只要这些行为是私人的,并经过双方同意。[83]法院强调,它将对这些被保护的行为采取中立态度:"对于双方同意的性行为,我们不发表任何神学的、道德的、或心理学上的价值评判。见多识广、精明能干的权威可能或的确与个体在此问题的许多方面有差异。"[84]法院的作用仅仅是确保州政府悬置这些竞争性的道德观,而不是把这些道德观中的任何一个体现在法律之中。[85]

用搁置同性恋道德问题的方法来主张宽容,这种方法具有强大的吸引力。在面对价值观的严重分歧时,它似乎不问互竞各方的观点。无须改变道德观念,宽容将带来社会安宁和对权利的尊重。对那些把同性恋行为视为罪恶的人,我们不需要说服他们,只要他们宽容这些在私人范围内的行为就行了。只要每个人都尊重其他人选择其生活的自由,这种宽容保证,不必等到大家都有一致的道德观才能形成政治同意的基础。

尽管有这种前景,但用中立性来主张宽容仍面临两个相关的困难。第一,作为一个实践问题,如果没有就受争议的社会实践的道德允许程度达成一致意见,仅仅依靠自主权显然不可能确保社会合作。第一个确定隐私权受宪法保护的案例涉及婚姻和繁衍的圣洁,这可能不是偶然的。法院只是后来从这些实践中抽象出隐私权并加以保护,而没有考虑它是否与人类善有关,而这些实践一度被认为使得人类善成为可能。这表明,唯意志论对隐私权的辩护,既从政治上也从哲学上依赖于某种共识,即这些被保护的实践在道德上是允许的。

用唯意志论来为宽容辩护的第二个困难在于它所保护的尊重的质量。正如纽约的案例所表明的那样,在本案中,宽容同性恋是以贬低同性恋行为的意义为代价的,它把同性恋行为与淫秽行为相提并论——只要它是在私人范围内进行,就应该被宽容。如果相关的类比是斯坦利而不是格里斯沃尔德,那么所涉及的利益必然会减少,正如纽约法庭将其简化为"性满足"。(在斯坦利案中,涉及的唯一私密关系是一个男人和他的色情录像之间的关系。)

在鲍尔斯案中,多数意见利用这一假设而嘲笑"同性恋有从事鸡奸行为的基本权利"[86]的概念。最显而易见的回应是,鲍尔斯案不是一个关于同性恋鸡奸行为的权利的案例,格里斯沃尔德案也不是一个关于异性性交的权利的案例。由于宽容的唯意志论论证拒绝阐明同性恋行为和异性恋之间可能分享的人类善,因此它放弃了与格里斯沃尔德案进行类比,并使嘲笑难以被反驳。

宽容的中立论论证的问题在于其所吁求的反面,它完全不挑战同性恋本身的负面看法。除非这些观点能够得到合理的解释,否则,即使是法院做出对他们有利的裁决,也只能为同性恋者赢得脆弱的宽容。这里需要的是完全的尊重，即使不能崇拜，至少也要对同性恋生活有一些欣赏。然而，在仅仅是由自主权引导的立法和政治商谈中，培养这样的欣赏是不可能的。

自由主义者可能会回答，法庭上的自主观点，不需要在其他地方排除更多实质论的、肯定的论证；为了宪法的目的把道德论证悬置起来，并不意味着把所有的道德论证都悬置起来。一旦同性恋者在性行为中的选择自由得到保障，他们就能通过论证和例证，来寻求赢得比自主所能提供给他们的尊重更多的来自市民的尊重。

然而，自由主义的回答可能低估了宪法话语在多大程度上构成了美国公共生活中的政治话语。虽然更经常见于宪法，但当代自由主义的主题——权利即王牌、中立国家和无约束的自我——逐渐构成我们道德和政治文化中的突出部分。从宪法话语中得出的假设，越来越多地塑造了政治辩论的总体形式。

应该承认，悬置实质性道德问题的趋势，使得用善的话语来为宽容辩护变得困难。通过捍卫隐私所保护的实践来定义隐私权，似乎既大胆又古老。说它大胆，是因为它依赖于道德论证，说它古老，是因为它回归一种传统的观点，这种传统的观点把寻求隐私的案例和隐私所保护的行为的价值联系在一起。但是，正如堕胎和同性恋案例所表明的那样，试图悬置道德问题也面临其自身的困难。这些困难表明，"天真"的观点有一定的道理：反对堕胎和同性恋的法律的正义或不正义，可能还是与这些行为的道德或不道德有一定关联。

| 第21章 道德论证与自由主义的宽容：堕胎与同性恋 |

结语

本文发表后,在 2003 年的劳伦斯诉得克萨斯州案(Lawrence v. Texas)中,[87] 美国最高法院推翻了在鲍尔斯诉哈德威克案中的判决,废除了把同性之间所谓的"变态的性交往"视为犯罪的法律。大法官安东尼·肯尼迪撰写的法庭意见在某种程度上借鉴了我所批判的基于自主的、不按个人道德标准进行评定的推理路线:"自由假定自我的自主性,包括思想、信仰、表达和某种性行为的自由。"[88] 并且,他用赞同的口吻引用了在计划生育组织诉凯西案中唯意志论的个人观的夸张论断:"自由的核心是,一个人有权利界定自己关于存在、意义、宇宙和人类生活奥秘的观念。在这些问题上的信念如果是在政府的强迫下形成的,就不能用来界定一个人的人格特征。"[89]

尽管使用了自治和选择的修辞,但大法官肯尼迪的观点也表明了一种不同的、更具有实质论的理由来推翻得克萨斯州法律——它错误地贬低了道德上合法的生活模式。首先,该观点指出,格里斯沃尔德案中没有异性交往的权利,同样,鲍尔斯案中也没有同性恋鸡奸的权利。"说在鲍尔斯案中,问题仅仅在于从事某种性行为的权利,贬低了个体提出的主张,这就像是说婚姻仅仅是与拥有性交往的权利有关,将贬低已婚夫妇一样。"隐私权应该保护同性恋和异性恋之间的性行为,不是因为性关系反映了自主和选择,而是因为它表达了一种重要的人类善。"当性行为者发现可以公开表达他和另外一个人的亲密关系时,这一行为可能是形成更牢固的个人纽带的一个因素。"[90]

第二,法院坚持推翻鲍尔斯案,尽管它本可以更狭窄地裁决并以平等保护为由宣布得克萨斯州的法律无效。(和鲍尔斯案中的法律不同,在劳伦斯案中的法律禁止同性恋的鸡奸行为,而不是异性伴侣的性行为。)"如果被保护的行为仍被归为犯罪,并且如此做的法律在其实质论有效性方面仍没有得到检验,那么,即使是出于平等保护的理由,这一行为不会遭到强制执行,也仍然会背负恶名。"为了消除反鸡奸法加给同性恋行为的恶名,法院超出自由主义的宽容范围,肯定了同性恋的道德合法性。允许鲍尔斯案作为先例,将会"贬低同性恋者的生活"。[91]

大法官安东宁·斯卡利亚清晰地看到了道德风险。在异议意见中,他用激烈的言辞谴责法院认可"一些同性恋社会活动家推动的旨在消除传统上对同性恋行为的道德谴责的议程",以及"在文化战争中偏袒某一方"。[92]斯卡利亚抓住了劳伦斯案中的道德逻辑,他担心一旦法院反对"对同性恋行为的道德非难",并把它作为符合刑法的合法性权益,就很难为禁止同性婚姻辩护了。[93]

斯卡利亚并没有公开主张保留对同性恋的道德非难。他声称,对他而言,他不会在文化战争中有任何偏袒。他没有基于鸡奸行为的价值为反鸡奸法辩护,而是以多数的名义支持反鸡奸法。"提升多数人的性道德"是一种合法的政府权益,法院的作用只是确保"作为中立的观察者,保证民主的参与规则"得到遵守。[94]但是,斯卡利亚相信,对同性恋行为的非难是一种合法的权益,这似乎更多地依赖于多数派对价值中立的信奉。(他本人的道德观点可以从他在得克萨斯州的反鸡奸法和禁止兽交和乱伦的法律之间的类比中窥见一斑。)至少,让多数人禁止同性恋行为,同性恋是不道德的,而不是在道德上可以接受,这样的理由才比较充分。

具有讽刺意味的是,正当在劳伦斯案中自由主义者从不考虑隐私权所保护的行为的道德特征就裁定隐私权的假设中解放出来,保守主义者却信奉这一假设。但是,无论是自由主义的宽容,还是对多数主义的尊重,都不能避免对实质论道德论证的需求。在劳伦斯案中斯卡利亚的异议,以及在罗诉韦德案中布莱克门的观点,在这一点上是相同的:他们两人都阐明,无论是在尊重个体选择的名义下,还是在顺从多数人的情感的名义下,悬置道德论证都存在困难。

Part 3

第 三 编

自由主义、
多元主义及共同体

这一部分的论文探索了在当代政治哲学中占据主要地位的多种自由主义，以及自由主义及其批评者之间的碰撞。批评者形成了两条批评路线：第一，由于自由主义强调个人选择，因此它没有对共同体、团结以及成员资格给予充分的关注。第二，由于自由主义强调人们在多元社会中经常持有相冲突的、关于善生活的观点，因此它错误地坚持认为，公民应当把他们的道德和宗教信念置于私人领域，或者至少为了政治目的而搁置它们。

在第22章《道德与自由主义的理想》和第23章《程序共和国与无约束的自我》这两篇文章中，我认为伊曼纽尔·康德和约翰·罗尔斯的自由主义比他们所反对的功利主义更加具有说服力。他们将人看作能够自由选择、独立的自我，这强有力地纠正了功利主义那种认为我们仅仅是自己各种偏好和欲望的总和的观念。然而，康德式与罗尔斯式的自我也产生了自己的一些问题。我们如果把自己看作"无约束的自我"，那么就要以牺牲那些使我们生存于这个世界并赋予我们生活以道德独特性的忠诚和传统为代价。

第24~26章讨论了几种非康德式的自由主义。第24章《作为成员身份的正义》讨论了迈克尔·沃尔泽的著作《正义诸领域》，这本书为后来人们熟知的共同体主义对自由主义的批判做出了重要贡献。第25章《灭绝的危险》回应了乔治·卡提卜那种狂热的个人主义，他认为核战争的道德危害在于它对个人权利造成了威胁。第26章《杜威的自由主义与我们的自由主义》，回溯了20世纪早期美国杰出的公共哲学家约翰·杜威的自由主义。理查德·罗蒂曾尝试使杜威符合那种宣称权利优先于善的自由主义，但杜威并不是一个康德式的或以权利为基础的自由主义者。相反，他致力于培养一种依赖于公民的道德力量和精神力量的公共领域，这使得他像当代共同体主义者的天然盟友。

自由主义者经常为政治中的宗教因素而担忧，因为他们把宗教和不宽容联系在一起。避免宗教战争的决心在很大程度上影响了自由主义政治思想。近些年来，基督教、犹太教以及伊斯兰教的神学家一直在和他们所信仰的教义和传统中不宽容的源头做斗争。第27章《犹太教如何看待宰制与傲慢：以神自居错在哪里？》研究了当代最杰出的犹太思想家之一戴维·哈特曼的追问，从犹太传统的内部阐述了一种多元主义的伦理。我在本书中选取这篇文章是试图——甚至是向那些不认同这种产生各种反思的信仰的人——表明，宗教和神学的思考怎样解释当代的道德和政治问题。

到了20世纪90年代，功利主义与康德式自由主义之间的争论已经在很大程度上让位于"自由主义—共同体主义"之争。1993年，约翰·罗尔斯出版了《政治自由主义》，这本书改进了他在经典著作《正义论》（1971年）中所阐述的那种自由主义。第28章《政治自由主义》研究了罗尔斯改进后的观点。第29章《纪念罗尔斯》是2002年罗尔斯逝世时我撰写的悼念他的文章。第30章《共同体主义的局限》回溯了自由主义—共同体主义之争，并解释了为什么某些被贴上"共同体主义者"这一标签的人（包括我），不愿意接受它。

第 22 章

道德与自由主义的理想

自由主义者常常以为自己所反对的东西——色情或不受欢迎的观点——辩护为傲。他们认为政府不应当把自己偏好的生活方式强加给公民,而应当尽可能让他们自由地选择自己的价值观和目标,并与他人类似的自由相一致。这种对自由选择的承诺,需要自由主义者连续不断地在允许和嘉奖、允许一种行为和赞同这种行为之间做出区分。他们认为,允许色情行业是一回事,肯定它则是另一回事。

保守主义者时常通过忽视这一区分来利用这一点。他们控诉那些允许堕胎的人就是赞成堕胎,那些反对校园祈祷的人反对祈祷,那些维护共产主义者权利的人是同情他们的事业。在政治领域为人所熟知的争论模式中,自由主义者通过援引更高的原则来加以回应:他们同样反对色情行业,只是更多珍视宽容、选择的自由或公平的程序。

然而,在当代的争论中,自由主义的回应似乎越来越脆弱,其道德基础也越来越模糊。为什么当其他重要价值也是危如累卵的时候，仍要把宽容和选择自由放在前面呢？这种答案经常暗含着某种道德相对主义的变体，暗示"法立道德"是错误的，因为所有的道德都不过是主观的。"谁能决定什么是文学，什么是淫秽书籍？这是一个价值判断，那么，应当取决于谁的价值呢？"

相对主义通常更多地表现为一个问题，而并非一种主张。"谁来做出评判？"然而，这一问题同样可以被用来质疑自由主义者所维护的价值。宽容、自由和公平也是价值，它们很难被"没有价值能够得到辩护"这样的主张所维护。因此，通过强调所有的价值都不过是主观的来肯定自由主义的价值是错误的。相对主义者对于自由主义的辩护实际上根本不算辩护。

那么，什么能够作为自由主义者所援引的更高原则的道德基础呢？近来的政治哲学提供了两种主要的可供选择的方案：一种是功利主义的，一种是康德式的。自约翰·斯图亚特·穆勒开始，功利主义的观点以使公共福利最大化的名义来维护自由主义的原则。国家不应当将所偏好的生活方式强加给公民，即使是为了他们自己的善也不行，因为这样会减少人类幸福的总量，至少从长远来看是如此；最好让人们自己做出选择，即使他们偶尔会出错。"唯一能配得上自由这一称号的，"穆勒在《论自由》中写道，"就是我们以自己的方式追求我们自己的善，只要我们不试图剥夺他人的善，或阻碍他们获取善的努力。"他补充说，自己的论述不依赖于任何抽象的权利观念，而仅仅依赖于最大多数人的最大善这一原则。"我将功利视为所有伦理问题的终极呈现，但它必须是最大意义上的、以不断进步的人类的永恒利益为基础的功利。"

有很多反对意见不赞同将功利主义作为道德哲学的总原则。有些人质疑功利的概念和这样一种假定，即所有的人类善在原则上都是可度量的。其他人认为，由于把所有的价值都贬低为偏好和欲望，功利主义没有承认各种价值在质上的差别，也不能区分高尚的欲望和卑贱的欲望。然而，最近的争论则集中于讨论功利主义是否为自由主义原则（包括对个体权利的尊重）提供了一种令人信服的基础。

一方面，功利主义似乎非常适合于自由主义的目的。寻求整体幸福的最大化，并不需要对人们的价值做出评判，而仅仅是整合它们，并且愿意不加评判地整合这些偏好就暗含着一种宽容的精神，甚至是一种民主的精神。当人们投票的时候，我们只是计算他们投出的票的数量，而无论是什么票。

然而，这种功利式的计算并不总是像它初看起来那样自由。假设有足够多的欢呼着的罗马人挤满了古罗马角斗场来观看一头狮子吞噬一名基督徒，那么这些罗马人的快乐加起来肯定会超过那名基督徒的痛苦，尽管后者的痛苦更强烈。或者，如果一个占大多数的群体厌恶某种小的宗教，并且希望它被禁止，那么偏好的天平将会倾向于镇压，而不是宽容。功利主义者有时基于这样的理由来为个体权利做辩护，即尊重个体权利在长远看来将会有利于功利。但是这种计算的前提是有问题的，而且具有偶然性。它很难保证实现自由主义的那种不把某些价值观念强加于人的承诺。大多数人的意愿是自由主义政治的一种不充分的工具——光凭它无法保证个体权利，同样，功利主义哲学是自由主义原则的一个不充分的基础。

伊曼纽尔·康德给出了反对功利主义的最强有力的理由。他认为，经验主义的原则（如功利）不适合作为道德法则的基础。一种完全工具性的对自由和权利的辩护，不仅仅使权利易受攻击，而且没有尊重人的内在尊严。功利主义的计算把人当作实现其他人幸福的手段，而不是本身就值得尊重的目的。

当代自由主义者拓展了康德认为功利主义没有认真区分个体的这一主张。在首先寻求使公共福利最大化的时候，功利主义者将社会看作一个整体，仿佛一个人；它将我们诸多不同的欲望合并为单一的欲望系统。它对个体间满意度的分配漠不关心，除非这可能影响到总量。然而，这样就没有尊重我们的多样性和特殊性。它将某些人当作达到总体幸福的手段，因此也就没有将每一个个体本身作为目的而加以尊重。

依据现代康德主义者的观点，某些权利是极为根本的，连总体福祉都不能凌驾于它们之上。正如约翰·罗尔斯在其重要著作《正义论》中所写的："每个人都拥有基于正义的不可侵犯性，即使是社会总体的福祉也不能凌驾于其上……由正义所保障的权利并不受政治协商或社会利益算计的支配。"

因此，康德式自由主义者需要一种不依赖于功利主义考量的对权利的解释。不仅如此，他们还需要一种不依赖于任何特殊善观念的、不预设某种生活方式优越于其他生活方式的解释。只有中立于各种目的的评判才可以维护自由主义的那种决心，即不支持任何特殊的目的、不把一种偏好的生活方式强加于公民。不过，这是一种什么样的评判呢？怎么才能既肯定某些自由和权利是基础性的，同

| 第22章 道德与自由主义的理想 | 161

时又不采纳某些关于善生活的观点，不预设某些目的优于其他目的呢？似乎我们又回到了相对主义的困境——肯定自由主义原则，而又不接纳任何特定的目的。

康德式自由主义者所提出的解决方案就是在"权利"与"善"之间做出区分——在基本的权利和自由框架与人们在这个框架范围内所可能选择追求的善观念之间做出区分。他们认为，国家支持一种公平的框架是一回事，肯定某些特定的目的则是另一回事。例如，维护言论自由权利以使人们能够自由地形成自己的观点并选择自己的目的，这是一回事；而基于"一种政治商讨的生活内在地比那种对公共事务漠不关心的生活更值得"的观点，或者基于"言论自由会增加公共福利"的原因而支持言论自由，则是另外一回事。在康德式观点中，只有第一种辩护是可行的，因为它依赖于一种中立性框架的理想。

那么，对一种尊重各种目的的中立性框架的承诺，可以被看作一种价值——在此意义上，康德式自由主义者并非相对主义者——但它的价值仅仅在于它拒绝肯定一种偏好的生活方式或善观念。那么，对于康德式自由主义者而言，权利在两种意义上优先于善。首先，我们不能为了总体的善而牺牲个体的权利；其次，界定这些具体权利的正义原则，不能以任何一个关于善生活的观念为前提。使权利正当化的不在于它们使公共福利最大化或是它们推进了善，而在于它们构成了一种公平的框架；在这个框架中，个体和团体能够选择他们自己的价值和目的，并与其他人类似的自由相一致。

当然，那些支持以权利为基础的伦理（the rights-based ethic）

的人，在何种权利是基础性的，以及中立性的框架理想需要什么样的政治安排等问题上存有争议。平等主义的自由主义者支持福利国家，并赞同这样一种方案，即将公民自由与某种社会和经济权利——享受福利的权利、受教育的权利以及医疗的权利等结合起来。自由至上主义者维护市场经济，并声称再分配政策侵犯了人们的权利。他们支持这样一种谋划，即将公民自由与一种严格的私人财产权制度结合起来。然而，无论是平等主义者还是自由至上主义者，以权利为基础的自由主义都始于这样一种主张，即我们是分散的、独立的个体，每个人都拥有自己的目的、利益以及善观念；它寻求一种权利框架，这种权利框架使我们能够实现我们作为自由的道德主体的能力，并与他人类似的自由相一致。

在很大程度上，由于罗尔斯的《正义论》的影响，在过去十年左右的时间里，与功利主义伦理相比，以权利为基础的伦理在理论上一直占据优势。法律哲学家 H. L. A. 哈特近来描述了这一转变，从"相信功利主义的某种形式把握了政治道德的本质，变为"相信真理必须与一种保护具体的基本自由和个体利益的基本人权学说联系起来……而就在不久前，许多哲学家还投入大量精力和智慧，希望找到某种行得通的功利主义学说，后来这些精力和智慧又被投到了对基本权利理论的澄清当中"。

然而，哲学与生活一样，新的信念不久就会变成旧的正统观念。基于权利的伦理超越了作为对手的功利主义而广为盛行，近来却面临着来自另一种方向的越来越强势的挑战；这种挑战比自由主义更充分地表达了公民身份和共同体的主张。与现代自由主义者不同，这些共同体主义立场的批评者主张公共的善的政治。援引黑格尔对康德的反驳，他们质疑自由主义者的权利优先于善的主张及其所包含的个体自由选择的图景。他们追随亚里士多德并坚持认为，如果不谈共同追求和目的，我们就无法为政治安排做正当性辩护；如果不谈我们作为公民以及共同生活参与者的角色，我们就不能想象自身。

这种争论反映出两种对立的关于"自我"的图景。以权利为基础的伦理及其所包含的人的观念，大部分形成于对功利主义的批评当中。功利主义者把我们众多的欲望合并成一个单一的欲望系统，而康德主义者则坚持人的独立性；功利主义把自我仅仅定义为欲望的总和，而康德式的自我则是一种选择性的自我，独立于它在任何时候所可能拥有的欲望和目的。正如罗尔斯所写的："自我优先于目的，这些目的由它认定；即使是最重要的目的，也必须从众多的可能性中被选择出来。"

自我相对于目的的优先性意味着，我永远不会由我的目标和纽带来界定，而总是能够保持距离来观察它们、评估它们并有可能来修正它们。这就是作为自由、独立、能够选择的自我的含义所在；这也就是作为中立性框架的政府的理想中所表达出的自我观念。根据以权利为基础的伦理，正因为我们在本质上是分离的、独立的自我，我们才需要一个中立性的框架，一种拒绝在各种不同的目的和目标之间做出选择的权利框架。如果自我优先于目的，那么权利就必须优先于善。

共同体主义者批评以权利为基础的自由主义，他们认为，我们不能将自己看作如此独立的——自我的载体完全脱离于我们的目标和附属关系。在他们看来，我们的某些角色部分地构成了我们所是的人——作为国家的公民，或者某一运动的成员，或某项事业的拥护者。然而，如果我们部分地由我们生活于其中的共同体所定义，那么我们也必须与这些共同体特有的目标和目的密切关联。正如阿拉斯代尔·麦金太尔在他的《追寻美德》一书中所写的："对我来说是善的东西，对那些生活于这些角色的人而言也得是善的。"尽管是开放性的，但我的生活故事总是内嵌于让我获得身份的那些共同体的故事之中——无论是家庭还是城市，部落还是民族，党派还是运动。在共同体主义者看来，这些故事会带来道德上的差别，而不仅仅是一种心理上的差别；它们使我们置身于这个世界之中，并赋予我们的生活以道德特质。

无约束的自我与情境的自我之间的争论对于政治而言有什么利害呢？一种权利的政治和一种公共的善的政治之间有什么实际的区别呢？在某些事情上，这两种理论能够为相似的政策提供不同的论证。例如，20世纪60年代的民权运动可以由自由主义者以人类尊严和尊重个人的名义来加以辩护，也可以由共同体主义者以承认被错误排除在国家共同生活之外的公民的完整身份的名义而加以辩护。自由主义者可能支持公共教育，以期学生们能够成为独立自由的个体，能够选择自己的目的并有效地追求它们；而共同体主义者支持公共教育，则是希望学生们能成为好公民、能够真正投身于公共慎议和公共追求。

在其他问题上，这两种伦理可能会导向不同的政策。共同体主义者比自由主义者更有可能允许一个城镇禁止淫秽书店，因为淫秽物冒犯了当地的生活方式以及那些维持这种生活方式的各种价值观。然而，倡导公民美德的政治并不总是支持保守政策、反对自由主义。例如，共同体主义者可能比那些以权利为基础的自由主义者更加愿意看到各州制定法律，规范小工厂的关闭，从而保护它们的共同体不在资本流动和工业突变的影响下分裂。更为普遍的是，自由主义视个人权利和资格的膨胀为绝对的道德上和政治上的进步；而共同体主义者担心自由主义计划会将政治由小团体的形式替换为更为广泛的团体。自由至上主义者维护私营经济，平等自由主义者维护福利国家，共同体主义者则担心权利会集中于大公司经济和官僚主义国家，同时也担心那些中间形式的共同体会受到侵蚀——这些共同体维持着一种更有活力的公共生活。

自由主义者经常主张，一种依赖于特殊的忠诚、责任和传统的公共的善的政治，会给偏见和不宽容留下余地。他们指出，现代民族国家不是雅典式的城邦。鉴于现代生活的规模与多样性，亚里士多德式的政治伦理往好了看是怀旧的，往坏了看是危险的。任何企图通过某种善的观点来进行统治的尝试，都很有可能导致一种极权主义的滑坡。

在我看来，共同体主义者正确地做出了回应：不宽容在那些生活形式混乱、根源不确定、传统已被丢弃的地方最为盛行。在我们这个时代，极权的冲动较少地产生于自信的情境性的自我观念，而更多地源于原子式的、混乱的、受挫的、在一个共同意义失去力量的世界中感到迷惑的自我。正如汉娜·阿伦特所写的："使大众社会如此难以忍受的不是所涉及的人（至少这不是主要的），而是这样一个事实，即他们的世界已经失去了那种凝聚他们、联系他们以及分离他们的力量。"如果我们的公共生活枯萎，我们的共同参与感消失，我们就会很容易受到极权式大众政治的影响。这也是公共的善派对权利派的回应。如果公共的善一派是正确的，那么我们最紧迫的道德和政治任务就是激活那些暗含于我们的传统，却在我们这个时代逐渐消失的公民共和主义的可能性。

第 23 章

程序共和国与无约束的自我

政治哲学似乎经常与这个世界保持一定的距离。原则是一回事，政治是另一回事，不管我们多么努力想去按照自己的理想"生活"，都会在理论与现实的鸿沟面前败下阵来。[1]

然而，政治哲学也许在某种意义上是不能实现的，而在另一种意义上又是不可避免的，即哲学从一开始就存在于这个世界之中。我们的行为和制度都是理论的体现，参与一项政治行为就已经是准备要与理论联系起来了。[2] 对于关于正义和价值以及善生活的本质等政治哲学的终极问题，我们没有确定的答案，但我们知道的是，我们一直在用生活做出某种回答。

在这篇文章中，我将试图寻找出，在当代美国，我们的生活所体现的答案是什么，那暗含于我们的行为和制度中的政治哲学是什么，它是怎样作为一种哲学而存在的，哲学中的张力是怎样在我们现今的政治环境中得到表达的。

可能有人会反对说，寻求一种单一的哲学是错误的，我们的生活体现的不是一个答案，而是很多答案。然而，答案的多元性本身就是一种答案。并且，肯定这种多元性的政治理论正是我所要探索的。

权利与善

我们将从考察某种道德和政治观念开始。这就是一种自由主义的观念，与大多数自由主义观念一样，它赋予正义、公平和个体权利以优先地位。其核心主张是：一个正义的社会不寻求推进任何特殊的目的，而是使公民能够寻求自己的目的并与其他人的类似自由相一致；因此，这个社会必须由不预设任何特殊善观念的原则支配。为这些规范性原则辩护的理由，并不在于它们使社会公共福利最大化，或它们培养了美德，抑或推进了善，而在于它们遵从权利的观念，这是一种优先于善并独立于善的道德范畴。

换言之，这种自由主义认为，一个正当社会之所以正当，并不在于它所追求的目的或意图、目标，而恰恰在于它拒绝事先在各种不同的目的和目标之间做出选择。正义社会在宪法和法律当中试图架构一个框架，在这个框架当中，公民能够追求自己的价值和目的，并与其他人的类似自由相一致。

我所描述的理念可以被归纳为"权利优先于善"这样一种主张。该主张有两层意义：权利的优先性意味着，首先，不能为了总体的善而牺牲个体的权利（在这一点上，它反对功利主义）；其次，那些具体划分这些权利的正义原则，不能以任何一种关于善生活的观念为前提（在这一点上，它反对整体的目的论观念）。

这就是当代许多道德哲学和政治哲学中的自由主义，它由罗尔斯充分阐发，并从康德那里找到哲学基础。[3]然而，我在这里并不太关心这种观念的谱系，而更关心三个与之相关的、在我看来引人注目的事实。

其一，它拥有一种深刻有力的哲学吸引力。其二，尽管有其哲学上的力量，权利优先于善的这一主张最终也失败了。其三，尽管它在哲学上失败了，这种自由主义的观念也是我们在生活中所遵照的。对于生活于20世纪末美国的我们而言，它是我们的观念，这一理论充分体现于那些对我们的公共生活而言最为重要的行为和制度之中。并且，弄明白它在哲学上的问题，也许能够帮助我们对当今的政治环境做一个诊断。归结起来，我要谈的第一是它的哲学力量，第二是它在哲学上的失败，第三是它在实际生活中不稳定的体现，尽管持续时间可能不长。

然而，在着手讨论这三条主张之前，有必要指出一个将三者联系起来的核心主题。那就是一种关于人的观念，一种关于何为道德主体的观念。与所有的政治理论一样，我所描述的这种自由主义理论不仅是一系列规范性的原则，而且是一种关于世界如何、我们在其中怎样行动的观点。在这种伦理的核心中存在着一种有关人的观念，这种人的观念既激发又破坏了这种伦理。正如我现在所要论证的，那使得这一伦理如此令人信服，同时最终也使它易受责难的，是那种不受约束的自我的承诺与失败。

康德式的基础

自由主义的伦理肯定权利的优先性，并寻求一些不预设任何特定善观念的正义原则。[4]这就是康德通过道德法则的至高无上性所要表达的意思，也是当罗尔斯写到"正义是社会制度的首要美德"[5]时所要表达的意思。正义不仅仅是另一种价值，它构建了一个框架，这个框架规范着各种不同的价值和目的的安排；因此它必须具有一种独立于这些目的的约束力，然而这一约束力从何处得来却不十分明了。

各种正义理论，以及在此意义上的伦理，通常将它们的主张基于这种或那种有关人的目的和目标的观念。因此，亚里士多德说，衡量一个城邦的标准就是看它所追求的善；即使是把正义描述为"最主要的部分，是所有道德中最具束缚力的部分"的19世纪的约翰·斯图亚特·穆勒，也将正义当作实现功利性目的的一种工具。[6]

这是康德伦理学所反对的解决方案。不同的人通常拥有不同的欲求和目的，因此任何由他们而来的原则都只会是偶然的。道德法则需要一种绝对的基础，而非一种偶然性的基础。即使是像幸福这样普遍的欲求也不行，人们仍然对幸福由什么组成持有不同的意见。而且，将任何特殊的观念设定为规定性的，都会将某些观念强加于人，并因此至少否定了某些人选择自己观念的自由。在任何一种情况下，依据我们自天性或环境而来的欲望和偏好而进行的自治,都根本不是真正的自治。相反,这是对自由的一种拒斥,是对来自我们外部规定的一种屈从。

根据康德的观点,权利"完全来自人类外在关系中的自由观念,与人们出于天性所拥有的目的(如获得幸福的目的)无关,也与实现这一目的的那些公认的手段无关"。[7]如果这样的话,权利就必须具有一个先于所有经验性目的的基础。只有当我受那些不预设任何特殊目的的原则所支配的时候,我才能自由地追寻我自己的目的,并与所有人的类似自由相一致。

然而,这样仍然存在一个问题,即权利的基础可能是什么。如果它必须是先在于所有的目的和目标的、无条件的,甚至不受康德所说的"人类本性的特殊条件"约束,[8]那么从哪里可以找到这样的基础呢?基于康德伦理学的严格要求,道德法则似乎不需要任何基础,因为任何经验性的先决条件都会破坏其优先性。"义务!"康德用最抒情的语调问道,"有什么样的起源能够配得上你,从哪里能够找到你高贵的出身——它骄傲地拒斥与偏好相关的一切联系?"[9]

他的回答是:道德法则的基础能在主体中找到,这种主体不是实践理性的对象,而是拥有自主意志的主体。没有经验性的目的,而是"目的的主体,即理性存在本身,必须成为所有行动准则的基础"。[10]除了康德所说的"所有可能目的的主体自身"之外,没有什么能够产生权利,因为只有这个主体同时也是有自主意志的主体。只有这一主体能够"使人提升,超越自身并成为意义世界的一部分",并且能够使人参与到一个理想的、完全独立于我们这个社会和心理偏好的无条件的王国；并且只有这种彻底的独立能够给予我们所需要的超然——如果我们要自由地为自己做出选择，不受难以预测的环境变化约束的话。[11]

到底谁或者什么是这种主体呢？在某种意义上来说，它是我们。道德法则毕竟是我们为自己所立的法；我们不是发现它，而是意欲它。这就是它（包括我们）逃离于自然、环境以及经验性目的支配的方式。然而，重要的是我们要看到，产生这些意志的"我们"并不是作为特殊个体的"我们"，如你和我，每个个体——道德法则并不取决于作为个体的我们——而是作为康德所说的"纯粹实践理性"的参与者，作为超验主体的参与者的我们。

那么，什么来保证我是这样一个能够运用纯粹实践理性的主体呢？从严格意义上来说，没有什么能够保证；超验主体仅仅是一种可能性。然而，如果我要把自己看作自由的道德主体的话，这就是我必须预设的一种可能性。假若我完全是一个经验性的存在，我就不可能自由，因为任何意志的运用都可能受制于对某种对象的欲求。所有的选择都可能是他律的选择，受制于对某种目的的追求。我的意志可能永远也不会是一种首要的原因，而仅仅是某种先在原因的后果，是这种或那种冲动或倾向的工具。"当我们把自己看作自由的，"康德写道，"我们就将自身提升为理智世界的成员并认识到意志的自主。"[12]因此，先在于并独立于经验的主体观念，如康德伦理学所要求的那样，似乎不仅仅是可能的，而且是必不可少的，是一种必要的关于自由之可能性的预设。

以上这些是如何影响政治的呢？正如主体优先于其目的，权利优先于善。当社会由那些不预设任何特殊善观念的原则所支配时，它就得到了最妥善的安排。因为任何其他的安排都不会把人当作能够自由选择的个体而加以尊重，只会将他们看作客体而非主体，看作手段而非目的本身。

通过这种方式，我们能够看清康德的主体观念是如何与权利的优先性主张联系在一起的。不过，对于那些处于英美传统的人来说，超验主体看起来是一种他们所熟悉的伦理的陌生基础。当然，人们可能会认为，我们不必全盘接受《纯粹理性批判》，也能认真对待权利并肯定正义的首要性。不管怎样，这就是罗尔斯的工作。

罗尔斯试图将权利的优先性从超验主体的模糊性当中挽救出来。康德的观念论形而上学，尽管有道德和政治上的优势，却给了超越性过高的地位，只能通过否定正义之中人的处境来让正义获得首要性。"要发展一种切实可行的康德式的正义观念"，罗尔斯写道，"康德学说的主旨和内容就必须脱离于超验的观念论背景"，并且在"合理经验主义的原则中"重新塑造。[13] 因此，罗尔斯的工作就是用一种与英美国家人的脾性更加一致的温和的形而上学来取代德国式的晦涩，以此来保留康德的道德和政治学说；这也就是原初状态的作用。

从超验主体到无约束的自我

原初状态试图为优先于善但仍然处于现实世界的情境中的权利提供一个康德式超验论所不能提供的基础。只留下基本要素的原初状态是这样运作的：它引导我们去想象出一些我们在知道自己具体处境之前会去选择的治理社会的原则，在做出选择时，我们并不知道自己会是怎样的人——是富裕还是贫穷，健康还是羸弱，幸福还是不幸；甚至我们也不知道自己的兴趣、目标或者善观念。这些原则——我们在想象的情形中将会选择的原则——就是正义的原则。而且，如果可行，它们就是那些不预设任何特殊目的的原则。

它们所预设的是一种特定的关于人的概念，如果正义是我们的首要美德，我们就必然如此。这就是无约束的自我的概念，是一种被理解为优先于并独立于其目的和目标的自我。

无约束的自我首先描述的是我们面对自己所拥有的、所欲求或追求的事物时所采取的方式。这意味着在我具有的价值和我所是的人之间总是有着一种区别。将某种特征认定为我的目标、志向、欲望等等，总是意味着有某种作为主体的"我"站在它们之后，保持着一定的距离，而这个"我"的形态必须优先于我所具有的目标或特性而给定。这种距离的后果之一就是将自我本身置于一种超越其经验的位置，以便一劳永逸地确定它的身份。或者，让我们换一种方式来阐明这一点，它将我们称之为"构成性目的"的可能性都排除了。没有什么角色或承诺能完全界定我，以至于没有它们，我就不能理解自身。没有什么计划是如此重要，以至于脱离它们就会导致对我所是的这个人产生怀疑。

对于无约束的自我而言，对我们的人格而言最为重要的，并不是我们所选择的目的，而是我们选择它们的能力。原初状态总结了这种关于我们的核心主张。"那揭示我们本质的，并不主要是我们的目标，"罗尔斯写道，"而是我们会认可的那些支配形成目的的背景条件的原则……因此我们应当将目的论学说所提出的权利与善之间的关系反转过来，并且把权利看作优先的。"[14]

只有当自我优先于目的时，权利才能优先于善。只有当我的身份永远不与我可能在任何时候所拥有的目的和兴趣绑定时，我才能将自己看作自由独立、能够做出选择的主体。

这种独立的观念对我们能够形成的共同体产生了影响。由于被理解为无约束的自我，我们当然能够自由地与其他人自愿结社，并因此能在合作性的意义上形成共同体。无约束的自我所没有的，是在做出选择之前就是某个有道德纽带的共同体的成员这种可能性。他不能属于任何共同体，在那里自我本身会受到威胁。这样一个共同体——我们可以称之为构成性的，仅仅是为了区别于合作性的——将会保证参与者的身份与兴趣，并因此使成员具有一种公民身份，这种公民身份比无约束的自我所能知道的更加完整。

正义要成为首要的，我们就必须是某一特定种类的存在物，以特定方式与人类环境相联系。无论我们是作为康德意义上的超验主体，还是作为罗尔斯所说的无约束的自我，都必须总是与自己所处的环境保持一定的距离。只有这样，我们才能把自己看作经验的主体和客体，是我们所追求的目的的行为者，而不仅仅是工具。

无约束的自我及其所激发的伦理，共同支撑了一种解放性的观点。人类主体摆脱了自然的支配和社会角色的约束，而被设定为主权者，被当作仅有道德意义的创造者。作为纯粹实践理性的参与者或原初状态中的各方，我们自由地构建各种正义原则，这些正义原则不受制于某种先在给定的价值。作为实际的、个体的自我，我们能自由地选择自己的目的和目标，而不受类似的命令、习俗、传统或先天身份的束缚。只要它们不是不正义的，我们的善观念仅仅因为是我们的选择就有了影响力，不管它们是什么。用罗尔斯的话来说，我们是"有效主张的自生之源"。[15]

这是一种令人振奋的承诺，而且它所激励的自由主义可能是对启蒙运动的"自我界定主体"这一要求的最完满的表达。然而，这是真的吗？我们能够借助它所要求的自我意象，来弄清楚我们的道德和政治生活的意义吗？我认为不能，我将先在自由主义内部论证其原因，再超越自由主义来论证。

正义与共同体

迄今为止，我们一直关注自由主义观念的基础，关注它推导出其所维护的各种原则的方式。现在让我们以罗尔斯为例，简要地研究一下这些原则的实质。罗尔斯再次排除了其他东西，而只保留基本要素，他的两条正义原则如下：第一，保证所有人拥有平等的基本自由；第二，社会和经济的不平等只有当有利于社会中的最不利者时，才是可允许的（差异原则）。

为了主张这些原则，罗尔斯反对两种我们熟悉的可选择方案——功利主义和自由至上主义。他认为功利主义没有认真对待个体之间的差别。为了寻求公共福利的最大化，功利主义者把社会看作一个整体，如同一个人；它将许多不同的欲望整合成单一的欲望体系，并试图将其最大化。它不关心人们之间的满意度的分配，除非这可能影响到总体之和。然而，这没有尊重我们的多样性和独特性。它使某些人成为获得总体幸福的手段，并因此没有把每个个体本身当成目的而加以尊重。功利主义者可能有时候也会维护个体权利，然而他们的辩护必须建立在这样一种计算之上，即尊重这些权利在长远来看能够促进功利。然而，这种计算是偶然的、不确定的。只要如穆勒所说，功利是"一切伦理问题的终极诉求"，[16]那么，个体权利就永远也不可能得到保证。为了避免这样一种危险，即自己的生活前景可能会在某一天为了更大的其他人的善而被牺牲，原初状态中的各方强调所有人都拥有基本的自由，并且赋予这些自由优先地位。

如果说功利主义者没有认真对待个体之间的差别的话，那么自由至上主义者则错在没有认识到运气的任意性。他们将任何来自一个有效的市场经济的分配结果都界定为正当的，并且反对一切再分配，因为他们认为只要不是通过欺骗、偷盗或其他损害他人权利而得到的东西，人们就有权拥有它们。罗尔斯反对这一原则，因为才能和资产，甚至是努力——通过努力，有些人获得更多，而有些人则获得较少——的分配，从道德角度来看都是任意的，是一种好运气。基于这些差异来分配生活中的美好事物，并不是在行使正义，而只是把社会和自然的偶然性、任意性引入了人类社会安排。对个体而言，好运气所可能带来的天赋不是应得的，那些由它而产生的收益也不是。因此，我们应当把这些天赋看作共同的资产，并把彼此看作它们所带来的收益的共同受益人。"那些受自然恩惠的人，无论他们是谁，只要能改善那些没有获得自然恩惠的人的处境，就可以从他们的好运中受益……在作为公平的正义中，人们同意去共享他人的命运。"[17]

这就是引导出差异原则的推理。我们要注意它是怎样以另一种伪装来揭示无约束自我的逻辑的。我不能说，我应得那些来自我的良好体形和姣好面容的益处，因为这些仅仅是偶然性的，而不是我的本质性事实。它们所描述的是我所具有的特质，而不是我所是的人，因此不能产生一种应得的要求。作为一个无约束的自我，这一点适用于我的一切事物。因此，作为一个个体，没有什么是我应得的。

尽管这一论证可能会与我们的日常理解大有出入，但这一图景目前仍然完好无损。权利的优先性、对应得的否定以及无约束的自我，全都很好地联系到了一起。

然而，差异原则所要求的更多，也正是在这里，论证出了问题。与无约束的自我相一致，差异原则始于这样一种观念，即我所拥有的资产仅仅是偶然地属于我；不过它却以这样一种假设而结束，即这些资产因此就是共同资产，社会对于由它们而来的成果拥有优先权。但这种假设没有任何根据。仅仅因为我，作为一个个体，没有权利拥有那偶然地存在于"这里"的资产，并不能推导出世界上的每一个人能够集体性地拥有它们。因为我们没有理由认为，它们在社会领域或人类领域中的位置，从道德的角度来看较少地具有任意性。如果它们在我这里的任意性使得它们没有资格服务于我的目的，那么似乎也没有明显的理由来反对，它们在任何社会中的任意性也应当使它们没有资格来服务于这个社会的目的。

换句话说，差异原则与功利主义一样，是一种共享的原则。因此它必须在一些人当中预设某些先在的道德纽带——这些人的资产可能会被它利用，他们的努力可能会被它归为一种共同事业。否则，它就仅仅是一种把某些人当作服务于他人目的的准则，而这一准则正是自由主义所决意反对的。

然而，仅仅从合作性的共同体现出发，这种共享的道德基础并不清晰。由于缺乏构成性的观念，为了公共的善而调用个体的资产，可能会侵犯个体的"多样性和差异性"，而这正是自由主义首先要加以保护的。

如果我要分享命运的那些人从道德上来说是"他者"，而不是与我的身份紧密联系在一起的生活方式的共同参与者，那么差异原则就会与功利主义面临一样的反驳。它对我提出的要求并不是一个我接受了其纽带的构成性共同体的要求，而是一个我需要去面对其纠葛的集合体的要求。

差异原则所要求却不能提供的，是识别出我所拥有的资产能够在哪些人中间被看作共同资产的方式，以及一开始就让我们认定彼此间互有责任、有道德联系的方式。然而，正如我们所看到的，那能维护并确定差异原则的构成性的目标和关联，正是自由主义自我所否定的那些；它们所暗含的道德约束和先在的义务，将会削弱权利的优先性。

那么，那些约束是什么呢？现在我们知道，我们不能既是以正义为首要的人，同时又是将差异原则当作一种正义原则的人。然而，哪一个需要让步呢？我们能否将自己看作独立的自我，在这个意义上，我们的身份从来都没有跟我们的目标和纽带绑定在一起？

我认为我们不能。至少不能不以损失忠诚和信念为代价，这些忠诚和信念的道德力量部分在于遵照它们生活与把我们自身理解为特殊的人是无法分开的——我们是这个家庭、共同体、国家或民族的成员，是那段历史的承担者，是这个共和国的公民。这样的忠诚超越了我所恰好拥有并与之保持距离的价值。它们超越了我自愿履行的义务以及我对人类存在所负有的"自然责任"。它们认为我对一些人所亏欠的要比正义所要求或允许的更多；这不是因为我订立了什么契约，而是因为那些或多或少地具有持久性的依附感和归属感，它们加在一起部分地界定了我是什么样的人。

一个没有此类构成性纽带的人，并不是完全自由和理性的行为者，而是一个没有个性、没有道德深度的人。因为拥有个性，就是知道我身处的历史既非我所选择，也非我所能掌控，但它会对我的选择和行为产生影响。它使我与他人亲疏有别，使某些目标更加可行，而另一些则并非如此。作为能够自我阐释的存在，我能够反思我的历史，并且在这种意义上使自己与之保持一定的距离，然而这一距离总是不稳定的和暂时的，反思的意义最终不会外在于历史本身。然而，自由主义的伦理学将自我置于经验之上，超越了慎议和反思。由于被否认了可以形成公共生活的那种广泛的自我理解，自由主义的自我就只能在超然与纠缠之间摇摆。这就是无约束的自我及其解放性承诺的宿命。

| 第23章　程序共和国与无约束的自我 |

程序共和国

在完整陈述我的理由之前，我需要考虑一种强有力的回应。它的方向是自由主义的，但其精神更具实际性而非哲学性。简而言之，这种回应认为我要的太多。在我们的私人生活中去寻求构成性的纽带是一回事，在家人和朋友中以及某些紧密相连的团体中，我们可能会发现一种公共的善，相比之下，正义和权利没有那么紧迫。然而，在公共生活中是不一样的——至少是在当代，也可能一直以来都是这样。只要民族国家是基本的政治组织形式，谈论构成性共同体往往会导向一种更黑暗的而不是更光明的政治；考虑到道德多数派的种种后果，权利的优先性尽管存在哲学上的不足，但仍然是一种更加安全的期望。

这是一个具有挑战性的反驳，在 20 世纪对政治共同体做出的任何阐述都必须严肃认真地对待它。它的挑战性尤其在于它引发了人们对政治哲学及其与世界之关系的质疑。因为，如果我的论证是正确的，如果我们所考察的自由主义的观点在道德上不是自足的，而是寄生于一种它公开反驳的共同体观念，那么我们应当期望找出，体现这种观点的政治行为在实践上也不是自足的——它必须依赖于一种它所不能提供的甚至会破坏的共同体的意义。然而，这是我们目前所面临的状况吗？我们有没有可能暗中透过原初状态和无知之幕，瞥见自己的困境和一种折射出来的自我观念呢？

自由主义的观点及其失败怎样帮助我们理解我们的公共生活及其困境呢？让我们试着从考虑公民与现代福利国家之间关系的悖论开始。在诸多方面，从新政到伟大社会再到现在的自由主义计划已接近完成。然而，尽管近几十年来选举权不断扩大，个人权利和资格不断扩展，人们却普遍有一种感觉，即无论从个体还是集体来看，我们对于那种掌控自己生活的力量的控制正在减少，而不是增加。这种感觉又因民族国家的权力和无力而加强。一方面，越来越多的公民完全将国家看作侵入性的存在，它更多地挫败而不是促进他们的目的。尽管现代国家在经济和社会中有着史无前例的地位，但它似乎还是缺乏权力，不能有效地控制国内经济，不能回应那些一直存在的社会问题，也不能在全世界范围内推行美国的意志。

这是一个悖论，它为晚近的政治人物（包括卡特和里根）增加了吸引力，尽管也挫败了他们进行治理的尝试。为了解决这一问题，我们需要确认那种暗含于我们政治实践中的公共哲学，并重新实现它的复兴。我们需要追溯到程序共和国（procedural republic）的出现——所谓的程序共和国，我指的是一种由我们所考察过的自由主义观念和自我意象所激发的公共生活。

程序共和国的历史在某些方面可以回溯到共和国的建立，然而其高潮部分却在19、20世纪之交才得以展开。当全国性的市场和大规模的企业取代了分散化的经济，早期共和国的分散的政治形式也变得不合时宜。如果民主想要存活，那么经济力量的集中就需要一种类似的政治力量的集中与之相适应。然而，进步主义者或者其中的某些人认为，民主的成功所需要的不仅仅是政府的集中化，还需要政治的国有化。这种政治共同体的最初形式不得不进行一次全国范围内的重塑。赫伯特·克罗利在1909年写道，"美国政治、经济以及社会生活的国有化"是"一场本质性的、影响深远的、具有启发意义的政治转型"。只有当我们"在思想、制度和精神上……更像一个国家"[18]时，我们才能变得更加民主。

这种国有化的计划在新政时期可能会是完美无缺的，然而对于美国的民主传统而言，对国家的欣然接受却是一个根本性的偏离。从杰斐逊到民粹主义者，美国政治辩论中的民主党大都代表着地方利益，提倡分散权力，向往小城镇和小规模的美国。与之相对的是国家党——首先是联邦党，后来是辉格党，再后来就是林肯的共和党，这一党派主张联邦的巩固和统一。因此，新政的历史性成就就在于：它以单一的政党和政治纲领实现了塞缪尔·比尔所说的"自由主义和国家的观念"[19]的统一。

对我们的目的而言至关重要的是：在20世纪，自由主义实现了与集权的和平共处。然而，这种和平共处从一开始就需要一种强烈的国家共同体感，在道德上和政治上保证现代工业秩序的连带性扩展。如果说基于小规模民主共同体的美德共和国已经不再可能的话，那么一种国家性的共和国似乎就是民主次好的希望了。至少在原则上，这是一种公共的善的政治。它认为国家并不是中立于各种不同利益之争的框架，而是一个构成性的共同体，它要构建一种适合于现代社会和经济形式的共同生活。

然而，这一计划失败了。20世纪中晚期，这种国家性的共和国走到了尽头。除了在战争等特殊时期，国家的范围都太大了，无法培养共同体所需的构成意义上的自我理解。因此，在我们的行为和制度中，主张共同目的的公共哲学逐渐变为主张公平程序的哲学，善的政治转变为权利的政治，国家性的共和国转变为程序共和国。

我们目前的困境

要充分解释这一转变，就需要详细考察政治制度、对宪法的阐释以及宽泛意义上政治用语的变化。然而，我认为，也许可以在程序共和国的实践中发现这种哲学所预示的两种大致趋势：一是将民主的可能性排除在外的趋势，二是破坏这种共和国所依赖的共同体的趋势。

在早期的共和国中，自由被理解为民主制度和分散权力的一种功能，[20]而在程序共和国中，自由被定义为民主的对立面，是让个体免受大多数人意志侵犯的保证。就我是权利的拥有者而言，我是自由的，在这里，权利就是王牌。[21]与早期共和国的自由不一样，现代版本的自由允许——事实上需要——集权。这与权利的普适逻辑有关。只要我拥有一项权利（无论是言论自由的权利还是最低收入的权利），它就不能因为地域性的偏好而发生变化，而必须在最广泛层面的政治联合体中得到保障。它不能在纽约是一回事，而在亚拉巴马州是另一回事。随着权利和资格的扩大，政治因此也脱离于较小形式的联合体,在最大范围内展开——在我们这里即国家。随着政治走向国家,权力也从民主机构(如立法机关和政党)转移到能够摆脱民主压力,因而能够更好地分配和捍卫个体权利(特别是司法机关和官僚机构)的各种机构。

这些制度上的发展也许能解释福利国家没能应对,反而某些方面无疑加剧的那种无力感。然而,在我看来,这进一步体现了我们的境况,让我们更加直接地回想起无约束自我的困境——我们在超然与纠葛之间摇摆。这是因为福利国家的一个突出特征就是它为个体权利提供了一个强有力的承诺,同时也要求公民之间高度参与。然而,注重权利的这种自我意象,并不能维系这种参与。

权利就是王牌,作为权利的拥有者,我们将自己看作能够自由选择的单个的自我,不受制于那先在的权利或我们所定立的契约的义务。不过,作为保证这些权利的程序共和国的公民,我们发现自己无奈地陷入了一系列我们没有选择并越发抗拒的依附和期望。

在我们的公共生活之中,我们比以往任何时候都卷入得更深,然而归属感却更低。自由主义伦理所预设的那种无约束的自我似乎开始变得真实——与其说是解放,不如说是被解除了权力,并卷入了与意志行为无关的义务和纠葛的网络,同时却没有以那些能帮助人们忍受的共同身份或宽泛的自我定义为中介。随着社会和政治组织的范围变得越来越广,我们对集体认同的条件也越来越支离破碎,政治生活的形式已经超出了那些维系它们的共同目的。

在我看来，在过去的大约半个世纪时间里，这种趋势已经在美国显现。我希望以上讨论至少勾勒出了可能发生的事的轮廓。我也希望我多少传达了某种关于政治与哲学及其相互关系的观点：我们的行为与制度本身是理论的体现，而要解决它们的困境，就至少要部分地要找寻我们这个时代的自我意象。

第 24 章

作为成员身份的正义

有些东西是金钱买不到的,有些东西是金钱试图购买而又不应当购买的,比如选举权,或者早些时候的救赎。然而,选举权的出售与赎罪券的出售一样,通常会引发改革的要求。购买这些东西有什么错呢?还有哪些领域是不该被金钱掌控的呢?迈克尔·沃尔泽的《正义诸领域》一书的主题就是"生活中那些善的东西应当怎样分配",它提供了一种超越时下有关分配正义的争论的有想象力的替代方案。

争论双方通常是自由至上主义者和平等主义者。自由至上主义者认为,钱作为自由交换的中介,应当能够购买持有者所想要的任何东西,人们应当自由地选择如何使用他们的钱财。平等主义者则回应道,只有当每个人都拥有同等数量的钱的时候,钱才可能是一种公平的分配工具。只要有些人的钱较多,另一些人的钱较少,那么有些人就会与强者交易,另一些人则与弱者交易。因此,所谓的自由市场就很难是公平的。但是,那些批评平等主义进路的人反驳说,即使所有的财富都被平等分配,当交易开始的时候,平等也会随之结束。那些拥有较好运气和条件的人会做得更好，那些拥有较差运气和条件的人则会做得较差。只要人们拥有不同的能力和欲望，绝对平等的支配就不可能持久。

通过转换自由至上主义—平等主义之争的基础，沃尔泽将支持平等的理由从其批评者与支持者两大阵营中拯救了出来。他的解决方法的要旨是：不过多地担心金钱的分配，而更多地去限制金钱所能购买的东西。这就是谈论正义诸领域的意义所在。他主张，不同的益品占据着不同的领域，这些领域又被不同的原则恰当地支配着——福利应给予穷人，荣誉应给予应得者，政治权力应给予说服者，公职应给予合格者，奢华应给予那些付得起钱也愿意付钱的人，以及神圣的恩泽应给予虔诚者。

对于沃尔泽来说，不平等的财富之所以不正义，并不是因为金钱能买到的游艇和美食等，而是因为金钱权力主宰着一些原本不属于它的领域，比如当它购买政治影响力的时候。尽管金钱可能是最恶劣的冒犯者，但它并不是唯一错误地越界掌控的通行物。举个例子来说，当一个人因血缘关系而非能力得到某个公职的时候，就是利用了裙带关系。我们很容易谴责裙带关系和贿赂，因为它们导致益品由不属于它们领域的一些原则所分配。

然而，正如沃尔泽所承认的，领域的观念本身并不能告诉我们怎样去分配这种或那种益品。我们大多数的政治争论正是源于哪些益品属于哪些领域。例如，什么种类的益品是医疗保健、住房及教育？我们应当将它们视为由公共提供的基本必需品，还是在市场上出售的商品和服务？或者，让我们再举另外一种例子：性属于哪一领域？性快乐应该仅仅基于爱和承诺而"分配"，还是也可以用于交换金钱和其他物品？

无论我们是在争论福利国家还是性道德的问题，都需要一些方式来决定哪些物品适用于哪些分配原则。一种可能是最广为人知的决定方式就是试图确定某些普遍的自然权利或人权，并从中演绎出任何可能的特定权利——住房的权利、医疗保健的权利，甚至可能是卖淫的权利。

沃尔泽反对诉诸权利，而是代之以一种共同体成员身份的概念，这个概念强有力地挑战了那种将权利置于首要地位的政治理论。对他而言，分配正义必须开始于这样的成员身份，因为在我们是权利的承担者之前，我们都是政治共同体的成员。我们是否对某种益品具有权利，取决于这种益品在我们的共同体生活中起着多大的作用，以及其对作为成员的我们所具有的重要性。

沃尔泽通过论证"政府要提供更多医疗保健"而阐明了上述观点。这个论证不是诉诸普遍的"受治疗权利"，而是诉诸当代美国生活的本质以及界定这一本质的共享理解。他论证道，对于中世纪的基督徒而言，对心灵的关照意味着什么；对我们而言，对身体的治疗就意味着什么。对他们来说，永恒是受社会认可的需要，"因此，每个教区都有一个教堂，有定期的服务，有对年轻人的传道，有强制性的圣餐，等等"。对我们来说，健康长寿是受社会认可的需要，"因此，每个小区都有医生和医院，有定期的体检，有针对年轻人的健康教育，有强制接种疫苗，等等"。医疗保健成为社会成员身份的一项重要内容，失去它"不仅是危险的，而且是可耻的",是一种被放逐的状态。

因此,在沃尔泽的观念中,主张平等的理由与主张成员身份的理由就联系在了一起。不同的共同体赋予不同的益品以不同的意义和价值,它们又反过来产生了对成员身份的不同理解。例如,沃尔泽提醒我们,在不同的时代和地点,面包可以是"生命的支柱、基督的身体、安息日的象征、待客的工具,等等"。重要的是,每个共同体都忠实于它的共识,并且对有关这些共识需要什么的政治争论保持开放。

这是一种人道的、充满希望的理念,沃尔泽带着不悦而又温文尔雅地传达了这一理念。他的书中穿插着很多具体解释和历史事例,以激发我们对社会益品的理解,如对公职与荣誉、安全与福利、工作与休闲、上学与约会、财产与权力等的理解;这些理解经常与其他文化和传统不一致。如果说他的方式有时是呼吁性多于系统性,那么这也是为了跟他的目的相一致——抵制哲学的普遍性冲动,肯定我们道德生活的丰富多样性。

有人可能会反对这种目的,因为它从本质上来说是保守的,没有批判力。忠诚于成员共识的社会,并不一定造就公正的社会,人们可能会说它仅仅是个一致的社会。人们可能会更进一步地论证,如果正义观念要具有批判力量,那么它就必须基于那些独立于任何特定社会的标准,否则正义就会受制于它必须加以评判的价值观。有时候沃尔泽似乎容易受到这种挑战的攻击,因为他怀疑我们评判自己共同体的意义的能力。

然而,我并不认为他的多元主义需要这样的道德相对主义。沃尔泽的相对主义立场与一种更为肯定的、赋予其理由以道德力量的立场之间存在着张力。他的论证当中暗含着一种特殊的关于共同体的洞察力，也就是那种培养我们作为成员所共享的共同生活。

沃尔泽心目中关于这种共同体的一个表达就是公共假日（holiday），他将这一制度与现代的假期（vacation）做了对比。（现代社会的）假期是私人性的，不用承担责任，是一个"逃离"我们惯常地方的机会；而假日则是公共性的、大家一起庆祝的机会（有时是宗教的，有时是公民的）。在我们这个时代，那些幸存下来的公共假日越来越多地与长周末和我们的私人假期联系在一起。

他使用"假期"一词的历史来表明我们与共同体生活已经相去甚远："在古罗马时期，那些没有宗教节日或公共比赛的日子都被称为 dies vacantes，即'空的日子'；相反，公共假日是满的——充满着责任和庆祝，满是要做的事情，如盛宴与舞会，礼节与玩耍。这一时期就是产生共享仪式与狂欢的社会益品的成熟时期。谁会放弃这样的日子呢？然而，我们现在已经失去了这种充实感，我们现在所渴求的是空的日子，这样我们就能用自己喜欢的方式去填充它们。"

尽管沃尔泽并不怀疑哪种形式的休假可以促成更加丰富的共同生活，但他（以其相对主义的立场）总结道：正义并不在公共假日和私人假期之间进行选择，它只需要公众对任何恰好流行的形式给予支持。然而，这与他的论述中所暗含的那种更深层次的意见不一致；这种意见认为，一个重视私人假期而非公共假日的共同体，不仅缺乏特定的充实感，而且不太可能维持一种归属感，而一个共同

192 | 为什么我们需要公共哲学 |

体要提供这样的公共假日，就必须具有这种归属感。

期待一个共同体来分担公共庆祝的费用是一回事，要求共同体补贴私人假期则是另一回事。私人假期对公共假日的取代，说明了那些道德纽带的脆弱，而任何一种支持公共供给的理由都必须预设这些道德纽带。对我而言，这似乎是沃尔泽的主张所具有的更强大的力量。当正义源于成员身份的时候，它就不能仅仅关心分配，还必须关注那些培育成员身份的道德条件。 178

第 25 章

灭绝的危险

毁灭人类在很多方面是错的——生命的丧失，受难与痛苦，以及未来被否定。但这些错误，那些没有毁灭人类的战争也犯下了。核噩梦之所以与众不同，不仅仅是因为受难的范围或死亡的人数，还因为这样一种可能性，即人类历史可能会就此终结。与其他毁坏方式不同，核战争引入了灭绝的可能性，而这种可能性产生了一种道德差别。然而，这种差别是什么呢？在人类生命的丧失与人类生活的终结之间有着什么样的道德差别呢？

这种思考可能看起来是无意义的、残忍的。然而，正如乔治·卡提卜所正确坚持的那样，政策必须向哲学做出解释；即使是一项被军事和科技力量（如核威慑等）所强有力地支配的政策，也必须向哲学做出解释。令人疑惑的并非他的计划，而是他的答案。根据卡提卜的观点，核危险的道德症结在于这样一个事实，即核战争侵犯了个体的权利。这看起来是对这样一个致命性事件的一种很无力的抱怨，但其实卡提卜不过是在主张：个人主义原则在核时代是"最合适的理想主义"，是最适用于"真实地看清核困境并加以抗议和抵制"的道德哲学。[1]

卡提卜认为，个人主义原则不允许"任何规模、为了任何目的、在任何国家"使用核武器。他称之为"不使用原则"。既然合法政府的唯一目的就是保护个人权利，而核战争侵犯了这些权利，那么，不使用核武器在道德上就是可允许的。那些使用核武器的人就丧失了他们的支配权利，他们的公民或其他人也就能够正当地——通过暴力，如果需要的话——推翻他们。事实上，即使是暗含于威慑原则中的那种使用核武器的威胁，也与合法的政府不一致，将赋予人们抵抗的权利。

卡提卜反对核战争的强硬路线似乎提供了与这种危险相称的坚定性。如卡提卜所提醒我们的，灭绝的危险使这个核世界"完全不同"。但是，从个人主义的观点来看，为什么人类毁灭的损失要高于生命的丧失呢？我们除了应当担心那数百万组成这个世界的人们的生死存亡的原因以外，为什么还应当担心这个世界的生存呢？通过将他的理由与个人主义伦理连接起来，卡提卜模糊了他可能面临的那种危险的独特性。他使人们很难看清楚，为什么灭绝会是一种比死亡更糟糕的命运。

至少有两种方式能够说明灭绝的特殊损失，而这两种方式都不符合卡提卜所维护的个人主义。第一种方式诉诸我们作为人类所共享的共同世界。汉娜·阿伦特写道：

> 共同世界是我们生而入其中、死而出其外的世界。它不仅仅是我们与那些共同生活着的人所共同拥有的东西，而且是我

们与我们的祖先及后代所共同拥有的东西。

根据阿伦特的观点，共同世界的永恒性对于人类意义的可能性而言至关重要。只有通过参与意义重大的行为，渺小的人类才能指望获得"尘世的不朽"。然而为了避免时间的腐蚀，这些行为必须被记住，而意义依赖于记忆。这个共同世界是记忆的载体，正如人类的意义依赖于生存一样。正是源于这种观点，乔纳森·谢尔把核困境描述为"共同世界中的生命危机"。

第二种反对灭绝的理由诉诸那些由不同的民族、国家、文化以及共同体所定义的特殊的共同世界。它们所承载的记忆从当地的记载和传统中引发共鸣。它们所回忆的事件对于他们的成员来说具有一定意义，即便它们缺乏普遍性的意义。关心共同体的命运就是关心一种生活方式，这种生活方式比个体生命更为持久，但没有一般的人性广泛。

这就解释了为什么种族灭绝是一种罪恶，它比暗含于其中的那些谋杀更为凶残。它不仅仅杀死众人，而且毁灭一个民族，就是消灭一种语言、一种文化，以及一种与众不同的存在方式。通过毁灭一个世界——即使是一个比人类世界更为局限的世界——种族灭绝暗示着终极性的灭绝。种族灭绝抹去了一种特定的表达方式，从而也削弱了我们的人性。

那种认为我们应当珍视自己所居住的共同世界的观点，遭到了卡提卜的强烈谴责。"这种对于一个民族的思考方式并不符合美国的经验。"它是异质的、"旧世界"的，是"民族神秘性"，是一种迷信。与反对消灭的论证不同，这种认为文化和民族值得保护的信念，"为灭绝的可能性提供了丰富的资源"。一旦我们相信一个民族要比任一时刻组成它的个体更为长久，就更有可能偏好我们自己的族类，更有可能妄想，更有可能走上大规模毁灭的道路。"民族观念是一个有害的返祖现象"，也正是现代个人主义所力图治愈的东西。

那些珍视共同纽带的人需要防止骄傲堕落为沙文主义，尤其是在那些共同体掌握国家权力的地方——有时候确实如此。然而，那种认为类似的团结是一种向中央集权制滑坡的看法，则是一种巨大的讽刺。卡提卜也没有清楚说明他的个人主义替代方案是否能够克服常见的困难，比如在不诉诸超越社会契约的共同体感的情况下维持权利方案。然而，就算将这些政治理论的宽泛问题放置一边，也仍然存在一个问题：卡提卜如何能够将灭绝归为一种特殊的危险，同时又不诉诸共同世界值得维护的观念？如果个人主义教导我们放弃团结，那么，它又有什么理由让我们来热爱这个世界呢？如果我们没有理由热爱这个世界的话，又为什么要为灭绝感到如此担忧呢？

核威胁是不同的，因为它威胁到我们整体，威胁到使我们生存在这个世界上的连续性。从个人主义的观点来看，人类这个物种的灭绝可能是一种更严重的谋杀。"关键在于千百万个个体的死亡"，当卡提卜这样写的时候，他似乎是这个意思。但这否认了我们的一种感觉，即整个世界的丧失超越于生命的丧失。个人主义的权利言论不能帮助我们说明核战争错在何处。缺失了共同体的语言，我们很可能难以描述核时代的独特性。

第 26 章

杜威的自由主义与我们的自由主义

1.

杜威是 20 世纪上半叶美国最为杰出的哲学家。除了是哲学家，他还是公共知识分子，他的著作涵盖了政治与教育、科学与信仰等方面，读者群不仅仅囿于学术界。杜威于 1952 年逝世，享年 93 岁，当时亨利·康马杰将他描述为："向导、导师以及美国人民的良知；毫不夸张地说，对于一代人而言，直到杜威这里，各种问题才得到了清晰阐述。"

然而，在杜威去世后的几十年里，他的著作在很大程度上被人们忽视了。学院哲学变得越来越技术化，并认为杜威的那种广泛思考是模糊而老套的。即使是那些深陷于功利主义与康德式伦理学争论之中的道德和政治哲学家，也找不到什么理由来求助于杜威。除了在教育学院——在这里，杜威仍然有影响力——很少有学生读他的书。同时，当今各种重要的政治争论，如关于权利与资格的领域之争、关于政府与经济的关系之争，都很少与杜威的政治学说相关，或是看起来如此。

近些年来，杜威又回来了。为什么会这样呢？杜威的复兴能否为当代哲学和政治带来希望呢？这些都是阿兰·瑞安在《杜威与美国自由主义的高潮》（1995年）一书中所提出来的问题。瑞安的书本身就体现了它所描述的杜威思想的复兴。它是继几年前出版的罗伯特·韦斯特布鲁克的精彩传记《杜威与美国民主》之后与其他有关杜威思想的书和文章相一致的书。[1]瑞安是政治理论家，执教于牛津大学，他也是一位通往杜威的生活与思想的英勇而富有同情心的向导。他表示，自己的书并不是丰满完整的传记，而更多的是"一个友好而具有批判性的思想纵览，这些思想奠定了杜威在当时有教养的美国公众中的地位"。从这个目标来看，瑞安令人钦佩地成功了。

如果说此书的叙述间或枯燥乏味的话，这也不是作者的过错，而是与它的主人公有关。很少见到一个事务众多、生活繁忙的人如此无趣。与当时和现在的大多数哲学家不同，杜威过着一种公共参与的生活。作为进步主义改革的先声，他在芝加哥建立了一所实验性学校，他与社会改革家简·亚当斯一起在赫尔之屋工作过，并支持妇女投票权和玛格丽特·桑格的节育运动。他成为美国进步主义教育改革的先驱，成为学校教师心目中的英雄。他协助建立了美国大学教授协会、社会研究新学院和公民自由协会。他前往日本、中国、土耳其、墨西哥以及苏联讲学，并建议它们进行教育改革。他还主持了一项不成功的尝试，试图基于社会民主原则建立一个新的政治党派。在他 78 岁的时候，他领导了一个调查委员会，澄清了斯大林对托洛茨基的指控；这项指控产生于 1936 年的莫斯科审判，指控托洛茨基暗中破坏并背叛苏联政权。尽管有如此众多的活动，杜威还是挤出时间写了 1 000 多篇论文和著作，其中许多是为普通大众所写，最近收集整理成为 37 卷文集。[2] 然而，杜威本人根本不像他的活动和影响所显现的那样气势逼人。他是一个害羞、缺乏热情的人，是一位笨拙的作家和拙劣的公共演说家。即使他为普通民众写作的时候，也不是特别擅长将复杂的思想简明化。西德尼·胡克是最仰慕杜威的人之一，他承认，这位美国最伟大的教育哲学家在上课时，表现算不上好。

他并不试图去激发或引起听众的兴趣，不将问题与他们自己的经历联系起来，也不运用绘图、具体的图表来解释抽象晦涩的观点。他很少激起学生们积极的参与和响应……杜威的声音嘶哑而单调……他的演讲也很不流利。当他凝视窗外或抬头神往的时候，时常会有停顿以及长时间的间隔。

杜威在写作和演说方面的不足以及他的个性，使人们非常不解他为什么如此受人欢迎。更奇怪的是，他所赞成的政治立场经常与传统的观念不一致。作为一位批判资本主义的非马克思主义者，他在 1912 年大选的时候反对伍德罗·威尔逊，而投票赞成尤金·德布斯。他反对新政，认为它是对工业资本主义危机的一种过于温和的反应。他还一直投票赞成诺曼·托马斯，反对富兰克林·罗斯福。那么，是什么使杜威赢得了如此广泛的受众并持续了半个世纪之久呢？

瑞安令人信服地指出，答案就在于杜威的哲学帮助美国人与现代社会和平共处。杜威的哲学使得20世纪初美国人面对的选择方案不那么矛盾重重，如科学与信仰、个人主义与共同体、民主与特权，杜威的哲学模糊了这些为人们所熟知的区分。他写道：科学并不一定与信仰对立，它不过是另外一种理解我们所处世界的方式；个人主义如果被恰当地理解的话，也并不是无节制地追求自我利益，而是在激发他们的"共同生活"中展现、凸显出个体的独特能力；民主不是把人们的偏好简单相加，无论它们多么不合乎理性，而是一种生活方式，它教导公民能够"明智地行动"。

简言之，杜威主张，美国人可以包容现代社会，而又不摒弃他们最为珍视的一些忠诚。作为一位在佛蒙特州长大的公理会教友，作为第一代非牧师的大学哲学教师之一，杜威并不激进主张世俗化。他保留了信仰的用语，以及宗教和道德具有的提升作用，并将之应用于民主和教育。这种立场，如瑞安所说，吸引着那些寻求道德理想、宗教理想以及表达自我的方式的人，而这些与世俗社会的设想是可以兼容的。在那个充满战争、社会经济发生巨大变革、人们普遍感到焦虑的世纪，杜威提供了一个可靠的信息，甚至是一个让人感到安慰的信息。

杜威的这种将各种区别模糊化的倾向——这让他的批评者们十分恼火——不仅仅是为了安抚读者的焦虑，而且反映了杜威哲学中的两条核心原则：实用主义和自由主义。近来关于杜威著作的争论集中于这两条原则以及这两者之间的关系。由于人们对实用主义和自由主义的通常用法与杜威的不同，因而弄清楚他如何理解这两条原则是至关重要的。

在通常用法中，实用主义描述的仅仅是一个解决事情的权宜之计，不受道德原则的支配。但这并不是杜威的实用主义的意思。对他来说，实用主义描述的是对哲学家所理解的追求真理的方式的挑战。从希腊时代起，哲学家就认为，对真理的追求，就是要知晓终极现实，或知晓不依赖于我们的知觉和信念的形而上秩序。这种终极现实的意义是我们所提供的，还是要靠我们发现？哲学家对此并没有达成一致意见；他们对于心灵和身体、主体与客体、理念与现实之间关系的本质也没有达成一致意见。但他们都认为，检验真理就是看我们关于这个世界的看法与这个世界本身真实所是之间是否一致。杜威反对这样的观点。他的实用主义的核心是这样一个观念，即一个陈述或信念真实与否，取决于它在理解经验或指导行动等方面是否有用，而不取决于它与外在于或超越我们经验的终极现实是否一致。根据杜威的观点，哲学应当"放弃所有的特别关注终极现实的主张"，并接受实用主义的观念——"所有关于普遍现实的理论，说到底都是不可能的、不必要的"。[3]

如果杜威是对的，那么对于哲学家而言，就会有很多重要的后果。如果哲学缺少一个明确的主题，如果信念的有效性只能在经验中加以检验，那么，我们就必须重新考虑传统中关于思想与行动、知与行的区分。认知的过程并不在于确切了解外部事物，而是涉及有目的、理智地参与各种事件。哲学家应当放弃追寻普遍知识的条件，并专心于日常生活中所产生的那些特殊的有关思想与行动的问题。杜威写道："当哲学不再是解决哲学家的问题的工具，而成为由哲学家形成的用于解决人类问题的方法时，便找回了自己。"4

这种认为哲学不可避免地具有实际性和实验性的思想，暗示着哲学家必须既从关心事务的公民的角度，又以哲学家的立场来回应自己所处时代的问题。这意味着哲学将与民主产生更密切的关联，关联程度会超出大多数哲学家所能接受的。正如瑞安所观察到的："杜威开始认为，哲学的每一个方面都是对于现代民主社会的一种理解。"哲学与民主之间如此亲密的关系，有悖于那种为人们所熟悉的哲学与民主之间的对立——哲学被理解为对真理的追求，民主被理解为一种呈现各种观点和利益的方式。然而，与人们所熟悉的对立假设相比，杜威认为哲学不是那么超然，而民主则要高尚一些。对于杜威而言，民主不仅仅是大多数人进行统治的制度，而且是一种生活方式，这种生活方式培养公民之间的交流和慎议，能导向理智集体行动的慎议。

虽然杜威是一个热情的民主党人，但他并没有基于普遍同意或公意来为民主辩护。相反，他视民主为一种实验性的、实用世界观的政治性表达。杜威的实用主义使他差不多出于同样的理由来颂扬科学和民主。瑞安对杜威思想中民主与科学之间的相似之处做出了如下解释：

> 没有真理能使科学家的观察和实验具有合法性，也没有意志能使民主式的决策具有合法性……（杜威）避免任何这样的

暗示,即"民主"独有合法性,要么因为它是由公意所掌控的,要么因为唯有民主倾向于揭示真理。他所达到的最接近于民主之美德的说明就是:它们很像科学的美德,它排除了最少的选项;它允许所有的思想都公平地受到检验;它鼓励进步,而且并不依赖权威。

杜威的实用主义赋予他的自由主义以一种在某些方面不为人熟知的特性。大多数基于道德和形而上学设想的自由主义政治理论版本,都与杜威的实用主义不一致。约翰·洛克认为,合法政府受那些自然的、不可让渡的权利限制。伊曼纽尔·康德主张,无论一项政策多么受欢迎或多么有利于功利,都不能侵犯那些并非来自经验,而是先于经验的关于正义和权利的原则。即使是将正义和权利建基于宽泛的"功利"的约翰·斯图亚特·穆勒,也依赖于公共和私人行为领域的明确区分。

杜威反对所有这些版本的自由主义,因为它们依赖于道德和形而上学的基础,而这些被认为是先于政治和经验的。与这些古典自由主义者以及许多当代自由主义者不同,杜威没有将他的政治理论建立在根本性的权利或社会契约论的基础之上,尽管他支持公民自由,但是他的主要兴趣并不在于界定那些限制多数人统治的权利;他不试图推衍出支配社会基本结构的正义原则,也不试图去确立一个不受政府干预的私人领域。

杜威自由主义的核心是这样一种思想,即自由在于参与能让个体发挥自身能力的共同生活。自由的问题不在于怎样在个体权利与共同体的要求之间取得平衡，而在于——如他所说的那样——如何建立"一个整体的、具有精神性权威的社会秩序，这种精神性权威将教导并指引个体的内在生活和外在生活"。[5] 对于这样一个社会而言，公民自由至关重要，不是因为它们使个体能够追求自己的目的，而是因为它们使民主生活所需要的社会交流以及自由探究和争论成为可能。

对杜威来说，民主之所以至关重要，不在于它提供了一种能够平等地衡量每个人的偏好的机制，而在于它提供了一种"延伸至所有社会生活领域和生活方式的社会组织形式"，在这种社会组织形式中，个体的所有能力都能够得到"培养、维持和指导"。[6] 对于杜威而言，"一种新兴自由主义的首要对象"不是正义或权利，而是教育，亦即"形成思维习惯、品质、智力和道德范式"的任务，使公民能够适应公共生活中的相互责任。[7] 他强调说，实施这种民主教育不仅是学校的任务，而且是自由主义社会和政治机构的重要任务。学校将是小型共同体，它将为孩子们参与民主式的共同生活做准备，而这反过来又会教导公民们去增进公共的善。

2.

瑞安认为杜威的生活和思想代表了"美国自由主义的高潮"，这引发了杜威的当代价值这个问题。在杜威的自由主义和我们的自由主义之间所争论和强调的这种显著区别，是反映出他的自由主义过时了，还是反映出我们自己的自由主义存在不足？瑞安本人似乎在这个问题上有所犹豫。一方面，他谨慎地看待杜威认为自由与共同体的成员身份紧密相连的观点，这个观点反映出杜威受到了黑格尔的影响。瑞安写道，杜威"呼吁我们拉近我们为自己所欲求的与为他人所期望的这两者之间的距离"，这种呼吁更多是一种一厢情愿，这在哲学理论中并不合宜。另一方面，阿兰将杜威的自由主义描述为对过于关注权利的现象一种可取的矫正，而当代很多自由主义的政治理论和实践都有过度关注权利的问题。"执着于权利的自由主义仅仅是自由主义中的一种，"瑞安写道，"而且并不是最具有说服力的。"

最后，瑞安提出，基于权利的自由主义与杜威的那种较为贴近共同体主义版本的自由主义，在实际中的差异可能并不像它们在理论中的差异那样鲜明。例如，尽管杜威反对自然权利，但他基于其他的理由而认可传统自由主义的权利，比如这样的理由：这些权利是民主共同体的必要条件，而这种民主共同体有利于交流、理智行动以及人类能力的全面实现。瑞安注意到"传统的政治自由在杜威的自由主义中有稳固的地位"：

并不是因为它们是"自然权利"——其实并不存在自然权利——也不是因为"在民主中维护每个个体权利不受大多数人潜在恶意的影响"是一个长期的问题。它们作为一种手段而存在，这种手段能够形成一种真正民主的公众……因循守旧的、执着于权利的自由主义者不会被这一点说服，杜威也不会被他说服。这一点似乎也没有表面看来那样重要。杜威很乐意承认，自由主义传统所要求的一系列完整的合法权利，是使一个民主共同体的基本规则制度化的不可或缺的方式。

杜威的自由主义与当代自由主义（约翰·罗尔斯、罗纳德·德沃金等理论家所代表的自由主义）都切实肯定那些为人们所熟知的权利范围；与此同时，二者之间的不同之处对于政治而言也不是没有影响。这一点我们通过考察理查德·罗蒂的努力就可以看出——他试图使杜威的实用主义服务于自己的当代自由主义，而罗蒂认为政治主张应当与道德和宗教主张分离开来。在一些有影响力的著作中，罗蒂赞扬了杜威的这样一种尝试，即将认识论放置一旁，并摒弃"哲学可以为知识提供基础"的观念。[8]

近来，在一篇题为《民主对于哲学的优先性》的文章中，罗蒂试图展示，杜威的实用主义能够为他所支持的自由主义提供支撑。他认为，正如哲学应当搁置对于超越经验的终极现实的追求一样，政治也应当搁置各种不同的道德和宗教观点。政治不应当以任何一种特殊的关于善生活的观念为目标，而应当满足于这样一个社会——在这个社会中，人们在公共场合中相互宽容，而在私人领域中追求自己的道德和宗教理想。罗蒂坚持认为，一种自由主义的民主应当不仅仅避免为道德立法，而且应当将道德和宗教论证排除在政治对话之外。"这样一个社会将会习惯于这样一种思想，即社会政策所需要的只是能够在个体之间进行调和的权威。"

罗蒂承认，鼓励公民为了政治目的而搁置他们的道德信念很可能使他们在哲学上"轻浮"，并导致精神上对公共生活的"祛魅"；

人们可能逐渐放弃这样一种倾向，即将政治视为一种表达道德和精神理想的适当方式。但罗蒂主张，这样的结果正是他以及他认为杜威所赞同的实用主义自由主义的明智之处。"对于杜威而言，社会以及公共的祛魅是我们为个人和私人的精神自由所付出的代价。"[9]

可以体现罗蒂哲学独创性的是，他从杜威实用主义所得来的政治理论，与杜威自己所肯定的政治理论大相径庭。杜威反对那种认为政府应当中立于各种有关善生活观念的观点。他为公共生活在道德和精神上的祛魅表示哀悼，而不是庆贺；他反对在公共生活和私人生活之间做出明确的划分，并为那种源于黑格尔和英国观念论哲学家 T. H 格林的这样一种观点进行辩护，即个人自由只有作为社会生活的一部分才能得以实现，这种社会生活培养了公民们的道德和公民特质，并激励人们投身公共的善。

罗蒂搁置了杜威思想中的公共性层面。他利用杜威的实用主义构建出一种否认道德或哲学基础的自由主义。罗蒂论证道，实用主义教我们放弃"哲学为知识提供基础"的观念；同样，自由主义教我们放弃"道德和宗教理想为政治安排提供正当性证明"的观念。罗蒂的自由主义宣称，民主的理由不需要预设任何特殊的有关善生活的观念，从这一意义上来说，民主凌驾于哲学之上。罗蒂对于杜威自由主义的富有创造性的重述（有些人可能会说是操纵）有助于我们澄清，在杜威的共同体主义的自由主义与我们这个时代更为熟知的右翼自由主义之间的对立中，什么是要紧的。

对于杜威而言，他那个时代的美国民主的首要问题不在于不够强调正义和权利，而在于公共生活的贫瘠。这种贫瘠的根源在于缺乏人情味的、组织化的现代经济生活与美国人想象自身的方式之间的差别。20世纪早期的美国人越来越多地认为他们自己是自由选择的个体,即使当大部分由大公司操纵的经济生活逐渐削弱他们引导自己生活的能力的时候,他们也是如此认为。杜威评述道,自相矛盾的是,"正当个体在决定社会事物中的价值变得渺小的时候——此时机械的力量以及巨大的、缺乏人情味的组织决定着事物的模式"——人们坚守着一种个人主义的哲学"。[10]

机械力量主要有蒸汽、电和铁路。其影响在于它们消解了那些在19世纪的大部分时间里盛行于美国人生活中的各种地方共同体,而同时又没有代之以一种新型的政治共同体。正如杜威所写的:"伟大社会的机械时代侵蚀并部分地瓦解了以往时代的小共同体,却没能产生一个大的共同体。"[11]商业和工业影响下传统共同体和权威的衰落,一开始看上去似乎是个体解放的源泉,然而美国人很快就发现共同体的缺失具有非常不同的后果。尽管新型的沟通方式和科技带来了一种新的、更为广泛的相互依赖,但是它们并没有带来对共同目的和追求的参与感。杜威写道:"把人们聚集起来的巨大潮流涌动着。"然而,这些潮流对于建立一个新型的政治共同体毫无益处。正如杜威所强调的:"大量聚集起来的集体行为本身并不等于构成了一个共同体。"尽管铁路、电话线的使用逐渐增多,尽管劳动力分工越来越复杂,或者正因如此,"公共性似乎消失了"。[12]新的全国性的经济"没有与之相称的政治机构",这使民主社会的公众分裂化、不成熟和无组织。[13]在杜威看来,民主的复兴有待于公共生活的复兴,这样的公共生活又依赖于新的共同体机构的创立,尤其是学校,它可以帮助公民在现代经济中有效地行动。"公众会逐渐消失,除非伟大社会转变成伟大共同体。"[14]

与许多同时代以及之后的自由主义者一样,杜威认为伟大共同体将采取国家共同体的形式;美国的民主将会繁荣昌盛,因为它设法激发起人们之间相互的责任感,让人们作为一个整体效忠于国家。既然现在的经济是全国性的,那么政治制度就也得是国家性的,哪怕仅仅是为了相配套。国家性的市场呼吁大的政府,而大政府又需要一种强烈的国家共同体意识来维持。

从进步主义时代到新政时期再到伟大社会,美国的自由主义试图培养一种更深层的国家共同体意识和公民参与意识,但只获得了部分成功。除了在特殊时期,如战争时期以外,这个国家显得过于庞大而不能建立任何类似于大共同体的东西,过于分散而不能提供杜威所恰当地褒扬的一个公共慎议的论坛。其部分结果就是,战后的美国自由主义者逐渐将他们的注意力从关注公共生活的特征,转移到扩大人们相对于政府的权利,同时要求政府支持更多权益的双重权利上来。然而,到了20世纪80年代和90年代,关于权利和权益的自由主义衰落下去,因为它失去了道德活力和政治呼吁力。

像杜威那个年代一样,今天人们也普遍担心公民正在丧失对那些掌管他们生活之力量的掌控,害怕人们逃避自己的公共责任,害怕政治人物和各个党派缺乏应对所需的道德的和公民的想象力。人们仍有理由担心,当强大的利益和各种喧嚣之声不给理性的公共对话留有余地时,"公众"会像杜威所认为的那样逐渐被湮没。现在和当时的情形一样,人们可能会像杜威那样说:"人类性格中的那些与公民身份相关的政治元素,被挤到了一边。"[15] 然而现在,正是保守主义者而非自由主义者最明确地讨论了公民身份、共同体,以及一个共享公共社会的道德前提。尽管保守主义者的共同体观念常常狭隘且不充分,但自由主义者常常缺乏道德资源,以形成一种令人信服的回应。在当代为人们所熟知的、被阿兰·瑞安称为"执着于权利的自由主义"坚持认为,政府在有关善生活的问题上必须保持中立,必须避免在道德和宗教争论中偏袒某一方。瑞安一书最大的贡献在于它提醒我们,自由主义并不总是不愿意论及道德、共同体以及宗教这样的话语。他写道:

> (杜威的自由主义)是不一样的。它是真正的自由主义,它毫不含糊地对发展以及人类品味、需求和兴趣的膨胀做出承诺……然而,它却配以一种有争议的世界观和一种有争议的、关于什么构成善生活的观念;它在宗教问题上偏袒某一方,也并不专注于对权利的维护……它所赞美的个体是这样的人:他完全专注于自己的工作、家庭、当地社区和政治;(他们)从没有被强迫、恐吓或拖入这些利益,而是视它们为自我表达的领域,这与他埋进自己手头的任务是相一致的。

在强调权利与权益的自由主义处于低潮的时候,复兴杜威所主张的那种更为健全的公民自由主义对我们也许是有益的。

195

| 第26章 杜威的自由主义与我们的自由主义 |

第 27 章

犹太教如何看待宰制与傲慢：以神自居错在哪里？

戴维·哈特曼是当代权威的宗教思想家之一，也是当代最重要的犹太教公共哲学家。在他的教义和著作当中，他推动了犹太传统与现代道德哲学及政治哲学之间的全面交融。正如迈蒙尼德要让亚里士多德与摩西及阿基瓦拉比（Rabbi Akiva）对话，哈特曼也借助康德和穆勒的自由主义洞见去贯通《塔木德》的主张，从而更新了犹太思想。

哈特曼的大部分著作旨在表明，法典犹太教可以与现代多元主义调和。[1] 他所维护的多元主义，并不是对充斥于现代社会的道德分歧和宗教分歧的一种实用主义的回应，而是一种息事宁人的调和。恰恰相反，哈特曼的多元主义有其神学上的渊源，有其圣约犹太教的独特视野。

伦理多元主义与释义多元主义

哈特曼神学的核心思想是自我约束的上帝观——上帝约束自己，从而为人的自由与责任留下了余地。上帝自行约束的提法，可以追溯到《圣经》的创世描述：上帝照着自己的形象造了人，但人又与他不同；人作为自由、独立的造物，可以冒犯他的诫命（比如亚当就吃了知识树上的果子），也能够与他争辩（比如亚伯拉罕在所多玛毁灭前就曾有过争辩）。

不过，在哈特曼看来，最能体现上帝自我约束的是西奈圣约。上帝在西奈山颁布托拉（Torah，律法）给犹太人的时候，也将人类列为其历史计划的伙伴。上帝不是靠神迹干预或预言启示来直接达到目的，而是寄希望于一个恪守其诫命的共同体。而他在西奈山上颁下的托拉，也并不是一目了然或浅显易懂的。上帝任由人类（学者和拉比）来判断其律法的含义。其中就蕴含了上帝自行约束、为人类主动性留下余地的深意。"上帝对人类的自行约束之爱，体现于他能够放手让拉比学者去阐释和发挥托拉。"[2]《塔木德》和《米德拉西》中的成功阐释，变成了西奈启示的托拉的有机组成部分。"随着口述传统的发展，以色列在启示发展过程中成了共同参与者；启示不再是西奈山所授的完结的圣言，而是经过一代又一代学者的阐释，变成了开放的圣言。"[3]

哈特曼主张两种形式的多元主义：一是释义多元主义，二是伦理多元主义。其中，释义多元主义直接来源于他的圣约神学，体现出了《塔木德》论证的开放性。不同的拉比，无论多么博学，都会得出不同的结论。甚至上帝也不能干预《塔木德》争议的解决，正如那节著名的《米德拉西》所见证的："它不在天上。"少数派意见不会被斥为异端邪说，而是被视为正当并得到保留。这种释义上的开放性，为法典犹太教内部的多元主义留下了余地。

但哈特曼同时还维护一种更为深邃的伦理多元主义，它能够严肃对待其他信仰以及世俗道德的伦理体系。按照哈特曼的看法，上帝与犹太人订立的圣约并不意味着犹太教是崇拜上帝的唯一可靠的途径，一个伦理体系也未必要建立在神圣启示之上。[4]哈特曼拒斥这样的看法：若无启示，伦理规范便无理性基础。"人类历史已然表明，个人能够建立一套行之有效、不以神圣权威为根基的伦理体系。上帝的伦理启示，并不是为了弥补人类理性在建构伦理体系上的所谓无力。"[5]与大多数宗教思想家不同，哈特曼坚持认为："世俗人道主义作为一种立场，不仅行之有效，而且在道德上前后一贯。"[6]

哈特曼并不认为，伦理多元主义是由《圣经》—《塔木德》的犹太教所规定的，而是认为它仅是其中一种可能的解释。他坦言，传统的某些侧面与多元主义相抵牾。哈特曼的主张发人深思：就整体的犹太教传统而言，哪一种阐释最正确——是多元主义的读法，还是排他主义的读法？不过，哈特曼并不以此问题为重点，我在这里也就不再赘述。相反，我要探讨一下哈特曼伦理多元主义所引发的另外一个问题：人们如果能够不依赖神圣启示而采取合理的道德

为什么我们需要公共哲学

路线，那还要宗教干什么？或者，也可以这样问：为什么有效世俗道德的可能性并没有对法典犹太教构成威胁（正如哈特曼所理解的那样）？为了说明自己甘愿接受世俗伦理为合法，哈特曼援引了迈蒙尼德（后者大量借鉴了亚里士多德的伦理学）："迈蒙尼德表明，承认其来源独立于启示内容的那些伦理规范的有效性，并不会威胁或损害圣约法典的精髓。"[7]

许多虔诚的人相信，否认世俗道德的充分有效，实在是一件利害攸关的事。而哈特曼作为法典犹太教的信徒，却不这么认为。这不仅体现了对他人信仰的宽容立场，而且体现了一个深邃的信念，即宗教并不仅仅是为了给道德原则奠定基础。伦理训诫（*mitzvot*）固然重要，但哈特曼看不惯有些人将犹太教与所谓犹太人特有的伦理观念等同起来的做法。"为了能够赞赏犹太教如何严肃对待伦理训诫，不见得一定要采纳某些特殊的犹太教伦理意识，或者诉诸希伯来先知的道德天赋。"[8] 将犹太教与其伦理等量齐观，不仅忽视了其他传统中的许多类似伦理规范，而且体现出对犹太宗教与灵性生活的狭隘理解。

宗教人类学

对哈特曼而言，宗教所涉及的不仅是伦理训诫，也不仅是礼仪和祝祷。它同时也是一种途径，有了这种途径，我们与上帝、自然、宇宙的关系就会变得有意义，而且我们还能够确定以何种方式来适应这种关系。在哈特曼圣约神学的核心处，有着宗教人类学的基本问题：人在上帝面前生活，究竟意味着什么？宗教人士对世界具有什么样的意向、感悟和立场？他是谦卑而顺从，还是自大而鲁莽呢？法典犹太教所培养和认可的究竟是什么样的宗教人格？如果人类力量是有局限性的话，那么，我们又该承认和关注哪方面的局限性？

上述问题表明，宗教人类学既是形而上的，又是规范性的。它之所以是形而上的，是因为它试图说明宇宙以及人在其中的地位。它之所以是规范性的，是因为任何有关我们与上帝及自然的关系的说明都将启发我们，使我们懂得该如何做人，如何生活。那些拘泥于形式主义或实证主义律法观的人，都会否认这些说明带有规范的分量；凡是律法所禁止的，都不能做，凡是律法未加禁止的，就可以做。但如果哈特曼是正确的话，法典向互竞的阐释开放，那么最佳的阐释也许就是与较宽神学视阈相适应的阐释。在这个意义上，哈特曼的宗教人类学影响了他对伦理和律法的理解。

为了说明哈特曼宗教人类学的重要性，我打算考虑一组道德和政治的问题，它们在当代公共话语中日益引人注目，仅仅诉诸日常的道德原则或伦理规范恐怕难以解决得了。尽管哈特曼并未直接论及这些问题，但其宗教人类学已经为我们提供了卓有成效的思路和工作语言。

生物技术：以神自居？

我们在现代社会所面临的不少棘手问题，都涉及如何合理使用日益发达的技术力量来再造自然（包括人的天性）。人类宰制自然如果有限度的话，限度在哪里？相关的讨论一度塑造了有关环境政策的辩论。当前生物技术的进展，已经使得问题变得日益尖锐，明显的例子涉及了下述问题的争论：转基因食品、动物生物工程、人类克隆、生殖新技术，以及其他使人类得以挑选或改变其子女（或其本人）基因特征的技术。有人反对多莉羊的克隆，而令更多的人感到不安的是克隆人的前景，或者下述技术的后果：通过事先定好孩子的性别、身高、眼球颜色、体能、音乐天赋或智商，父母能够生下"设计好的孩子"。

这方面的事情有些麻烦，但很难说得清楚它们究竟错在哪里。当然，下述批评是一定错不了的：那样的做法未免要冒造成基因畸变及其他医学伤害的严重风险。即使医学风险最终有可能会得到避免，我们仍会有些担忧。伦理原则的标准词汇（功利、权利以及共识等等）难以表述困扰我们的基因工程的特点。这样一来，那些为此而担忧的人——包括那些本想在世俗框架里找依据的人——都发现自己免不了要诉诸这样的观念：人类不应该"以神自居"。为此他们提出，人类对自然的某些干预代表了某种"傲慢"，这种冲动就是试图宰制或支配人类应有的活动范围之外的事情。以"以神自居"为由反对基因工程，无论是否能够奏效，都促使我们考虑：我们与上帝或自然应有什么样的关系？这迫使我们涉入宗教人类学的领地。

与各大传统相比，犹太教更有可能允许人类去支配自然。正如哈特曼所指出的，创世的上帝既不像泛神论者所认为的那样，是自然的并列物，又不像异教宇宙论所认为的那样，是体现于自然之中的；上帝是先于自然而存在的超越者。因此，如果说人类干预自然理应受到某种限制，这限制之理也不会出自如下观念：自然是附魅的、神圣的，如某些"深绿"生态学者所相信的那样。人类向自然行使权力之所以受限，并不是因为自然本身，而是本着对神人关系的恰当理解。如果说，我们不该克隆自己以求永生，不该为满足自己的野心和欲望而改变孩子的基因，那么，这其中的罪就不在于亵渎自然，而在于自我神化。

但究竟是在哪些方面，运用科学技术力量可算是神化或傲慢地篡夺上帝的角色？在拉比时代，就有人认为医师治病是信仰的堕落，是非法侵占上帝治愈者的角色。但《塔木德》拒斥此种看法，它教导说："要允许医师行医。"（*Berakhot* 60a）《米德拉西》中有一则故事解释了这一点，其中把允许行医比作允许农夫种植作物、改造自然：

> 有人陪着拉比以实玛利和拉比阿基瓦在耶路撒冷街上溜达。他们碰见了一个病人。那病人说："几位夫子！请告诉我，我的病怎样才能治好？"他们告诉他："如此这般，你的病就治好了。"那病人又问："是谁在折磨我呢？"他们回答说："是至圣者，是至福者。"于是，病人就回敬他们："你们这是非分的僭越，他折磨我，你们来治！你们岂不是拂了他的心意？"
>
> 他们便又问："你做什么营生啊？"他回话说："我是犁地的农夫，我手上拿着镰刀呢。"他们再问："是谁造了这果园？"他答道："是至圣者，是至福者。"他们说："你这不也是非分的

僭越吗？上帝造了果园，而你来收摘果子！"他对他们说："你们看到我手上的镰刀了吗？要不经我翻耕、播种、施肥和除草，哪来的果子呢？"他们告诉他说："你这傻瓜！你的行当难道没有启发你——正如经上说的：'至于世人，他的年日如草一样，他发旺如野地的花。'（诗篇 103：15）不经除草、施肥和翻土，树便不会成长；即便它长了起来，要是没有灌溉和施肥，它也将枯萎而死——同样，人的身体也是这种情况。用药和治疗如同施肥，医师就好比耕夫一样。"[9]

允许医师治病，并不等于回答了下述问题：某些基因工程是不是错误地侵入了上帝的领地？对新的生物技术的诸多运用，如选择要男孩而不要女孩，或者，采用增强药物或通过基因改造来获得体育的竞技优势，都与治病救人毫不相干。我 3 分钟跑不了 1 千米，击不出 70 记本垒打，这无论多么令人沮丧，都不是一种疾病，我的医生不必替我治疗。但仍有待探讨的问题是：运用科学技术来获得这些能力，究竟错在了哪里？

普罗米修斯精神

哈特曼的老师、拉比约瑟夫·索罗威奇克认为，人类几乎可以无止境地行使他们的力量。在索罗威奇克看来，人是照着上帝的形象造出来的，这意味着人类已奉神圣之命，要他们参与到造就自我的行动中去。他认为，上帝有意创造一个不完善的世界，这样人就可以被赋予力量去改善它。索罗威奇克写道:"法典之民一心想要看到创世的不足得到完善,创世的梦想是律法意识的核心内容——其观念关乎人作为万能上帝创世的合作者的重要地位,关乎人作为世界创造者的重要地位。"[10]

在索罗威奇克看来,创世的不完善体现了上帝对人类的爱。"创世者缩小了创造的身形,好为人类留下余地去续做他未竟的事业,好给世人戴上创造者和制造者的冠冕。"索罗威奇克将自我创造的计划列入创世的诫命之中。"其中体现着创世的全部任务,体现着参与更新宇宙的义务。其中最基本的原则是人类必须造就自己。这正是犹太教要向世界推介的观念。"[11]

索罗威奇克宗教人类学中的普罗米修斯精神,似乎认可了人类无休止宰制自然。很难想象,他会将某项科学研究斥为狂妄之举。他也许会认同詹姆斯·沃森。面对有人指斥现代科学自居为神之举动,沃森发表了著名的回应。据说沃森曾经这样反问:"如果我们不自居为神,谁来?"与沃森所见略同,索罗威奇克的犹太灵性观支持"现代技术的整体精神,虽然按照流行的看法,科学精神往往被认为是对宗教诉求的一种威胁"。[12]

那么,还有没有宗教谦卑可言呢?人类的权重和自主到了如此地步,还有什么能够阻止他们自诩为神呢?为了回答这一问题,索罗威奇克又为法典之民指明了第二条诫命——不仅要效仿上帝的创世,还要效仿他从世界的退隐、他对缺陷的接受。"犹太教伦理要求人在某些情况下退隐。人不必总是胜利者。"[13]人类主宰的威权总要受到献身和服以义务的约束,人要顺服上帝那莫测的意志,亚伯拉罕愿意牺牲自己的儿子就是这样的例子。对索罗威奇克而言，在不同生活导向的拉扯之下，宗教人格在两种迥异的心态之间摇摆不定：面对自然，他显露出一副主宰和统治的傲岸姿态；面对上帝，他的能动性便让位给了毫不犹豫的献身和完全的顺服，正如亚伯拉罕捆绑以撒。

哈特曼基于两个理由拒斥了索罗威奇克的宗教人类学。首先，哈特曼不相信，在颐指气使和完全顺服两个极端之间摇摆不定是符合人类经验的（无论是在灵性上还是在心理上）；其次，他的圣约神学从一开始就调和了各个极端。要是不把人类看作普罗米修斯式的主宰或统治者，那么，不借助于哈特曼所谓的"权威性宗教的终极原则"（认为上帝的意志深不可测），自大的诱惑也能够得到约束。[14]

> （索罗威奇克所谓的）法典之民在运用其创造力去大刀阔斧地征服自然时所流露出来的那种得意扬扬的感觉，应该用建立在"捆绑"基础上的不惜牺牲的顺服举动来抵消。然而，我得说，大可不必如此的猛药，因为首先就未必会得那样的病。犹太教自有其内在的纠正机制，能够防止各种傲慢的倾向。[15]

收束傲慢心：承认有限性

我想概括一下哈特曼的宗教人类学的特点：它一方面打压傲慢

心态，一方面又肯定人类的自足和尊严。哈特曼承认，贯穿拉比传统的始终，都有着我行我素与顺服之间的张力。因为，他的主要目的，至少是在《活的圣约》(A Living Covenant)一书中的主要目的，是要调和法典犹太教与现代性，他于开篇处即强调了传统应向人类的发明、创造以及自由开放。他主要针对的是对法典犹太人的这种看法：消极、顺从，守着以往的权威教条，负着律法之轭。哈特曼反对这种形象，他提出了一种圣约人类学，为人类的自足和尊严留下了余地。因为有这样的目标，哈特曼强调拉比犹太教的创造精神和自主精神。但他诉诸西奈圣约，将其视为人类创造性的保障，以及对人类宰制冲动的约束。如果将其运用于基因工程的当代辩论，这些约束将有助于表述基于人类傲慢的反对意见，有助于匡正自我神化的倾向。

从哈特曼宗教人类学的如下三项内容中，我们可以看出约束的依据：(1)人类有限性；(2)安息日；(3)偶像崇拜。对哈特曼而言，赞颂人类的有限性，意味着在宗教生活中可以承认和接纳现世的局限和不完美。尽管有贯穿犹太传统的弥赛亚盼望，"圣约的有效性并不预设弥赛亚救赎、灵魂不朽、死者复活的信仰"。[16] 哈特曼承认犹太教的此种视野，即认为死亡和受苦是对罪的惩罚。如此看来，只要遵循戒律并按照律法生活，就会为神救人脱离苦难开辟道路。"甚至身体患病的脆弱性也将被最终消除。"[17]

哈特曼并未排除弥赛亚救赎的可能性，但他主张，圣约犹太教并不需要它。而且，他还指出，人类有限性可以被认可为表达了上帝与世界之间不可通约的差距。哈特曼写道："有限的人类接受了他们的受造性，知道自己与造物主保持着距离。"尽管人类理智可能会受诱惑而相信它能够"摆脱有限性，思考上帝的思想"，但这是一种幻觉，只能引发教条主义，以及以真理为名的战争。我们的肉身束缚了我们的这种冲动，提醒我们注意人类的处境。"我们在身体之中，应时刻谨记有限人类的局限、脆弱而又高贵的品质。"[18] "将有限性和受造性称颂为圣约生活的永恒特征，这样一种宗教感受"[19]是哈特曼思想中用以驾驭傲慢倾向的约束之一。

安息日与睡眠

哈特曼宗教人类学的第二项约束主题是安息日。与颂扬人类有限性一样，守安息日的规矩也可以制衡我们的宰制欲望。"在安息日，犹太人颂扬创造者上帝……这一天，人放弃了宰制与操控，从而表达了敬畏、赞叹和谦卑。自然不再是我们的绝对拥有物。"[20]守安息日将我们从宰制和操控的活动中解放出来（我们在一周的其他时间却忙于这些活动），从而使得人类的自我神化倾向得以收敛。"在安息日，一个人将不会以普罗米修斯的状态去征服或对抗宇宙……律法指出安息日的神圣性，旨在限制人类对自然的主宰，从而制约人类的宰制欲望。"[21]日落时分、安息日来临之际，自然不再只是人类实现目标的工具：

> 律法禁止我随意摘取和利用我自己花园里的花朵。日落时分，花朵变成了"你"（thou），有权存在而不论其对于我的工

具价值如何。我静静地站在自然面前,如同站在同胞面前,而非站在我可以操控的对象面前。迫使我们自己去体验作为上帝造物的意义,通过这样的办法,安息日致力于疗治人类技术冒犯的自大之心。[22]

安息日对于基因工程以及其他生物技术手段而言有何启示?哈特曼的见解可以从两个方面来加以解释:容忍为一方面,限制为另一方面。容忍的解释认为,七天中只有一天,自然变成了"你",在其余几天里,它仍然是人类欲望的工具。限制的解释则与之相反,意欲将安息日的某种内涵带入我们日常对自然世界所持的态度之中,从而对宰制计划施加某种约束。

鉴于哈特曼十分关注律法塑造宗教品格的方式,这两种解释中的后者看似更真、更符合实情。因为安息日的关键是要培养人类对于上帝创世的某种谦卑,难道在我们上班之后,这种谦卑不应该引领我们的处世态度吗?尽管哈特曼并非阐述一种有关自然和人类操控的伦理学,但他明确指出,安息日的体验应该在全周内塑造我们的生活并约束我们的傲慢。"安息日培育我们的感恩之情,感受到生命是一种馈赠,需要放弃对绝对权力的追求。"[23]

即使我的看法正确,即哈特曼的安息日教义包含了某种约束我们日常与自然打交道的态度的伦理学,我们也难以知道,究竟世界以及我们自己的哪一种转变带来了自我神化的危险。思考该问题的一种方式是去问:究竟生物工程中的哪一种方案取得成功并大规模实施,会腐蚀我们视生命为馈赠的感激之情?

试想能够说明问题的小例子：睡眠。睡眠是一种生理需要，而非有待疗治的疾病。假设我们能发明一种废除睡眠或大量削减睡眠需求的办法，这未必是向壁虚构的可能性。用以治疗嗜眠症的新药物，在人们中间变得日益流行，他们想要熬更长的夜。它能够使人们不需睡眠而有效地思考和工作，同时又没有咖啡因或其他刺激物的副作用。在军用方面，它使士兵能在战斗 40 小时后休息 8 个小时，然后又在没有休息的情况下接着战斗 40 小时。[24] 假如该药物是安全的，并设想其改进版能够使人们放弃睡眠一周、一个月乃至一年。究竟在哪个关节点上，这种药物的使用会成为伦理上的灾难？有何根据？从实用立场看，它无疑会带来更高的产量和更多的财富。通过使人人都有条件使用该药物，不公平之忧虑也可以得到消解（至少原则上如此）。假如它的使用是自愿的，没有人会声称它侵害了人们的权利。如果我们依然觉得它是个麻烦，那一定是出于与"傲然冒犯"有关的理由，这把我们带回了哈特曼的安息日议题，以及对人类有限性的承认。

哈特曼在解释安息日之意义时，援引了《米德拉西》所说的人类自我神化的危险：当上帝创造亚当时，天使误以为亚当是神。"那应当称颂的圣者做了什么呢？他使亚当入睡并躺了下来，这样，谁都知道他是个人。"[25] 哈特曼把这一段《米德拉西》解读为对人类费力抹平神人鸿沟的倾向的回应，睡眠为这一神学问题提供了解答。"睡眠……摧毁了全能的幻觉，迫使我们认识到自己作为人的地位。睡眠体现了这样一种意识状态，其中人类放弃了宰制和操控。"他将《米德拉西》中的亚当之眠比作"'安息日之眠'的歇息之乐"。[26] 睡眠与安息日一样，循着我们操控之外的歇息节律来调节我们的生活，从而使我们对人类的局限性念念不忘。通过技术手段剥夺我们的睡眠需求，将使我们丧失生活中能制衡我们宰制和操控冲动的一面。

偶像崇拜

哈特曼宗教人类学的第三项约束是拒斥偶像崇拜。他援引迈蒙尼德的观点，认为拒斥偶像崇拜是法典犹太教的核心。迈蒙尼德在《密西拿托拉》（*Mishneh Torah*）中写道："自亚当直至终末，凡是否定偶像崇拜的人，都会在整部《托拉》中、在一切先知以及先知受命的一切之中，坦诚他的信仰。这是一切诫命的总纲。"[27]

哈特曼指出，禁止偶像崇拜并不单单适用于古代异教崇拜的偶像。假如偶像崇拜没有更广泛的内涵，它在现代社会中就不可能有什么危害了，与之斗争也将只是一种守旧的癖好而已。拒斥偶像崇拜就其规范的意义而言，有赖于假神、物件或嗜好的持久在场，而这些东西施加了某种吸引力，足以诱导不恰当的崇拜或效忠。

偶像崇拜在现代社会中采取了何种形式？在《塔木德》时代，拉比们最为忧心的是对帝王和君主的崇拜，他们的君权或权力对宗教义务构成了极大的隐患。哈特曼观察到，对绝对权力的偶像崇拜，在我们这个时代仍然持续表现为"对政治国家的完完全全、死心塌地的效忠"。[28] 就20世纪那些大独裁者而言，这无疑是真的，最有名的例子是希特勒的德国。但现在，偶像崇拜的地点也随之发生改变。尽管地方独裁者以及那些具有超凡魅力的统治者依然在各地翻云覆雨,但今天的政治统治不能引人注目、吸收能量、激发忠诚到可以与上帝相抗衡的地步。这并不是说自由民主已经在全球取得胜利,它只是意味着,自由与非自由的社会一样,其中政治牵引的吸引力变得越来越小,诱惑力也变得越来越小了,因此也越来越难以激发偶像崇拜的激情。

在当今之世,偶像崇拜的诱惑已然从政治转移到其他领域:消费、娱乐和技术。人们在富足的市场社会中沉迷于消费,因为他们将一切都变成了商品,从而销蚀了神圣者。全球扩张的娱乐业炮制了明星偶像,并引发了对其的崇拜,其程度甚至连罗马帝王也妒羡不已。最后,基因组时代的生物技术不仅有望治愈那些顽疾,而且使我们能够选择我们以及后代的基因特征。很难想象一个更加令人欣慰的前景,或对人类谦卑和收束的更严苛的检验。如果偶像崇拜是一桩终极之罪,如果冒犯和傲慢是与宗教性格格不入的态度,那么先贤抗击自我神化的努力也将在我们这个时代找到其用武之地。

第 28 章

政治自由主义

很少有政治哲学的著作能够引起经久不息的争论，这也显示出约翰·罗尔斯的《正义论》[1]有多重要；它所引发的争论不是一个，而是三个。

第一个争论是功利主义者和以权利为导向的自由主义者之间的争论——现在，这已是学习道德和政治哲学的学生的起点。正义应当像杰里米·边沁和约翰·斯图亚特·穆勒所坚持的那样，建立于功利之上吗？还是说，对于个体权利的尊重要像康德和罗尔斯所坚持的那样，需要一种独立于功利主义考量的正义基础？在罗尔斯的著作之前，功利主义的观点一直在英美道德和政治哲学中占据统治地位。直到《正义论》问世，以权利为导向的自由主义才逐渐获得支配性的地位。[2]

第二个由罗尔斯的著作所引发的争论，是在以权利为导向的自由主义内部的争论。如果某些个体权利重要到即使是公共福利的考量也不能凌驾于其上，我们就要问：这些权利是哪些？自由至上主义者，如诺齐克和弗里德里希·哈耶克，主张政府应当尊重基本的公民权利、政治自由，以及那些由市场经济所认可的劳动成果；那种向富人征税以帮助穷人的再分配政策，因此侵犯了我们的权利。[3]平等主义的自由主义者，如罗尔斯，就不同意这样的观点。他们主张，如果不能保障基本的社会和经济需要，我们就不能有意义地行使自己的公民自由和政治自由。因此，政府应当保证每一个人都能获得足够多的益品，如教育、收入、住房、医疗等等，并将其看作一种权利。20世纪70年代在学术界盛行的自由至上主义者与以权利为导向的平等主义的自由主义者之间的争论，大致体现出美国政治中的争论，也就是新政时期以来市场经济的维护者与福利国家的倡导者之间的争论。

第三个由罗尔斯的著作所引发的争论，集中于自由至上主义者和平等主义的自由主义者所共同认可的假设，也就是这样一种观点：政府应当中立于各种不同的、有关善生活的观念。尽管他们在关于我们拥有什么样的权利这一点上并不一致，但那些以权利为导向的自由主义者同意，具体划分我们权利的那种正义原则的正当性证明，不应当依赖于任何特殊的关于善生活的观念。[4]这种观念是康德、罗尔斯以及诸多当代自由主义者的自由主义的核心，它被归结为一种主张，即权利优先于善。[5]

反对权利优先于善

在罗尔斯和康德看来，权利在两个方面优先于善，将这两个方面区分开来至关重要。第一，权利之所以优先于善，是因为某些个

| 第28章 政治自由主义 |

体权利"胜过",或在价值方面超过公共的善的考虑。第二,权利之所以优先于善,是因为确立我们权利的正义原则的正当性,并不依赖于任何特殊的关于善生活的观念。正是第二种权利的优先性主张,推进了最近有关罗尔斯式自由主义的争论浪潮,这一争论兴盛于20世纪80年代,并被贴上了具有误导性的"自由主义—共同体主义之争"这一标签。

许多在20世纪80年代写作的政治哲学家反对"正义可以脱离于善之考量"的观点。阿拉斯代尔·麦金太尔[6]、查尔斯·泰勒[7]、迈克尔·沃尔泽[8]和我[9]的著作中对当代那种以权利为导向的自由主义的挑战,通常被描述为是"共同体主义"对自由主义的批评。然而,"共同体主义"这一术语具有误导性,因为它暗示着权利应当基于在任何特定时间、任何特定的共同体中盛行的各种价值和偏好。在那些质疑权利优先性的人当中,很少有人——如果有的话——是这种意义上的共同体主义者。[10]问题不在于权利是否应当得到尊重,而在于权利是否能够得到确认,并在不预设任何特殊的善观念的前提下获得正当性证明。在关于罗尔斯式自由主义的第三波争论浪潮中,所争论的问题不在于个体和共有主张的相对重要性,而在于权利和善之间的关系。[11]那些质疑权利具有优先性的人主张正义与善有关联,而不是独立于它。作为一个哲学问题,我们对正义的反思不能合理地脱离我们有关善生活的本质以及人类最高目的的反思。作为一个政治问题,如果不涉及那些体现于诸多文化和传统中的善观念——那些慎议在这些文化与传统中进行,我们关于正义和权利的慎议就不能进行。

许多关于权利优先性的争论都聚焦于不同的人的观念以及我们应当怎样理解我们与我们的目的之间的关系。我们作为道德主体，是仅仅受制于我们为自己所选择的目的和角色，还是有时有义务实现某些我们并没有选择的目的——例如，由自然或者上帝所赋予的目的，或者由我们作为家庭成员、民族、文化和传统的身份所赋予的目的？那些批判权利优先性的人，都以各种方式反对这样一种观念，即我们能够完全从意志论或契约论的角度来理解自己的各种道德和政治义务。

在《正义论》中，罗尔斯将权利的优先性与唯意志论或广义上的康德式的人的观念联系起来。根据这种观念，我们并不是像功利主义者所想象的那样，仅仅由我们欲望的总和界定；我们也不像亚里士多德所认为的是这样的存在——其完满性在于实现某种由自然给定的意图或目的。我们是自由的、独立的自我，不受先在的道德关系束缚，并能够自己选择各种目的。这种人的观念，暗含于作为中立性框架的政府理想当中。正因为我们是自由的、独立的自我，能够选择自己的目的，所以才需要一种中立于各种目的的权利框架。将权利建基于某些善观念之上，会将某些人的价值观强加于人，因而也就没有尊重每个人选择自己各种目的的能力。

这种人的观念，以及与之相关的权利优先性的理由，在《正义论》中得到了充分的表达。其最明确的表述出现在这本书的末尾，亦即在罗尔斯关于"正义的善"的说明之中。在那里，罗尔斯论述道，自康德以来，目的论学说被"根本性地误解"了，因为他们将权利和善以错误的方式联系了起来。

| 第28章 政治自由主义 |

我们不应当首先寻求那被独立地界定的善，来赋予我们的生活以形式。揭示我们本质的主要不是我们的目标，而是我们将要接受用以支配各种背景条件的那些原则——在这些条件下，各种目标以及追求目标的方式得以形成。由于自我优先于目的，这些目的由自我来认肯。即使是一种主导性的目的，也必须从大量的可能性中进行选择……因此，我们应当将目的论学说所设定的权利和善的关系颠倒过来，并将权利视为在先的。[12]

在《正义论》中，自我优先于目的的这一论断支撑了权利优先于善的论断。"一个有道德的人是带着自己所选择的目的的主体，其根本性的偏好是选择那些能够使他构建一种生活模式的条件，这种生活模式能够表达出他是在环境允许下尽可能自由和平等的理性存在。"[13]"我们是自由的、独立的自我，不受先在的道德纽带束缚"，这一观念肯定地认为，正义的考虑将总是比其他特殊的目的更为重要。罗尔斯雄辩地表述了康德式的自由主义，并从以下方面解释了权利优先性的道德重要性：

> 将我们的本质表述为自由和平等之理性存在物的这种愿望，只能通过遵循权利和正义拥有首要优先权这一原则而行动才能实现……正是基于这种优先性来行动，才表达出我们不囿于偶然性和意外性的自由。因此，为了实现我们的本质，我们

唯有维护我们的正义感，使其支配其他的目标。然而，如果这种正义感只是诸多欲望中的一种，并与其他目的相妥协和权衡的话，那么以上那种观念就无法实现……我们对自我的本质表达得如何充分，取决于我们怎样一贯地基于终极性的、规范性的正义感而行动。我们所不能做的是，视正义感为一种需要与其他欲望相权衡的欲望。由于这种正义观念揭示出一个人是什么样的，那么与它妥协就并不能实现自我的自由统治，而只能屈服于这个世界的意外性和偶然性。[14]

那些反对权利优先性的人，通过不同的方式反对罗尔斯的人的观念，即人是自由、独立的自我，不受先前的道德纽带约束。[15]他们认为，一种先在于其目的和纽带的自我观念，不能理解我们道德和政治经验的某些重要方面。某些我们普遍认同的道德和政治责任——团结的义务或宗教义务——可能对我们有约束力，可能是基于和选择无关的理由。如果我们将自己理解为自由的、独立的、不受我们没有选择的道德纽带束缚的自我，那么，我们将很难理解这些义务。[16]

为权利优先于善做辩护

在《政治自由主义》一书中，罗尔斯维护了权利相对于善的优先性。在这本书的大部分内容中，他搁置了前两次争论浪潮中各种关于功利和权利、自由主义者和平等主义者关于分配正义观念的争论，而是集中讨论在第三次争论浪潮中提出的关于权利优先性的争论。

支撑权利优先性的康德式人观引起了争论，至少有两条可能的回应途径。第一条途径通过为康德的人的观念做辩护，进而为自由主义做辩护；第二条途径通过将自由主义与康德的观念分离开来，为自由主义做辩护。在《政治自由主义》一书中，罗尔斯采取了第二条途径。他并没有把康德的人的观念辩护为道德理想，而是论述道，他所构想的自由主义并不依赖于那种人的观念。权利相对于善的优先性并不需要预设任何特殊的关于人的观念，甚至不需要在《正义论》第三部分所阐发的人的观念。

政治自由主义与整全性自由主义

罗尔斯认为，支持自由主义的理由是政治的，而不是哲学或形而上学的，因此也就不依赖于那些关于自我本质（29~35页）的各种争论性主张。权利对于善的优先性并不是康德道德哲学在政治领域的应用，而是对一种为人们所熟知的事实的实际回应，这一事实就是：人们在现代民主社会中对于"善"存在着明显不一致的看法。由于人们的道德和宗教信念不可能都相同，因此寻求那种带有尊重地中立于各种争论的正义原则就是更合乎理性的做法（xvi~xvii页）。

罗尔斯这种经过修改的观念的核心，是要在政治自由主义与作为整全道德信念之一部分的自由主义之间做出区分（154~158页）。

整全性自由主义肯定自由主义，如意志自由、个体性或自力更生等道德理念的名义而进行的政治安排。作为整全性道德学说的自由主义包括康德和约翰·斯图亚特·穆勒版本的自由主义。[17]正如罗尔斯所承认的，《正义论》中所呈现的自由主义也是整全性自由主义的一个范例。"一个良好有序的、与作为公平的正义相联系的社会的重要特征在于，它所有的公民都认可这种观念——基于这种观念，我现在称之为一种整全性的哲学学说。"（xvi 页）这一特征正是罗尔斯所要改变的，通过将自己的理论重塑为一种"政治性的正义观念"（xvi 页）而做到这一点。

与整全性自由主义不同，政治自由主义拒绝在那些源自整全性学说的各种道德和宗教争论（包括自我观念的争论）中偏向某一方。"哪一种道德判断是正确的呢？如果考虑周全的话，这并不是政治自由主义的问题。"（xx 页）"为了在各种整全性学说之间保持中立性，它并不具体地论述那些将各种学说区分开来的道德话题。"（xxviii 页）由于我们很难保证在任何整全性观念上达成一致，因此，即使是在一个良好有序的社会，我们也不能预期所有的人都将出于同样的原因（比如认为自我优先于目的）来支持自由主义制度。政治自由主义将这种期望看作不现实的，并且与将正义建立在各种道德和宗教拥护者都能接受的原则之上这一目标相背离，因而加以摈弃。政治自由主义并不为正义原则寻求一种哲学基础，而是寻求一种"重叠共识"（134 页）的支持。这就意味着，人们可能会说服不同的人以不同的理由接受自由主义的政治安排（如平等的基本权利）。这些不同的理由反映出他们所拥护的不同的道德观念

| 第28章 政治自由主义 |

和宗教观念。由于政治自由主义的正当性证明不依赖于任何一种道德或宗教观念,因此它可以作为"自立的"(freestanding)观点提出,它也"将宽容的原则应用于哲学自身"。(10页)

尽管政治自由主义放弃了对于康德式人的观念的依赖,但它并没有将人的观念一同抛弃。正如罗尔斯所承认的那样,某些这样的观念对于原初状态,以及产生正义原则的那种假想的社会契约而言,是十分必要的。罗尔斯在《正义论》中论述道,思考正义的方式就是询问,当人们聚集在一种最初的平等状态中,并暂时对自己的民族、阶级、宗教、性别、目标以及各种关系毫无所知时,他们会赞同哪些原则。[18] 然而,为了使这种思考正义的方式有影响力,原初状态的设置必须反映出我们真实所是的那些人的某些方面,或者是我们在一个正义社会当中可能所是的那些人的某些方面。

为原初状态这种设置做辩护的方式之一,是诉诸罗尔斯在《正义论》第三部分所发展的康德式人的观念。如果就作为道德个体的本性而言,我们选择自己目的的能力要远比我们所选择的特殊目的更为根本;如果"主要揭示我们本质的不是我们的目标,而是那些我们将要接受用以支配各种背景条件的原则——在这些条件下,各种目标得以形成"[19];如果"自我优先于由它所肯定的目的"[20],那么,从人的立场——他们优先于任何与他们将要选择的目的相关的知识——来思考正义就是有意义的。如果"一个道德的人就是带着自己所选择的目的的主体,其根本性的偏好是选择那些能够使他构建起一种生活模式的条件,这种生活模式能够表达出他是在环境允许下尽可能自由和平等的理性存在"[21],那么,我们就能够辩护说，原初状态体现了我们的道德人格以及随之而来的"根本性的偏好"。

然而，一旦罗尔斯不再依赖康德式人的观念，那么这种对于原初状态的辩护将不再可行。这便产生了一个难题：我们还有什么理由坚持认为，我们有关正义的反思应当不涉及自己的各种意图和目的？为什么我们必须"悬置"或搁置自己的道德信念和宗教信念，以及关于善生活的观念？为什么我们不应当将那些支配社会基本结构的正义原则建立在我们对于人类最高目的的最佳理解基础之上？

政治的人的观念

政治自由主义做出了以下回应：我们之所以应当从那些脱离了目的的人的立场来思考正义，并不在于这种程序表达出了我们作为自由、独立、优先于目的的自我的本质，相反，这种思考正义的方式因这样一个事实而显得合理，即为了政治的目的——尽管未必是为了所有的道德目的——我们应当把自己看作自由独立的公民，不受先在的各种责任和义务的约束。（29~35 页）对于政治自由主义而言，使得原初状态这一设置具有正当性的是一种"政治的人的观念"（29 页）。体现于原初状态中的政治的人的观念，与康德式人的观念密切相关，同时也有着重要的不同之处，即它的范围限于我们的公共身份，也就是我们作为公民的身份。例如，我们作为公民的自由意味着，我们的公共身份不受那些在任何特定时刻我们所拥护的目的束缚或限制。作为自由的人,公民将自己看作"独立于且不等同于任何特殊的、带有终极目的谋划的这类观念"(30页)。我们关于善的观念可能会改变,但这并不会影响我们的公共身份。

罗尔斯允许我们在私人或非公共的身份当中,将自己的"目的和关系看作与政治观念所预设的有所不同"(31页)。在那里,人们可能受制于一些忠诚和承诺,"他们相信自己不会,事实上可以但却不应该袖手旁观并客观地评价。他们可能无法想象自己与某些宗教、哲学和道德信念分离开来,或者与某些持久性的纽带和忠诚分离开来"(31页)。然而,无论我们的私人身份受到怎样的约束,无论我们如何受制于道德或宗教信念,我们都必须在公共场合搁置自己的各种束缚,并应当把作为公共自我的自己,看作独立于任何特殊的忠诚、纽带或善观念之外的(31页)。

政治的人的观念的一个附带特征是,我们是"合法主张的自证之源"(32页)。作为公民的我们所发出的主张——不管它们是什么——之所以有影响力,仅仅是因为我们创造了它们(只要它们不是不正义的)。某些主张可能反映出较高尚的道德和宗教理想、爱国主义以及公共的善的观念,而其他主张表达的仅仅是兴趣或偏好,这与政治自由主义的立场毫不相干。从一种政治自由主义的立场来看,基于公民身份、团结或宗教信仰的责任和义务而来的主张,正是人们所期望的东西——不多也不少。它们作为政治主张的合法性与他们所肯定的善的重要性无关,而仅仅在于这样一个事实,即有人主张它们。从政治角度来看,即使是像神的戒律和良心的命令这样的主张都算是"自证"的。[22] 这一点能够确保,即使是那些认为自己受到某些道德、宗教或社会责任约束的人，就政治的目的而言，都是无约束的自我。

这种政治的人的观念，解释了为什么根据政治自由主义，我们应当像原初状态所要求我们的那样脱离于自己的目的来思考正义。然而这产生了一个更深层的问题：为什么我们首先应当接受政治的人的观念的立场呢？为什么我们的政治身份不应当表达我们在私人生活中所认定的那些道德、宗教和社会信念呢？为什么坚持我们作为公民的身份和我们作为道德的人的身份之间的分离，能获得更广泛的认可？为什么在慎议正义的时候，我们应当悬置那些影响我们生活其他领域的道德判断？

罗尔斯对此的回答是，我们作为公民的身份和我们作为人的身份之间的这种分离或"二元论"，"源于民主政治文化的特殊本质"（xxi页）。在传统社会中，人们试图根据自己所持有的整全性道德和宗教理想的图景来塑造政治生活。然而在我们这样一个以道德和宗教观点多元化为特征的现代民主社会当中，我们通常在公共身份和个人身份之间做出区分。尽管我对自己所信奉的道德和宗教理想持有自信，但我并不坚持认为这些理想体现于社会基本结构当中。像政治自由主义的其他方面一样，作为自由独立的自我的、政治的人的观念"内含于一个民主社会的公共政治文化之中"（13页）。

然而，假设罗尔斯是正确的，并且他归于我们的自由主义的自我意象确实内含于我们的政治文化当中，那么，这就能提供足够的理由以肯定它，并采用它所支撑的正义观念吗？一些人已经阅读了罗尔斯新近的作品，这些新作表明：作为公平的正义，作为一种政治的正义观念，除了诉诸那种内含于我们政治文化当中的共享理解之外，并不需要道德或哲学的辩护。罗尔斯在一篇发表于《正义论》之后、《政治自由主义》之前的文章中似乎采用了这种阐释。他这样写道：

> 一种正义观念之所以正当，并不是因为它符合一种先在的、给定于我们的命令，而是因为它与我们对自身及自身愿望的深层理解相一致，也符合这样一种认识：由于我们的历史和传统内嵌于我们的公共生活当中，因此对我们来说，它就是最合理的原则。[23]

理查德·罗蒂在一篇富有洞见的文章中，解释并接受了罗尔斯修改后的"彻底的历史主义和反普遍主义"[24]的观点。罗蒂写道，尽管《正义论》似乎将正义立足于康德的人的观念，但是，罗尔斯的自由主义"似乎不再致力于给出一种关于人类自身的哲学说明，而仅仅致力于对我们现在的生活方式做出一种历史—社会学的描述"。[25] 根据这种观点，罗尔斯不是在"为民主制度提供哲学基础，而不过是在尝试着使美国的自由主义者所特有的那些原则和制度系统化"。[26] 罗蒂接受了罗尔斯的实用主义转向，亦即脱离于这样一种观念：自由主义的政治安排需要一种哲学的证明，或是人类主体理论中的"超政治的基础"。罗蒂写道："由于正义成为社会的首要美德，人们逐渐不再感觉到对这一合法性的需求。这样一个社会将会习惯于这样一种思想，即社会政策不需要权威，也不需要成功地安置

| 为什么我们需要公共哲学 |

那些个体。那些个体发现自己是相同历史传统的后裔，并面临着同样的问题。"[27]

在《政治自由主义》一书中，罗尔斯从这种纯粹实用主义的说明中抽离了出来。尽管作为公平的正义，一开始"依赖于那种公共文化本身，那种公共文化是被人们含蓄地识别出来的基本思想和原则的共享基础"（8页），然而，它并不仅仅因为这些原则被人们广泛地共享而认可它们。尽管罗尔斯认为他的正义原则可以获得重叠共识的支持，但是他所寻求的重叠共识"并不仅仅是一种临时的和解"（147页），也不是在各种不同观点中的妥协。不同道德和宗教观念的支持者，一开始基于那些来自自身观念中的各种理由而认可正义原则。然而，如果顺利的话，他们便开始支持这些原则，认为它们传达出重要的政治价值。当人们学会在一个由自由主义制度所支配的多元社会中生存的时候，便获得了那些能够促进他们认同自由主义原则的美德。

> 使宪政制度成为可能的那些政治合作的美德……是非常高尚的。比如说，宽容、乐意妥协、理性和公平意识。当这些美德在一个社会得到普及并维护政治的正义观念的时候，它们就构成了非常高尚的公共的善。（157页）

罗尔斯强调说，将自由主义的美德看作高尚的公共的善并鼓励人们去培育它们，并不等同于就接受了基于整全性道德观念的主张完善论的政府。这与权利相对于善的优先性并不冲突。其原因在

| 第28章 政治自由主义 |

于，政治自由主义仅仅因政治目的——亦即因它们对那些保护人们权利的宪政制度的支持作用——而肯定自由主义的美德。至于这些美德是否应当或者在多大程度上应当在人们的道德生活中广泛地起作用，不是政治自由主义回答的问题（194~195页）。

对政治自由主义的评价

如果《政治自由主义》通过使权利脱离于康德式人的观念来论证权利的优先性，那么这种论证有多令人信服呢？正如我将论证的，《政治自由主义》将权利的优先性从各种关于自我的本质的争论中挽救了出来，代价却是使它在其他方面易受攻击。具体而言，我将试图展示，那种被看作正义的政治观念的自由主义，容易受到来自三个方面的反对：

第一，尽管罗尔斯呼吁"政治价值"的重要性，但是，为了政治的目的而悬置或搁置那些产生于整全性道德和宗教观念的主张，并不总是合理的。人们在何处考虑重大的道德问题？为了政治上的一致而悬置道德和宗教争论是否合理？这些问题的答案部分地取决于哪些道德或宗教信念是正确的。

第二，对于政治自由主义而言，权利优先于善的理由取决于这样一种主张，即现代民主社会的特征在于善观念的"合理多元主义"（xvii页）。尽管我们可以肯定的是，人们在现代民主社会持有多种不同的道德和宗教观念，但我们不能因此说，我们在道德和宗教问题上有一种"合理多元主义"，而在正义问题上则没有。

第三，根据《政治自由主义》中所提出的公共理性的观念，如果公民在讨论根本性的政治和宪政问题时谈到自己的道德和宗教理想，也许是不合法的。然而，这是一种过分严格的限制，这将使得政治对话变得贫瘠，并将公共慎议的许多重要维度都排除在外。

悬置重大的道德问题

《政治自由主义》坚持要为了道德的目的而悬置我们的整全性道德和宗教理想，并坚持要将我们的公共身份与私人身份区分开来。其原因如下：在像我们这样的现代民主社会中，人们通常对什么是善生活持有不同的意见，如果我们想基于相互尊重而保证社会合作，那么，就有必要悬置我们的道德和宗教信念。然而，这就引发了一个政治自由主义不能用其自己的术语来回答的问题。如果基于相互尊重来保证社会合作非常重要，那么，什么来保证这一益处总是如此重要，以至于它能超过任何与之不同的、可能来自一种整全性道德或宗教观念的利益？

一种保证正义的政治观念的优先性（这里指权利的优先性）的方式，就是否认它所悬置的任何道德或宗教观念可能是真的。[28] 然而，这将使得政治自由主义与它恰好试图避免的那种哲学主张相牵连。罗尔斯一再强调，政治自由主义并不依赖于那种质疑整全性道德和宗教观念主张的怀疑论。因此，如果政治自由主义允许某些这样的信念是真实的，那么，我们用什么来保证它们不能产生这样一些价值——这些价值足以突破各种悬置，也就是说，它们在道德

| 第28章 政治自由主义 |

上超过那些基于相互尊重的宽容、公平以及社会合作的政治价值?

有人可能会做出这样的回应:政治价值与那些产生于整全性道德和宗教观念的价值对应着不同的对象。有人可能会说,政治价值适用于社会基本结构和宪法的本质,而道德和宗教价值则适用于私人生活和自愿团体中的行为。然而,如果仅仅是对象不同的话,那么在政治价值和道德、宗教价值之间的冲突就不会产生,而且我们也就没有必要像罗尔斯那样一再地宣称:在一个由政治自由主义所统治的宪政民主中,"政治观念通常比任何与之相冲突的非政治价值更为重要"(146页)。

我们可以通过考量两种与重大道德和宗教问题相关的政治争论,来认识到不涉及道德和宗教主张而宣称"政治价值"之优先性的困难。其一是当代我们关于堕胎权的争论,其二是亚伯拉罕·林肯和斯蒂芬·道格拉斯关于人民主权和奴隶制的著名争论。

由于人们对堕胎在道德上是否可以接受这件事的分歧很大,我们似乎有充分理由去悬置道德和宗教争论,也就是持有尊敬地中立于它们,并寻求政治的解决方案。然而,为了政治的目的而悬置那些整全性道德和宗教观念是否合理呢?这在很大程度上取决于这些信念中哪个是正确的。如果天主教教义是正确的,如果人类生命在相应的道德意义上确实开始于受孕那一刻,那么悬置人类生命何时开始这个道德—神学问题,就远不如悬置与之不同的道德和宗教观念合理。我们越是自信地认为胎儿与婴儿在道德意义上并不相同,就会越自信地支持那种搁置有关胎儿道德状态争论的正义的政治观念。

政治自由主义者可能会回应说，根据宽容的政治价值和妇女的平等公民身份，就足以得出结论：妇女应该自由地选择是否堕胎，政府不应当在人类生命起源于何时这一道德和宗教争论问题上偏袒某一方。[29] 然而，如果天主教有关胎儿的道德状态的教义是正确的，如果堕胎在道德上等同于谋杀，那么宽容的政治价值和妇女的平等权——尽管它们很重要——为什么应当占优势这一点就不那么清晰了。如果天主教教义是正确的，政治自由主义者支持政治价值优先性的理由，就必须成为正义战争理论的一个范例。他们将不得不表明，为什么即使以大约每年150万个公民的生命为代价，这些价值也应当占据优势。

当然，当我们说悬置人类生命起源于何时这一道德—神学问题是不可能的时候，并不等于反对堕胎权，而仅仅是表明，支持堕胎权的理由不能带有尊重地中立于这个道德和宗教争论。它必须涉及而不是逃避在争论中受到威胁的那些道德和宗教学说。自由主义者经常抗拒这种参与，因为这违反了权利相对于善的优先性。然而，有关堕胎权的辩论表明，这一优先性并不能维持。尊重妇女自己决定是否堕胎的理由能否成立，取决于我们能否表明——我相信能够表明——在一个相对早期的发育阶段，堕胎与谋杀小孩之间存在着相应的道德差别。

那种试图悬置有争论的道德问题的、正义的政治观念很难维持，第二个事例就是1858年亚伯拉罕·林肯和斯蒂芬·道格拉斯之间的辩论。道格拉斯关于人民主权学说的论证，可能是美国历史上为了政治一致性而悬置争论性道德问题的最为著名的案例。道格拉斯论证道，由于人们对奴隶制的道德性肯定会持有不同的意见，那么国家政策就应当中立于这一问题。他所辩护的人民主权学说，并没有对奴隶制是对还是错做出评判，而是让每个区域的人自由地做出自己的决定。"无论是支持自由国家还是支持奴隶国家，将联邦权力伸入地方"都会违反根本性的宪法原则，并有导致内战的危险。他认为，将国家团结在一起的唯一希望就是去认同不同的意见，悬置有关奴隶制的道德争论，并尊重"每个州和每个区域自主决定这些问题的权利"[30]。

林肯反对道格拉斯维护正义的政治观念的理由。政策应当表达而不是避免一种关于奴隶制的实质性道德判断。尽管林肯并不是废奴主义者，但他相信政府应当将奴隶制看作在道德上是错误的，并禁止它在各个区域内延伸。"这场争论的真正问题，也是压在每个人心头的问题，是某一阶层的一部分人认为奴隶制度是错误的，而另一阶层的人并不认为这是一种错误。"[31] 林肯和共和党认为奴隶制是错误的，并坚持认为它"被当成错误来看待，而把它当成错误来看待的方法之一就是制定规则使得它不再发展"。[32]

道格拉斯主张，不管他个人的道德观点是什么，但至少为了政治的目的，他在奴隶制这个问题上是个不可知论者；他并不关心奴隶制会被"投票保留还是投票取消"。[33] 林肯则回应道，悬置奴隶制的道德问题仅仅在以下这种设想中是合理的，即奴隶制并不是他所认可的道德的恶。任何人都可以倡导政治中立。

> 只要他不认为奴隶制有错，但那些确实看到其错误之处的

人不能说它没错；因为没有人可以符合逻辑地说他不在乎一种错误是被投票保留还是投票取消。他可能会说，他并不关心一件毫不相干的事情是被投票保留还是投票取消，但按照逻辑，他必须在正确的事情与错误的事情之间做出选择。他会主张，无论共同体想要什么，奴隶都有权利拥有它们。如果奴隶制没错，就可以要求政治中立，但如果这是个错误的话，他就不能说人们有权利去做错误的事情。[34]

林肯与道格拉斯之间的辩论主要不在于奴隶制是否符合道德，而在于是否要为了政治上的一致性而悬置道德争议。在这个方面，他们关于人民主权的辩论与当代关于堕胎权的辩论是相似的。正如某些当代自由主义者所论述的，政府不应当在堕胎的道德性问题上采取某一方的立场，而应当让每个妇女自己决定这个问题。因此，道格拉斯认为国家政策不应当在奴隶制的道德性问题上采取某一方的立场，而应当让每一个区域自主决定这一问题。这里当然存在着差别：在堕胎权的案例中，那些要悬置实质性道德问题的人，通常将选择权留给了个人；而在奴隶制的案例中，道格拉斯的悬置是将选择权留给了各个区域。

但林肯对道格拉斯的反对，是反对这种悬置。在这种悬置中，至少有一些重大的道德问题受到了威胁。林肯的要点在于，道格拉斯所为之辩护的正义的政治观念的合理性，依赖于对它所要悬置的那些本质性道德问题做出特定的回答。这一点同样适用于那些有关堕胎权的争议——它们主张在关于胎儿之道德状态的争论中不偏向其中一方。即使面临会对社会合作产生严重威胁（如内战）时，林肯也主张，悬置当时那些最具决定性的道德争论既没有道德意义，也没有政治意义。

> 我的意思是，哪有这样的哲学或政治，要我们放弃讨论它？……公众的思维会全部立即停止受它干扰吗？这就是道格拉斯所倡导的政策——我们不要去关心任何与之相关的东西！我问你，这是不是一种虚假的哲学？这是不是一种虚假的政治——这种政治将在不关心任何人所最关心的东西的基础上，建立一个政策体系？[35]

当代的自由主义者可能会基于奴隶制侵犯了人们的权利，而必定抵抗道格拉斯及其同党，并期望国家政策反对奴隶制。问题在于，那被看作正义的政治观念的自由主义，是否能够使这一主张与它自己对那诉诸整全性道德理想的指责相一致。例如，一个康德式自由主义者可能会因奴隶制没有把人自身当作值得尊重的目的而反对它。然而，基于康德的人的观念的这一论证，却并不适合政治自由主义。由于同样的原因，其他具有历史意义的、重要的、反对奴隶制的论证，也不适合政治自由主义。例如，19世纪30年代和40年代的美国废奴主义者，通常将宗教术语引入他们的论证当中，而这些论证是政治自由主义所无法援引的。

那么，政治自由主义怎样才能摆脱道格拉斯及其同党，并在不预设整全性道德观念的前提下反对奴隶制度呢？人们可能会回答说，道格拉斯错误地不惜任何代价来寻求社会和平，但并不是任何政治共识都会这样做。尽管被看作一种政治观念，作为公平的正义也不仅仅是一种权宜之计。基于我们的政治文化当中所包含的各种原则和自我理解，只有在平等地对待人们、把他们当作自由平等的公民这一点上达成一致，才能为社会合作提供一个合理的基础。对于20世纪的美国人来说，至少拒斥奴隶制是一个已经解决了的问题。不过，道格拉斯那种立场的历史遗产，至今是任何政治共识都必须接受的政治传统的事实。

这种对于内含于我们政治文化当中的公民身份观念的诉求，能够解释政治自由主义在当代会怎样反对奴隶制。毕竟我们现在的政治文化在很大程度上由下列事件塑造而成：内战、战后重建、第十三、十四及十五修正案的采用、"布朗诉教育局案"[36]、民权运动以及选举权法案[37]等。这些经历，以及由它们所形成的关于种族平等和公民身份平等的共识，都为以下主张提供了充足的基础，即奴隶制与美国政治以及形成于过去100年中的宪政实践相违背。

然而，这并没有解释，政治自由主义在1858年会怎样反对奴隶制。内含于19世纪中期美国政治文化当中的公民平等观念，可能富有争议地与奴隶制相容。《独立宣言》正式宣告，人人生而平等，造物者赋予他们若干不可剥夺的权利。然而，道格拉斯并非不合情理地论证说，《独立宣言》的起草者是肯定那些殖民者有权独立于大不列颠的统治，而不是在肯定他们的黑人奴隶也享有平等的公民身份。[38]宪法本身并没有禁止奴隶制，与此相反，由于国会直到1808年才禁止奴隶贸易[39]，并要求归还逃亡的奴隶[40]，因此，

| 第28章 政治自由主义 |

宪法允许各州为了分摊的目的而将约 3/5 的奴隶人口计算在内，这样便接纳了奴隶制度。[41] 在众所周知的"德雷德·斯科特案"[42]中，最高法院支持奴隶主将奴隶当作财产的权利，并规定非裔美国人不是美国公民。[43] 政治自由主义拒绝援引整全性道德观念，而依赖于那种内含于政治文化当中的公民身份的观念。这样它就很难解释，在 1858 年为什么林肯是对的，而道格拉斯是错的。

合理多元主义的事实

现今关于堕胎的辩论与 1858 年的林肯—道格拉斯的辩论都表明：一种正义的政治观念，必须预先对它们声称要悬置的一些道德问题进行回答，至少是那些重大的道德问题。在这样的案例当中，权利相对于善的优先性是无法维持的。政治自由主义进一步的困难涉及它所给出的那些肯定权利优先于善的理由。对于康德式自由主义而言，权利与善之间的不对称性源于一种特定的人的观念。由于我们必须将自己看作优先于各种目标和纽带的道德主体，因此必须将权利看作对我们所认可的特定目的的尊重和规范；自我优先于目的，因此权利优先于善。

对于政治自由主义而言，权利与善之间的不对称性并非基于康德的人的观念，而是基于现代民主社会的某个特征。罗尔斯将这一特征描述为"合理多元主义的事实"（xvii 页）。"现代民主社会不仅仅以整全性宗教、哲学和道德学说的多元化为特征，而且以一种不相容但却合理的整全性学说的多元化为特征。这些学说没有哪一个被公民所广泛地认可。"（xvi 页）在可预见的将来的某一刻，这种多元主义也不会消亡。在道德和宗教问题上的分歧并不是一种暂时的状况，而是在自由制度中"人类理性运用的正常结果"（xvi 页）。

基于"合理多元主义的事实"，问题就在于找到那些正义原则，这些正义原则是自由平等的公民能够抛开他们在道德、哲学和宗教上的差异而共同认可的。"这是政治正义的问题，而不是有关最高善的问题。"（xxv 页）无论它产生什么样的原则，对这一问题的回答都必须支持权利相对于善的优先性。否则，它就不能在那些不兼容但却合理的道德和宗教信念的支持者中间，为社会合作提供基础。

然而，这里却产生了一个难题。因为即使合理多元主义是真的，权利与善之间的不对称性也依赖于一种更深层的设想，即尽管我们对于道德和宗教的看法不一致，但我们（经过合理考量后）对于正义却不会有类似的争执。政治自由主义不仅仅必须假定，在自由的条件下，人类理性的运用将会对善生活产生不同的意见，还要假定，在自由的条件下，人类理性的运用不会对于正义产生不同的意见。只有当附带一个更深层次的假定，即不存在类似的关于正义的"合理多元主义的事实"时，关于道德和宗教的"合理多元主义的事实"才能在权利和善之间产生不对称性。

然而，这种更深层的假定的正当性并不明确。我们仅仅需要环顾四周便可以发现，现代民主社会中充满了关于正义的分歧。让我们来思考一下当代的这些争论，如平权法案、收入分配和税收公平、医疗保健、移民、同性恋权利、言论自由和仇恨言论、死刑等等。或者让我们考虑一下最高法院的法官在一些案例中的不同投票及其所体现出的不同观点，这些案例涉及宗教自由、言论自由、隐私权、投票权、被告人的权利等等。难道这些争论没有体现出一种关于正义的"合理多元主义的事实"吗？如果是的话，那么在现代民主社会中所盛行的关于正义的多元主义，又怎样区别于那种关于道德和宗教的多元主义呢？我们有没有理由认为，在可预见的将来的某一刻，我们关于正义的分歧会化解，而与此同时，我们关于道德和宗教的分歧会一直存在？

政治自由主义者可能会通过区分有关正义的两种不同的分歧来做出回应。现在存在两种关于正义原则应当是什么，以及这些原则应当怎么样来应用的分歧。人们可能会说，我们诸多关于正义的分歧意见都属于第二类。例如，尽管我们都大概认同，言论自由是基本的权利和自由，但我们在关于言论自由权利是否应当保护种族歧视性的辱骂、暴力色情的描绘、商业广告或无限地附和政治运动等方面，都存在着不同的意见。这些分歧尽管是犀利的甚至是难以解决的，但与我们在原则层面上对"一个正义的社会应当包括基本言论自由"这一点的共识是一致的。

相反，我们关于道德和宗教的分歧，可能被看作更加根本性的。人们可能会认为，这些分歧所反映出的是一些有关善生活的不相容的观念，而不是应当怎样把一种善生活的观念付诸实践，这种善生活的观念要求——或者再三考虑后将会要求——普遍的一致性的意见。如果我们关于正义的争论与我们共享的或经考虑过后会共享的那些原则的应用有关，同时我们关于道德和宗教的争论更加深入，那么，政治自由主义所倡导的权利和善之间的不对称性将会得到证明。

然而，有什么样的信心才能断言这一差异呢？是不是我们所有关于正义的分歧都涉及我们所共享或者经过考虑而共享的那些原则的应用，而并非原则本身？我们关于分配正义的争论又是什么呢？这里我们的分歧似乎在原则层面，而不是应用层面。与罗尔斯的差异原则相一致，有些人坚持认为，只有那些改善社会最不利者的社会和经济的不平等才是正义的。例如，他们认为，政府必须保证某些基本需要的供应，如收入、教育、医疗保健、住房等等，以使所有的公民都能够有意义地行使他们的基本自由。其他人则反对差异原则。例如，自由至上主义者认为，人们帮助那些没有自己幸运的人可能是一件好事，但这应当是慈善的事情，而不是权利。政府不应当使用强制力来重新分配收入和财富，而应当尊重人们自由发挥自己才能的权利，以及获得由市场经济所界定的奖励的权利。[44]

平等主义的自由主义者，如罗尔斯，与自由至上主义者，如罗伯特·诺齐克和米尔顿·弗里德曼之间的争论，反映了现代民主社会政治争论的一个显著特征。这一争论反映出人们在什么是正确的分配原则上存在分歧，而不是关于怎样应用差异原则的分歧。而这表明，在民主社会中存在着关于正义以及道德和宗教的"合理多元主义的事实"。如果是这样的话，那么权利和善之间的不对称性就站不住脚了。

政治自由主义并不是没有对这种反驳做出回应，但这一回应必然背离它本来所激发的那种宽容精神。罗尔斯的回应肯定会是：尽管在分配正义这件事上存在多元主义的事实，但不存在"合理多元主义的"事实。[45] 与关于道德和宗教的分歧不同，关于差异原则之合法性的分歧是不合理的，自由至上主义关于分配正义的理论，经不起再三推敲。与我们在道德和宗教上的差异不同，我们关于分配正义的差异并不是人类理性自由运用的自然结果。

乍看起来，那种认为不同意分配正义就是不合理的主张似乎是随意的，甚至是粗糙的。它与政治自由主义将"宽容的原则应用到哲学自身"（10页）的承诺相冲突。它与罗尔斯对道德和宗教差异的明显的慷慨大度形成了强烈的对比。罗尔斯一再写道，这些（道德和宗教的）差异是现代社会正常、可取的一个特征，是人类多样性的一种表达，只有运用国家权力加以压制时，这种人类多样性才能被压制。（303~304页）当涉及整全性道德的时候，"我们不要期望那些拥有完全理性能力的、有良心的人能够达成同样的结论，即使是经过了自由的讨论"（58页）。由于人类理性的运用产生了众多合理的道德和宗教学说，因此"期望运用国家权力的约束力来纠正或惩罚那些不赞同我们的人，就是不合理的，或者是更糟糕的"（138页）。然而，这种宽容精神并没有延伸至我们关于正义的分歧上。自由至上主义者和差异原则的倡导者之间的分歧，并没有反映出一种合理的多元主义，所以没有理由反对使用国家力量来实施差异原则。

尽管乍看起来这是不宽容的，但是，那种认为只要与差异原则相冲突的分配正义理论都不合理的看法，或者是认为自由至上主义者的分配理论经不起再三推敲的看法,也并不都是断言。在《正义论》一书中,罗尔斯为差异原则提出了丰富的、令人信服的论证,反驳自由至上主义者的观念:那使得有些人在市场上挣得多而有些人挣得少的关于天分和资产的分配,从道德角度来看是任意的;同样,市场恰好在特定时候奖励和回报你所拥有的各种才能,从道德的角度来看也是任意的。自由至上主义者会同意,物品分配不应当根据社会身份或偶然的出身(如出身于贵族社会或阶级社会);然而,天赋才能的分配不是任意的。只有当人们的基本社会和经济需要得到满足时,自由至上主义者所援引的自由观念才能够有意义地运用。如果人们在不考虑自己的兴趣、在先的天赋以及这些天赋在市场经济中的价值的前提下,来慎议分配正义的话,那么他们将会同意,自然天赋的分配不应当成为物品分配的基础,如此等等。[46]

我的重点不是要复述罗尔斯关于差异原则的论证,而仅仅是要让人们想起他所提供的理由。罗尔斯把论证看作旨在达成"反思的平衡"的、各种原则和判断之间相互调适的过程。[47]他试图证明,差异原则比自由至上主义者所提供的其他选择方案更加合理。从这种论证令人信服的程度来看——我认为它们是令人信服的——以及从它们能让民主社会中的人们信服的程度来看,它们所支撑的原则适当地植根于公共政策和法律之中。分歧肯定会仍然存在,自由至上主义者不会归于沉默或消失。然而,他们的不同意见不需要被看作在面对政府必须中立时的一种"合理多元主义的事实"。

然而,这引出了一个问题,它直指政治自由主义权利优先于善这一主张的核心:如果道德论证或罗尔斯所利用的那种反思,使我们能够不管那些冲突观点而得出"某些正义原则比其他正义原则更为合理"的结论，那么，有什么能够保证类似的反思在道德和宗教争论的案例当中是不可能的？如果我们能够通过寻求一种反思的平衡，来考虑各种关于分配正义原则的争论，那么我们为什么不能以同样方式来考虑善观念呢？如果它能够表明某些善观念比其他善观念更合理，那么，这种持久的分歧就不一定足以形成一种需要政府保持中立的"合理多元主义的事实"。

例如，让我们来考虑一下我们的公共文化中关于同性恋道德状态的争论，这是基于整全性道德和宗教观念的争论。有些人坚持认为，同性恋是罪恶的，或至少在道德上是不允许的；其他人则争论说，同性恋在道德上是可容许的，并在某些情况下表达出了重要的人类善。政治自由主义坚持认为，这些关于同性恋道德性的观点，都不应当在公共的、关于正义和权利的争论中发挥作用。政府必须带有尊重地中立于它们。这就意味着，那些憎恶同性恋的人不可以企图将他们的观点写进法律；这同时也意味着同性恋权利的那些支持者，也不可以把他们的论证建基于同性恋在道德上是可辩护的观点。从《政治自由主义》的观点来看，这些方式都错误地将权利置于某种善观念之上，都会不尊重我们关于整全性道德观念的"合理多元主义的事实"。

然而，我们社会中关于同性恋道德状态的分歧，是否比关于分配正义的分歧更多地构成了一种"合理多元主义的事实"呢？根据政治自由主义的观点，自由至上主义者对于差异原则的反驳并没有构成一种需要政府保持中立的"合理多元主义的事实"；因为经过再三考虑，我们有很好的理由来得出这样一个结论：那些支撑差异原则的理由，比那些支持自由至上主义的理由更加令人信服。然而，我们是否可能经过再三的考虑，以同样或更多的自信来得出这样一个结论：关于同性恋之道德容许性的论证比那些反对它的论证更加令人信服？与那种在各种原则和判断之间寻求反思的平衡的做法相一致，这样的反思可能通过评估一些理由而进行，这些理由来自那些宣称同性恋关系比异性恋关系在道德上更为低劣的人。

例如，那些认为同性恋不道德的人通常论证道，同性恋不能达到人类性行为的最高目的，即生殖的善。[48]对于这一点，人们可能会回应道：许多异性关系也不能实现这一目的，如采取避孕措施的性行为，或无生殖能力夫妇之间的性行为，又或超过生育年龄的配偶之间的性行为。这可能使人想起生育的善尽管很重要，但却未必是人类性关系的道德价值；性的道德价值可能还存在于它所传达的爱和责任，而这些善在同性关系和异性关系中都是可能的。对此，反对者可能会反驳说，同性恋者经常滥交，因此可能较少地意识到爱和责任的善。对这一主张的回应可能存在于与之相反的经验之中，或存在于这样一种观察之中——乱交的存在并不否认同性恋的道德价值，而仅仅是反驳它的某些事例。[49]异性恋者也会参与乱交和其他与善相冲突的行为——这些善赋予性行为以道德价值，然而这一事实并没有导致我们憎恶这类异性性行为。如此等等。

我并不是要为同性恋的道德容许性提供一种完整的论证，而仅仅是要让人们想起这样一种可能的论证进路。如同罗尔斯为差异原则所提供的论证一样，它可能通过在我们的原则和经过考虑的判断之间寻求一种反思的平衡来进行，通过借鉴对方来调适自己。与论证差异原则不同，论证同性恋道德性明确地表达出某些关于人类目的和善观念的主张，然而这并不意味着同样的道德推理方法不能进行。当然，这类推理不太可能产生结论性的、无法反驳的关于道德和宗教争论的答案。然而，正如罗尔斯所承认的，这类推理也不会产生不可辩驳的、关于正义问题的答案，一种更加适中的正义观念是合适的。"在最根本性层面上的那些哲学问题，通常都不是通过结论性的论证而得到解决的。"罗尔斯在涉及有关正义论证的时候写道，"在某些人认为是很显然、并接受为一种基本观念的东西，对其他人来说却是不可理解的。解决这一问题的途径就是经过再三地考虑完全理解后，找出哪一种观点提供了最合乎逻辑的、最令人信服的论证。"（53页）这同样适用于那些关于整全性道德的争论。

如果我们可以像考量权利那样来考量善，那么政治自由主义关于权利和善之间的不对称性主张就是不确定的。对于政治自由主义而言，这种不对称性依赖于这样一种设想——我们的道德和宗教分歧反映出一种"合理多元主义的事实"，而我们关于正义的分歧却没有。使罗尔斯能够坚持认为我们关于分配正义的分歧没有达到一种"合理多元主义的事实"的是这样一种论证力量，即他代表差异原则所提出的那些反对自由至上主义的论证所具有的力量。这同样可以用来描述其他的争论，可以想见也包括某些道德和宗教争论。民主社会的公共文化包括一些关于正义和类似于整全性道德的争论。如果政府即使在面对来自自由至上主义者的反驳时，也能够肯定再分配政策的正义性，那么，在面对那些认为同性恋是一种罪恶的人所提出的反对意见时，为什么政府不能在法律中肯定同性恋的合法性呢？[50] 米尔顿·弗里德曼对于再分配政策的反驳，是否比帕特·罗伯逊对于同性恋权利的反驳更少地算是一种"合理多元主义"呢？

道德与正义一样存在着分歧的这一事实并不足以证明"合理多元主义"，这种"合理多元主义"引发了一个要求，即政府必须保持中立。原则上我们没有理由解释，为什么在任何情况下，我们都不能经过再三考虑而得出结论说，某些道德和宗教学说比其他的更有道理。在这些情况下，我们不会期望所有的分歧意见都消失，也不会把进一步可能在某天导致我们改变看法的慎议的可能性排除在外。然而，我们也没有理由坚持认为，我们关于权利和正义的慎议，能够毫不涉及道德或宗教理想。

自由主义公共理性的局限

只有等我们尝试了，才能知道我们是否可能通过理性辩论来在具体的道德或宗教争议问题上达成共识。这就是为什么我们不能事先就说，我们关于整全性道德的争论反映出一种"合理多元主义的事实"，而关于正义的争论则没有。一个道德或政治争论是否反映出合理但不兼容的有关善的观念，或者它能否通过反复的考虑和慎议而加以解决，都只能取决于反思和慎议。然而，这引发了一个有关政治自由主义的更大的困难。它所描述的政治生活为公共慎议留下的空间极为有限，这种公共慎议对于检验各种不同的整全性道德的合理性而言十分重要，它还有利于我们用自己的道德理想的优势来说服别人，以及被其他人的道德理想的优势说服。

尽管政治自由主义支持言论自由的权利，但是它严格地限制了那些能够对政治辩论有合理贡献的争论，尤其是那些关于宪法本质和基本正义的争论。[51]这一限制反映出权利相对于善的优先性。不仅仅政府不可能接受某种善观念，甚至公民都不能把他们的道德和宗教信念引入政治对话，至少在争论关于正义和权利的问题时如此。（15~16页）[52]罗尔斯坚持认为这种限制是"公共理性的理想"所要求的。（218页）根据这一理想，政治对话应当完全根据那些能合理地期待所有公民都能接受的"政治价值"而进行。由于民主社会的公民并没有共享的整全性道德和宗教观念，因此公共理性应当不涉及这些观念。（216~220页）

罗尔斯承认，公共理性的限制并不适用于我们个人关于政治问题的慎议，也不适用于我们可能作为教会、大学等团体的成员而进行的讨论。在这里，"宗教的、哲学的或道德考虑"（215页）很可能会起作用。

> 然而，公共理性的观念在公民进入公共论坛参与政治宣传的时候确实适用，因此也适用于政治党派的成员、他们阵营的参与者，以及其他那些支持他们的组织。当公民在选举中投票，涉及宪法的本质和基本正义问题时，公共理性也适用。因此，公共理性的观念不仅仅支配着围绕涉及根本性问题的选举的公共对话，也支配着公民在这些问题上怎样投票。（215页）

我们怎样才能知道我们的政治争论适当地抛开了对道德和宗教信念的依赖，而满足了公共理性的要求呢？罗尔斯提供了一种新颖的检验方法。"在检验我们是否遵循了公共理性时，我们可能会问：如果我们的理由体现于最高法院的观点当中，那将会给我们带来怎样的触动呢？"（254 页）罗尔斯提议说，对于民主社会的公民来说，用道德和宗教理想来影响他们关于根本性问题的政治对话并不合理，正如法官用自己的道德和宗教信仰来解读宪法同样也不合理。

我们可以通过考虑公共理性所排除的那些政治论证的类型，而认识公共理性这一观念的限制性特征。在关于堕胎权的争论当中，那些认为胎儿从受孕那一刻起就是人，因此堕胎就是一种谋杀的人，不能试图在公开的政治争论中用这种观点来说服自己的同胞。他们同样也不能投票赞成一项法律，以基于这种道德和宗教信念而限制堕胎。尽管天主教堕胎学说的拥护者可以在他们的教堂中，用宗教术语来讨论堕胎权的问题，但他们不能在竞选时、州立法机关中或国会大厅里这样做。天主教堕胎学说的反对者也不能在政治舞台上论证他们的理由。尽管这显然跟堕胎权问题相关，但公民不能在政治自由主义界定的政治舞台上辩论天主教的道德信条。

我们同样可以在关于同性恋权利的争论中，看到自由主义公共理性的这种限制性特征。乍看起来，这些限制似乎是对宽容的一种帮助。那些认为同性恋是不道德的并因此不值得拥有与异性恋性行为相一致的隐私权的人，不能合法地在公共争论中表达他们的观点。同样，他们也不能根据自己的信念投票反对可能保护同性恋者

| 第28章 政治自由主义 | 261

不受歧视的法律。这些信念反映出整全性道德和宗教观念，因此不能在关于正义问题的政治对话中发挥作用。

然而，公共理性的要求，同样限制了那些能够支持同性恋权利的论证，并因此限制了可以支持宽容的理由。在鲍尔斯诉哈德威克一案[53]中，反对反鸡奸法等法律的人不能论证说，那些植根于法律中的道德评判是错误的，而只能论证说，包含任何道德评判的法律都是错误的。[54] 同性恋权利的倡导者不能质疑反鸡奸法背后的那些实质性的道德评判，也不能通过公开的政治辩论来说服他们的同胞们认为，同性恋在道德上是被允许的。因为，任何类似的论证都将违反自由主义公共理性的原则。

自由主义公共理性的限制性特征，也可以用19世纪30年代和40年代的美国废奴主义者所提出的论证来说明。废奴运动植根于新教福音派，主张立即解放奴隶，因为奴隶制是一种极其可憎的恶。[55] 如同当今某些天主教信徒反对堕胎权利时给出的论证一样，废奴者反对奴隶制的理由明确地以整全性道德和宗教观念为基础。

在一篇令人费解的文章当中，罗尔斯试图论证，废奴主义者反对奴隶的理由尽管是宗教的，但并没有违背自由主义公共理性的理想。他解释道，如果一个社会没有良好的秩序，可能就有必要求助于整全性道德，以营造一个公共讨论仅仅依"政治价值"而进行的社会。（251页注41）废奴主义者宗教性的论证可以被辩护为：它加速了宗教性论证在公共对话中不再合法发挥作用那一天的到来。罗尔斯总结道，"假定他们（废奴主义者）认为，或经过反思后认为（因为他们肯定已经思考过了），他们需要那些整全性理由，为

262 | 为什么我们需要公共哲学 |

随后将要实现的政治观念提供足够的支撑力量",那么,废奴主义者就"并没有违背公共理性的理想"。(251页)

我们很难知道该怎样来理解这一论证。我们没有什么理由认为——我认为罗尔斯也并没有试图提出——废奴主义者基于世俗的政治性的理由来反对奴隶制,并只是借助宗教性的论证来赢得大众的支持。我们也没有理由认为,废奴主义者试图通过鼓动而建立一个安全的世界,以进行世俗的政治对话。同样,即使是在自省时,我们也不能认为,废奴主义者会愿意看到,自己借由宗教性的论证反对奴隶制度,反而促进形成了一个在政治对话中不容纳宗教论证的社会。相反的情况倒是更有可能:通过使用宗教论证来反对像奴隶制这样明显的不正义,发起废奴运动的福音派信徒希望鼓励美国人也从道德和宗教的角度来看待其他的政治问题。无论如何,我们有理由认为废奴主义者相信自己所说的,即奴隶制度之所以错误,是因为它违反了上帝的律法,是一种极其可憎的恶,这就是它为什么应当被废除。除非设定某些超乎寻常的假设,我们很难把这些论证解释为与权利对善的优先性,或者与政治自由主义所提出的公共理性的观念相一致。

堕胎、同性恋权利以及废奴主义的案例表明,自由主义公共理性的严格限制将会影响政治论争。罗尔斯主张,这些限制是维护一种正义社会所必需的;在这个社会中,公民被一些他们可能会合理地接受的原则支配,即使这会与他们的整全性道德观念相冲突。尽管公共理性需要公民在决定根本性的政治问题时,不涉及"他们所认为的完整真相"(216页),但是,这种限制被礼仪、相互尊重等使之成为可能的政治价值证明是正当的。"通过一个良序的宪政制度而实现的政治价值是一些超乎寻常的、不容易被超越的价值，而且他们所表达出的理想不能被轻率地丢弃。"（218页）罗尔斯将他支持限制性的公共理性的理由，与刑事审判中支持证据的限制性规则的理由做了比较。在刑事审判中，我们也同意要不涉及自己所知道的整个真相，如通过非法获得的证据而做出决定，以增进其他的善。(218~219页)

自由主义公共理性和证据的限制性规则之间的类似性，具有很大的启发性。为了刑事审判和公共理性而悬置我们所知道的整个真相，会付出道德和政治上的代价。这些代价是否值得，取决于这些代价与它们所可能成就的善相比较而言具有多重要的意义，以及这些善能否通过某些其他方式来加以保证。例如，要对证据的限制性规则进行评价，我们就需要了解，这样做会有多少罪犯逃之夭夭；较少的限制性规则是否会过分地加重无辜的人们被怀疑为罪犯的负担，是否会导致不受欢迎的法律强制行为，是否会侵犯重大的观念，如对隐私权的尊重（证据排除规则）和配偶关系（配偶特权）的尊重，等等。我们在"对照整个真相做出裁决"与"如果采纳所有的证据就会牺牲理想"这两种重要性之间进行权衡，并形成了证据规则。

与之类似，要评价公共理性的限制性规则，我们就需要比较它们所付出的道德和宗教代价与它们所承诺要实现的政治价值；我们也必须询问，宽容、礼貌和相互尊重等政治价值，是否能够在较少的公共理性规则的限制之下得以实现。尽管政治自由主义拒绝在它所肯定的政治价值与那些可能产生于整全性道德的各种价值之间做出权衡，但支持公共理性的限制性规则的理由，必须预设某些这样的比较。

自由主义公共理性的代价有两种。严格意义上的道德代价，取决于自由主义公共理性要求我们在裁决有关正义问题时所悬置的那些道德和宗教信念的正当性和重要性。这些代价在不同的案例当中肯定有所不同。当一种关于正义的政治观念容许宽容某种重大的道德错误，如道格拉斯在论证人民主权时对奴隶制的维护，那么，自由主义公共理性的代价将会很高。在堕胎的案例当中，如果天主教教义是正确的，那么悬置的道德代价就高，反之则低。这就表明：即使我们已经知道宽容在道德上和政治上的重要性，当为宽容某种特定的行为进行论证时，我们也必须考虑到这一行为的道德状态，如避免社会冲突、让人们自主决定的善，等等。

这种思考自由主义公共理性的道德代价的方式，毫无疑问与政治自由主义本身相冲突。尽管罗尔斯一再重申，一种关于正义的政治观念表明，某些价值通常超过任何与之相冲突的价值（138、146、156、218 页），但是，他也坚持认为，这并没有对政治价值以及它们所超越的道德和宗教价值进行实质性比较。

> 我们不需要认为政治正义的主张与这样或那样的整全性观点相冲突；我们也不需要说明政治价值内在地比其他价值更加重要，因此凌驾于后者之上。那正是我们希望避免的。（157 页）

然而，由于政治自由主义允许那些整全性道德和宗教学说为真，因此，我们无法合理地避免进行这样的比较。

除了自由主义公共理性的道德代价，还有政治代价。在那些公共对话最接近于政治自由主义所促进的公共理性理想的国家（如美国）的政治中，这些代价越来越明显。除了一些著名的例外，如民权运动，美国近些年来的政治对话已经反映出自由主义的决心，即政府在道德和宗教问题上要保持中立，对公共决策的根本性问题的讨论和决定不能涉及任何特殊的善观念。[56]然而，民主政治不能长久地容忍一种抽象而庄重、脱离道德目的、像最高法院的意见所设想的那种政治生活。过分彻底悬置道德和宗教的政治，会很快导致它自身的祛魅。在政治对话缺乏道德响应的地方，对一种更具深远意义的公共生活的向往就会受挫。像道德多数派这样的组织，就会企图用狭隘的、不宽容的道德主义来填补空乏的公共空间；基要主义者会涌进自由主义者不敢涉足的地方。这种祛魅也呈现为更加世俗的形式。由于缺乏表达公共问题之道德维度的政治议程，公众便开始关注公共官员的私人弱点。公共对话逐渐被小报、谈话节目和主流媒体所报道的丑闻，以及哗众取宠的、忏悔性的内容提前占据。

我们不能说政治自由主义的公共哲学对这一趋势负有全部的责任，但它那种公共理性的观点确实过于贫乏，不能提供活跃民主生活所需的道德能量。它因此形成了一个道德真空，这个道德真空为不宽容和琐碎小事以及其他走入歧途的道德主义敞开了门扉。

如果说自由主义的公共理性限制太大，那么，我们要问，一种更加宽泛的公共理性是否会牺牲自由主义所力求推进的一些理想，如持有不同道德和宗教观念的公民之间的相互尊重。这里有必要区分两种相互尊重的观念。在自由主义的观念中，我们出于政治的目的通过忽视和不干扰，或者在政治争论中不谈及道德和宗教信念，来尊重同胞的道德和宗教信念。将道德和宗教理想引入关于正义的政治争论，将会破坏这种意义上的相互尊重。

然而，这并不是理解民主公民身份所依赖的相互尊重的唯一或最合理的方式。基于另一种关于尊重的观念——我们称之为慎议的观念，我们通过参与或听取——有时挑战和竞争，有时聆听并学习之——来尊重同胞的道德和宗教信念，尤其是当这些信念关乎重大的政治问题的时候。没有什么能够保证，那种慎议模式的尊重在任何情形当中都能达成一致意见，或是导向对他人道德和宗教观念的欣赏。对一种道德和宗教学说了解越多，我们可能会越不喜欢它。然而，慎议和参与的尊重提供了一种比自由主义所允许的更为宽广的公共理性。对于一个多元社会而言，它也是更加合适的理想。从我们的道德和宗教分歧反映出人类善的终极多元性这一点来说，一种慎议模式的尊重将使我们能更好地欣赏不同的生活方式所呈现出的那些独特的善。

第 29 章

纪念罗尔斯

上周，美国最伟大的政治哲学家约翰·罗尔斯与世长辞，享年 81 岁。从 1962 年到 1994 年，罗尔斯一直在哈佛大学教授哲学。他以其扛鼎之作《正义论》（1971 年）闻名于世，这本书提出了自约翰·斯图亚特·穆勒以来最令人信服的对自由主义政治原则的说明。20 世纪五六十年代，英美政治理论由于语言分析和道德相对主义的影响而行将消亡，陷入了一些不相干的论题。罗尔斯通过展示我们有可能理性地讨论正义、权利和政治责任，使政治理论重现生机。他激发了新一代人来讨论道德和政治的经典问题。

《正义论》并不通俗易懂。然而，它的独特贡献在于它阐发了三种主要观点：个体权利、社会契约和平等。在罗尔斯的著作之前，英语国家中功利主义的正义观念占据着主导地位，人们认为法律和公共政策应当寻求最大多数人的最大善。罗尔斯反对这种观点，因为它没有尊重个体权利。例如，让我们试想，如果大多数人歧视一种少数人的宗教并希望它被禁止的话，那么功利主义的原则很可能会支持这种禁令。然而，罗尔斯认为某些权利是至关重要的，即使是大多数人的愿望也不能凌驾于它们之上。

如果权利不能建立在功利主义原则之上，那么我们怎样才能为之辩护呢？罗尔斯用一种社会契约的观点回答了这个问题。他的社会契约又以一种新颖的思想实验为基础：想象我们在不知道自己是富有还是贫穷，强壮还是羸弱，健康还是疾病，也不知道自己的种族、宗教、性别和阶层的情况下，来制定一项契约。罗尔斯论证道，在这一"无知之幕"背后的我们所选择的原则就是正义的，因为它不会被不公平的讨价还价的环境败坏。罗尔斯继续说道，如果我们设想自己处于无知之幕之后，那么我们就会选择两条治理社会的原则：第一条将为所有公民要求平等的基本自由（言论自由、结社自由、宗教自由）；第二条原则将只允许那些有利于社会最不利者的财富和收入的不平等。举例来说，只有当差别工资是吸引有天赋的人从事医疗的必要方式，而且只有这样做能帮助社会最不利者时，医生挣的工资比看门人多才可能是合乎正义的。这就是罗尔斯著名的"差异原则"。

某些批评罗尔斯的平等主义的人对此反驳说，无知之幕之后的人们有可能会在不平等上赌一把，选择赋予人们权利来保持任何他们能积累到的财富的原则。罗尔斯对这种挑战的最佳回应超越了契约的论证，而诉诸他理论背后的道德冲动：我们之所以不配利用非我们应得的权利，是因为天赋并不归功于我们自己。市场社会恰好看重人们所碰巧拥有的某些技能，这只是他们的好运气，而不是一种对他们的道德价值的衡量。因此，我们不应当将市场给予运动员、节目主持人、企业家、证券经纪人、学者以及专家的那些奖金和特权,视为一种对优良美德的嘉奖。相反,我们应当重新设计我们的税收制度和教育制度,使天赋的和社会环境的偶然情况能够惠及每一个人。这对优绩主义的观念提出了挑战,这种优绩主义的观念深入美国人的生活,它主张,成功与美德携手并进,美国之所以富有,是因为它是好的。如果罗尔斯是正确的,那么这种优绩主义的观念,就应当让位于一种更加慷慨地对待那些较少被天赋和环境眷顾的人的立场。

退休后不久,罗尔斯参加了一场关于由我执教的本科生课程的讨论,与学生一起讨论正义。我询问了一些与他的哲学偶像伊曼纽尔·康德有关的问题:除了他们二者在哲学上的相似之处,康德在断定人类的平等与物质财富最大的不平等"完美一致"时,是否犯了错呢?罗尔斯非常机智地回避道:"我想说的是,康德的的确确是非常伟大的人。甚至人们在要批评他的时候,也无法不意识到他的伟大。不,我不会说康德错了……他走在他那个时代的前列。如果说你能从18世纪的东普鲁士得到什么东西,那将是美妙的;如果你得到了康德,那就是个奇迹。"

有一位美国哲学家可以与托马斯·霍布斯、约翰·洛克、让-雅克·卢梭、卡尔·马克思以及约翰·斯图亚特·穆勒这些人相提并论,那真是一个奇迹,至少是一个惊喜。政治哲学是美国人贡献很少的为数不多的精神领域中的一种。某些人将这种不足归因于美国民主的成功。宗教战争、衰落的帝国、坍塌的政府以及派系斗争,能够比稳定的体制为哲学提供更丰富的素材。这也许就是为什么关于美国政治思想的最著名表述并非出自哲学家之口,而是出自美国公共生活的参与者——托马斯·杰斐逊、詹姆斯·麦迪逊、亚历山大·汉密尔顿、约翰·C.卡尔霍恩、亚伯拉罕·林肯、弗雷德里克·道格拉斯、简·亚当斯、奥利弗·温德尔·霍姆斯、路易斯·布兰代斯。罗尔斯是为数不多的拓展美国政治思想的非政治实践者之一。

当亚历克西·托克维尔于19世纪30年代访问美国的时候,他观察到:"没有哪个列于文明世界当中的国家比美国更不重视哲学。"托克维尔的观察在170年以后,由公众对罗尔斯逝世的关注而得到证实。欧洲的主要报纸——法国的《世界报》,英国的《泰晤士报》《卫报》《独立报》《每日电讯报》,都以比《纽约时报》或者《华盛顿邮报》更大的篇幅报道了这位美国政治哲学家的逝世。这可能表明罗尔斯的平等主义在欧洲福利国家中所引起的共鸣,比在美国这样一个由市场驱动的社会更大。然而,这也反映出这样一个事实,即哲学在旧世界的公共对话中依然比在新世界的公共对话中起着更加重要的作用。

罗尔斯的学生与年轻同事都知道,他为人谦逊,待人亲善。我第一次阅读《正义论》是在1975年,那时我在牛津大学读研究生,我将它作为我毕业论文的主题。在我来哈佛大学政府系当助理教授之前,我没有见过这位写出我所研究的自由主义巨作的大人物。然而就在我到达后不久,我办公室的电话铃声响了,电话那端一个迟疑的声音说道:"我是约翰·罗尔斯,R-A-W-L-S。"那就像上帝亲自打电话来约我一起吃午饭,还拼写出他的名字以防我不知道他是谁。

| 第29章　纪念罗尔斯 |

第 30 章

共同体主义的局限

共同体主义错在何处？

我的《自由主义与正义的局限》一书与当代其他自由主义政治理论的批评家，特别是阿拉斯代尔·麦金太尔[1]、查尔斯·泰勒[2]以及迈克尔·沃尔泽[3]的著作一起，被归为"共同体主义"对以权利为导向的自由主义的批评。由于我的部分论据是当代自由主义缺乏对于共同体的考虑，因此，从某种程度上来说，"共同体主义"这一术语有其适合之处。然而，这一标签在很多方面是引人误解的。近些年，政治哲学家之间的所谓"自由主义—共同体主义"之争说明了很多问题，但我并不总是站在共同体主义这一边。

"自由主义—共同体主义"之间的争论通常产生于那些主张个人自由的人与那些认为共同体的价值或者大多人的意志应该占上风的人之间，或者产生于相信普遍人权的人和那些坚持认为我们不能对不同文化和传统的价值观做出批评和评价的人之间。当"共同体主义"是多数主义的别名，或者是这样一种观念，即认为权利应该基于在任何特定时期、任何特定共同体中占主导地位的价值观念的时候，就不是我所要为之辩护的观点。

罗尔斯式的自由主义与我在《自由主义与正义的局限》一书中所阐发的观点之间的争论，不在于权利是否重要，而在于权利能否在不预设任何特殊的关于善生活的观念的情况下，得到确认与正当性证明。这里的争论不在于是个人的主张还是集体的主张应该更重要，而在于那些支配社会基本结构的正义原则能否尊重并中立于公民所赞同的各种不同的道德和宗教观念。换言之，我们争论的根本问题在于，权利是否优先于善。

对罗尔斯和康德而言，权利相对于善的优先性代表着两种主张，将这两种主张区别开来至关重要。第一种主张认为，个体权利非常重要，即使是公共福利，也不能超越它们。第二种主张认为，那具体界定我们权利的正义原则的正当性证明不依赖于任何特定的善观念，或者如罗尔斯最近指出的，不依赖于任何"广泛的"道德或宗教观念。我在《自由主义与正义的局限》中所要质疑的正是第二种关于权利优先性的主张，而并非第一种主张。

认为正义与善相关而并非独立于善的这种观念，将《自由主义与正义的局限》一书与其他人的著作联系在了一起，这些人通常被认定为自由主义的"共同体主义的批评者"。然而，正义与善相关的这种主张涉及两种见解，只有其中一种是通常意义上的"共同体主义"。许多关于自由主义—共同体主义之争的困惑，都源于没有将这两种见解区分开来。

第一种将正义与善观念联系起来的方式主张，正义原则从某一特定共同体或传统所普遍赞同或广泛共享的价值观念中获得了道德力量。这种将正义与善观念联系起来的方式，从其认为共同体的价值决定何谓正义、何谓不正义的意义上来看，是共同体主义的。根据这种观点，认定一项权利的理由在于说明这一权利内含于相关传统或共同体共有的理解之中。当然，人们在这里会对特定传统的一致理解实际上会支持什么样的权利存有分歧。社会批评家和政治改革家可能将传统解释成对当下流行惯例的挑战。然而，这些争论总是采取诉诸共同体本身的形式，或者诉诸那些内含于共同谋划或传统之中但并未得到实现的理想。

第二种将正义与善观念联系起来的方式认为，正义原则的正当性证明依赖于它所满足的目的所具有的道德价值或内在善。根据这种观点，认定一项权利的理由，在于说明这项权利会尊重或推进某些重要的人类善。这种善是否恰好被广泛尊重或内含于共同体的传统并不具有决定性。因此，第二种试图将正义与善观念联系起来的方式，从严格意义上来讲并不是共同体主义。由于它将权利的理由基于权利所推进的目的的道德重要性之上，因此我们最好将它描述为目的论的，或者用当代哲学的术语来说是完善论的。亚里士多德的政治理论即为一例。他写道，在我们能定义人类的权利或探究"完美制度的本质"之前，"我们有必要首先确定完美生活方式的本质。只要这一点还是模糊的，那么，完美制度的本质就同样必然是模糊的"。[4]

在这两种将正义与善观念联系起来的方式之中，第一种是不充分的。特定共同体传统认可某些做法的这一事实，并不足以保证它们的正当性。让正义变成习俗的产物相当于剥去了其核心特质，即使我们允许对相关传统需要什么有着不一致的解释。关于正义和权利的论证不可避免地具有评判性的一面。那些认为权利的理由应当中立于实质性道德和宗教信条的自由主义者，与那些认为权利应当依赖于当下盛行的社会价值观念的共同体主义者，犯了一个同样的错误：他们都试图避免对权利所增进的目的的内容进行评判。然而，它们并不是仅有的可选择方式。在我看来，第三种可能性似乎更有道理，即权利的正当性依赖于它们所服务的目的的道德重要性。

宗教自由权利

让我们来考虑一下宗教自由的理由。为什么宗教自由活动应当受到宪法的特殊保护呢？自由主义者也许会回答说，宗教自由重要的原因与一般性个体自由重要的原因是一样的——为了让人们自由地自主生活，选择和追求他们自己的价值观。根据这种观点，为了尊重人们作为自由的、独立的、能够选择自己宗教信仰的个体，政府应当支持宗教自由。自由主义者在这里所援引的尊重，从严格意义上来说，并不是对宗教的尊重，而是对信仰宗教的自我的尊重，或者是对于那种能够自由地选择宗教的能力的尊严的尊重。在自由主义者看来，宗教信仰之所以值得尊重，并非因为它们的内容，而是因为它们是"自由自愿选择的产物"。[5]

这种维护宗教自由的方式将权利置于善之前，它试图维护宗教自由权利，而又不对人们的信仰内容或宗教的道德重要性等做出评判。但是，宗教自由权利并不能被完全理解为更一般的个体意志自由权利的一种特例。如果将宗教自由与选择自己价值观的一般权利同质化，就错误地描述了宗教信仰的本质，模糊了宪法特殊保护宗教自由活动的原因。如果将所有的宗教信仰都解释成选择的产物，就可能认识不到宗教在人们的生活中所具有的作用。对这些人而言，履行宗教职责是一种构成性的目的，对他们的善至关重要，而且对于他们的身份而言也必不可少。有些人可能将他们的宗教信仰视为一种选择，而另一些人则并不如此。使宗教信仰值得尊敬的原因并不在于它的获得模式——选择、启示、劝导或潜移默化——而在于它在善生活中的地位，或在于它所促进的品格，又或从一种政治的角度来看，在于它倾向于培养良好的习惯和性情以造就好公民。

将宗教信仰与一个独立的自我可能选择的各种兴趣和目的置于同等地位的做法，使人们很难将出于良知的要求和纯粹爱好区别开来。一旦失去了这种区分，那种要求政府给保证宗教自由活动的法律以特殊正当性证明的权利，就注定会仅仅表现为"忽视普遍适用的法律的私人权利"。[6]如果一个正统派的犹太教徒有权在空军卫生院服役期间戴着圆顶小帽，那么，那些想戴其他类型的但又被军队着装规则所禁止的头罩的现役士兵又如何呢？[7]如果美洲印第安人有权在仪式上使用致幻剂的话，那么，又该如何评价那些为了消遣目的而违反国家药物法规的人呢？[8]如果奉行安息日的那些人有权根据他们的安息日来安排日程，以便在那天不用工作的话，那么，那些希望能在某天不用工作而去看足球比赛的人是否也能拥有同样的权利呢？[9]

将宗教自由与一般自由同质化的做法反映出自由主义者对于中立性的渴望。但是，这种普遍化的趋势并不总是能很好地服务于宗教自由。它混淆了追求偏好和履行职责。它因此忽视了宗教自由特别关心有良心约束的自我的困境——它们来源于一些职责，这些职责是他们即使在面对可能与之相冲突的公民责任时也不能选择放弃的。

然而，人们可能会问，为什么国家应当给有良心约束的自我以特别的尊敬呢？部分原因在于，与剥夺公民那些与界定他们生活意义的规划不那么相关的利益相比，政府干涉那些与公民的自我界定密切相关的行为，会对公民造成更深层的打击。但这样的约束并不足以成为受到特别尊重的理由。对于规划和承诺的解释可以分为令人赞赏的、英雄式的，以及强迫的和邪恶的，还有两个极端之间的各种情况。情境的自我可以展现出性格的深度和一致性，或者偏见和思维的局限性。

赋予宗教活动自由以特殊保护的理由预先假定，作为在特定团体中的特殊行为，宗教信仰产生许多存在方式和行为方式；这些存在方式和行为方式是值得尊敬和欣赏的——要么是因为它们本身就令人赞赏，要么是因为它们能够培养良好品格，以造就好公民。除非我们有理由想象，宗教信仰和行为对于道德上令人羡慕的生活方式大有裨益，否则支持宗教自由权利的理由就会被削弱。实用主义的考虑当然也会存在，即宗教自由可能会被辩护为一种避免公民冲突的方式，这种公民冲突产生于教会与国家过分密切的关系。然而，对宗教自由权利的道德正当性证明不可避免地会带有评判性。支持这项权利的理由不能完全避免对这个行为所保护的道德价值做出实质性评判。

言论自由的权利

权利与权利所保护的善之间的联系，也可以通过近来有关言论自由和仇恨言论之间的争论得到阐释。新纳粹分子有权利在伊利诺伊州斯科基这样有着很多大屠杀幸存者的地方游行吗？[10] 我们应当允许白人至上主义者传播他们的种族观念吗？[11] 自由主义者认为政府必须在公民所拥护的各种观念之间保持中立。政府可以规定演讲的时间、地点以及演讲的方式，比如可以禁止在深夜喧闹地集会，但是政府不能规定演讲的内容。如果政府禁止冒犯性或不受欢迎的演讲，就会将一些人的价值观强加给某些人，因此也就没有尊重每一个公民选择和表达自己意见的能力。

自由主义者可以一以贯之地认为限制言论很可能会导致重大的伤害，比如暴力。然而，在仇恨言论的情形中，什么叫作伤害取决于自由主义关于人的观念。根据这个观念，我的尊严并不在于我所承担的任何社会角色，而在于我为自己选择角色和身份的能力。不过，这意味着一种直接针对我所在团体的侮辱可能永远都不会伤害到我。仇恨言论自身不会构成伤害，因为从自由主义者的观点来看，最高的尊敬是一种自我的自尊，这个自我独立于它的目的和属性。对于无约束的自我而言，自尊的基础先在于任何特殊的关系和纽带，因此也就超越了对"我的人"的侮辱。自由主义者也就因此可能会反对限制仇恨言论，除非它们有可能引起一些实际的生理伤害，也就是独立于言论本身的伤害。

共同体主义者可能会反驳说，自由主义者的伤害观念太过狭隘。对于那些将自己理解为由所属的种族和宗教团体所界定的人来说，对团体的侮辱会造成伤害，这种伤害与一些生理伤害同样真实，同样具有伤害性。对于大屠杀幸存者而言，新纳粹分子的游行会引起害怕，使他们想起那种无以言说的恐惧，这些都触及他们的身份和生活经历的内核。

然而，承认仇恨言论能够造成伤害，并不确证仇恨言论因此就应当被限制。言论所造成的伤害需要与支持言论自由所得的好处相权衡。对于宗教和言论来说，仅仅援引深度、构成性自我的主张是不够的。重要的是与那些受到这种言论骚扰或侵犯的既定身份所具有的道德状态相对应而言，这种言论所具有的道德重要性。如果斯科基能够将纳粹主义者拒之门外，那么，为什么南方的种族隔离主义者不能将20世纪五六十年代的民权游行者拒之门外呢？南方的种族隔离主义者不希望马丁·路德·金在他们的共同体内游行，就像斯科基的居民不希望新纳粹主义者在他们的地盘游行一样。与大屠杀幸存者一样，种族隔离主义者也可能宣称自己是深度构成性的自我，由共同的记忆将他们联系起来，而游行者及其意愿可能深层次地冒犯他们的这些共同记忆。

| 第30章 共同体主义的局限 |

那么，有没有一种原则性的方式能够区分这两种情况呢？对于那些坚持认为应该对言论的内容保持中立性尊敬的自由主义者，以及那些认为应当根据共同体内所盛行的各种价值观来界定权利的共同体主义者而言，都肯定没有这样一种区分方式。自由主义者可能在这两种情形中都支持言论自由，而共同体主义者却可能会否定它。然而，自由主义者和共同体主义者都需要以同样的方式来裁定两种情形，这显示出二者都认可的不做评判有多荒唐。

区别这两种情形的最明显的理由在于，新纳粹主义者宣扬种族灭绝和伤害，而马丁·路德·金则是为黑人争取民权。二者之间的区别在于言论的内容及其原因、本质。还有一点区别存在于共同体（它们的整体性受到了伤害）的道德价值当中。大屠杀幸存者所共有的记忆应当受到道德尊重，而种族隔离主义者的团结则不应当获得这种尊重。这种道德上的区别对待与我们的常识相一致，但与宣称权利优先于善的自由主义者的观点，以及将权利的理由仅仅基于共同体价值的共同体主义者的观点都不一致。

如果言论自由权利的正当性证明，依赖于对言论的重要性及其所引发的危险做出实质性的道德判断，这并不意味着法官需要在每一个案子中都评估言论所具有的德性。法官也没有必要在涉及宗教自由的每一个案子中都去评定宗教活动的道德重要性。在任何一种权利理论中，都有某些可取的普遍法则与规则，让法官不必每次都重提其首要原则。然而有时候，在复杂的案例中，法官不能不诉诸那首先赋予权利以正当性的道德目的，然后才应用这些法则。

一个值得注意的例子是弗兰克·约翰逊法官在1965年的那个

案例中所体现出的观点，他批准了马丁·路德·金从塞尔马到蒙哥马利的历史性游行。当时亚拉巴马州政府官员乔治·华莱士试图阻止这次游行。法官约翰逊承认各州有权利规定高速公路该如何使用，也承认公众在公共高速公路上的游行超越了"宪法所允许的范围"。然而，他基于该游行的正义性理由要求亚拉巴马州批准这次游行。"人们集会、示威以及沿着高速公路和平地游行的权利的限度，"他写道，"应当与其所请愿及反对的罪行的程度相对称。在这个案例中，他们所反对的罪行非常恶劣。反对这些不正当性的权利的限度就应当与之相对应。"[12]

约翰逊法官的判决在内容上并不是中立的，它不会帮助斯科基的那些纳粹分子。但是，它较为适宜地阐明了两种看待权利的方式之间的区别，即自由主义看待权利的方式，以及认为权利应基于对权利所推进的目的的本质性道德评判的看法。

注 释

第 11 章 体育与公民认同
1. 超级碗（the Super Bowl）是美国职业橄榄球大联盟的年度冠军赛。

第 17 章 审判时受害者应该有发言权吗？
1. 审判的奥普拉化（Oprahization）是"9·11"恐怖袭击之后美国人发明的十个新词之一。奥普拉·温弗瑞（Oprah Winfrey）是美国著名的脱口秀节目主持人，人们把某一节目单元能否在这个脱口秀节目中被选中播出称之为"Oprahization"。在此文中，作者把受害者被法庭选中在法庭上表达自己的观点和情绪称为"审判的奥普拉化"。——译者注

第 19 章 有没有辅助自杀的权利？
1. 参见"Assisted Suicide: The Philosophers' Brief," *New York Review of Books*, vol. 44, March 27, 1997。

第 21 章 道德论证与自由主义的宽容：堕胎与同性恋
1. 有这样一种主张，即在决定法律是否应该反对某种行为方面，该行为的道德性（或不道德性）是唯一相关的原因，我不会为这种强力主张进行辩护。
2. 410 U.S. 113 (1973).
3. 478 U.S. 186 (1986).
4. Roe v. Wade, 410 U.S. 113,162 (1973).

5. 同上，153。
6. Thornburgh v. American College of Obstetricians & Gynecologists, 476 U.S. 747, 777 (1986).（大法官史蒂文斯，赞同。）
7. Eichbaum, " Towards an Autonomy-Based Theory of Constitutional Privacy: Beyond the Ideology of Familial Privacy," 14 *Harv. C.R-C.L.L. Rev.* 361, 362, 365 (1979).
8. Richards, " The Individual, the Family, and the Constitution: A Jurisprudential Perspective," 55 *N. Y. U. L. Rev.* 1, 31 (1980).
9. Karst, " The Freedom of Intimate Association," 89 *Yale L. J.* 624, 641 (1980). 关于讨论隐私和自治权之间联系的文章，也可参见 Henkin, "Privacy and Autonomy," 74 *Colum. L. Rev.* 1410 (1974); Smith, "The Constitution and Autonomy," 60 *Tex. L. Rev.* 175 (1982); Wilkinson III and White, "Constitutional Protection for Personal Lifestyles," 62 *Cornell L. Rev.* 563 (1977).
10. Karst, "The Freedom of Intimate Association," 641.
11. Carey v. Population Services Int'l, 431 U.S. 678, 687 (1977).
12. Thornburgh v. American College of Obstetricians & Gynecologists, 476 U.S. 747, 772 (1986).
13. Doe v. Bolton, 410 U.S. 179, 211 (1973).（大法官道格拉斯，赞同。）
14. Bowers v. Hardwick, 478 U.S. 186, 205 (1986).（大法官布莱克门，反对。）
15. Whalen v. Roe, 429 U.S. 589, 599–600 (1977).
16. Warren and Brandeis, "The Right to Pricacy," 4 *Harv. L. Rev.* 193 (1890).
17. 同上，195–196。
18. Prosser, "Privacy," 48 *Calif. L. Rev.* 383 (1960)。（讨论随后的对隐私权的认同和发展。）
19. 367 U.S. 497 (1961).
20. 同上，509。
21. 同上，519–521。（大法官道格拉斯，反对。）
22. 同上，519。
23. 同上，545。（大法官哈兰，反对。）

24. 同上，545—546。

25. 同上，553。

26. 同上，554。

27. 381 U.S. 479(1965).

28. 同上，485—486。

29. 同上，486。

30. 405 U.S. 438(1972).

31. 同上，440。实际上，这个案件的起因是一名男子在公共演讲中赠送宫内节育器。

32. 同上，453。

33. *Griswold*, 381 U.S. at 485.

34. *Eisenstadt*, 405 U.S. at 453. 在艾森施塔特案中，法院用一种错误的假设条件，假装从旧隐私向新隐私转变观点："如果在格里斯沃尔德案的条件下，不能禁止向已婚者发放避孕药具，那么，禁止向未婚者发放避孕药具同样是不允许的。"但是，格里斯沃尔德并不认为不能被禁止向已婚者发放避孕药具。

35. 410 U.S. 113 (1973).

36. 同上，153。

37. Carey v. Population Services Int'l, 431 U.S. 678 (1977).

38. 同上，687。

39. 同上。

40. 同上。（引自 *Eisenstadt*, 405 U.S. at 453。）（着重号是在凯里案中被加上去的。）

41. 同上。（引自 *Roe*, 410 U.S. at 153。）（着重号是在凯里案中被加上去的。）

42. 同上。

43. 同上，688。

44. Thornburgh v. American College of Obstetricians & Gynecologists, 476 U.S. 747, 772 (1986).

45. Planned Parenthood v. Casey, 505 U.S. 833, 851 (1992).

46. Bowers v. Hardwick, 478 U.S. 186, 190—191 (1986).

47. 同上，196。

48. 同上。

49. 同上，204。（大法官布莱克门，反对。）（引自 Thornburgh v. American College of Obstetricians & Gynecologists, 476 U.S. at 777, n.5（大法官史蒂文斯，赞同。）〔引自 Fried, "Correspondence," 6 *Phil. and Pub. Aff.* 288–289（1977）。〕

50. 同上，205。

51. 同上。

52. 同上，211。

53. 同上。为了取缔一条相似的鸡奸法律，纽约地区法院明确地表达了这一理念，即在各种竞争的善观念中，政府必须保持中立。"为各种表达提供媒介，或为实施道德或宗教价值提供机构，这两者都不是我们的政府政策中刑法的功能。" People v. Onofre, 51 N.Y.2d 476, 488 n.3, 415 N.E.2d 936, 940 n.3, 434 N.Y.S.2d 947, 951 n.3 (1980), *cert. denied*, 451 U.S. 987 (1981).

54. Rawls, "Justice as Fairness: Political Not Metaphysical," 14 *Phil. and Pub. Aff.* 223, 245 (1985); Roty, "The Priority of Democracy to Philosophy," in *The Virginia Statute for Religious Freedom,* 257 (M. Peterson and R. Vaughan, eds., 1988).

55. 410 U.S. 113 (1973).

56. 同上，159。

57. 同上。

58. 同上，160–162。

59. 同上，162。

60. 同上。

61. 同上，163。

62. 476 U.S. 747 (1986).

63. 同上，797。（大法官怀特，反对。）

64. 同上，796。

65. 同上，790。在波诉厄尔曼案中〔367 U.S. 497, 547（1961）〕（大法官哈兰，反对。）哈兰提议一种与悬置对避孕的道德争议的相似方法："我认为，这些问题最受争议的实质是，在我们得出宪法阻止康涅狄格州在各种不同的观点中做出选择的结论之前，应该要深思熟虑。"

66. 同上，777。（大法官史蒂文斯，赞同。）
67. 同上，777-778。（引证同上 at 794。）（大法官怀特，反对。）
68. 478 U.S. 186 (1986).
69. 同上，191。
70. 这些词语来自 Griswold v. Connecticut, 381 U.S. 479, 486 (1965)。
71. 478 U.S. at 205.（大法官布莱克门，反对。）
72. 同上，206。
73. 同上，217。（大法官布莱克门，反对。）[引自 Fitzgerald v. Porter Memorial Hospital, 523 F.2d 716,719-720 (7th Cir. 1975), cert. denied, 425 U.S. 916 (1976)。]
74. 同上，218-219。
75. Bowers v. Hardwick, 760 F.2d 1202 (11th Cir. 1985), rev'd, 476 U.S. 747(1986).
76. 同上，1211-1212。
77. 同上，1212。[引自 Griswold v. Connecticut, 381 U.S. 479, 486(1965)。]
78. 同上，1212。
79. 对格里斯沃尔德案法律条文的个体主义解释，参见 Eisenstadt v. Baird, 405 U.S. 438,453(1972)，以及 Carey v. Population Services Int'l, 431 U.S. 678, 687(1977)。
80. 394 U.S. 557 (1969).
81. 同上，564-566, 568。（"获取信息和观念的权利，而不考虑它们的社会价值，是我们这个自由社会的基础……国家仍然有很大的权力来规范伤风败俗的事情；那种权力并未延伸到个体在自己家里的纯属隐私之物。"）（引文出处省略。）
82. 51 N.Y.2d 476, 415 N.E.2d 936, 434 N.Y.S.2d 947 (1980), cert. denied, 451 U.S. 987 (1981).
83. 同上，487-488，415 N.E.2d at 939-941, 434 N.Y.S.2d at 950-951。
84. 同上，488 n.3, 415 N.E.2d at 940 n.3, 434 N.Y.S.2d at 951 n.3。
85. 同上。
86. Bowers v. Hardwick, 478 U.S. 186, 191(1986).
87. Lawrence v. Texas, 539 U.S.558 (2003).
88. 同上，562。
89. 同上，574, 引自卡塞案，505 U.S. 833, 851 (1992)。

90. Lawrence v, Texas, 567.
91. 同上，575。
92. 同上，602。
93. 同上，604。
94. 同上，602。

第 23 章 程序共和国与无约束的自我

1. 这种观点的一个绝佳案例，见 Samuel Huntington, *American Politics: The Promise of Disharmony* (Cambridge, Mass: Harvard University Press,1981)。尤其参见他在其中关于"理想与制度"的讨论：gap, pp.10−12, 39−41, 61−84, 221−262。
2. 参见阿拉斯代尔·麦金太尔和查尔斯·泰勒所阐发的"实践"观。MacIntyre, *After Virtue* (Notre Dame: University of Notre Dame Press, 1981), pp.175−209; Taylor, "Interpretation and Science of Man," *Review of Metaphysics of Morals*, 25(1971), pp.3−51.
3. John Rawls, *A Theory of Justice* (Oxford University Press, 1971); Immanuel Kant, *Groundwork of the Metaphysics of Morals*, trans. H. J. Paton (1785; New York: Harper and Row, 1956); Kant, *Critique of Pure Reason*, trans. Norman Kemp Smith (1781,1787; London: Macmillan, 1929); Kant, *Critique of Practical Reason*, trans. L. W. Beck(1788; Indianapolis: Bobbs-Merrill, 1956); Kant, "On the Common Saying: 'This May Be True in Theory, But It Does Not Apply in Practice,'" in Hans Reiss, ed., *Kant's Political Writings* (1793; Cambridge: Cambridge University Press, 1970). 近来其他版本的主张权利优先于善的主张，见 Robert Nozick, *Anarchy, State, and Utopia* (New York: Basic Books, 1974); Ronald Dworkin, *Taking Rights Seriously* (London: Duckworth, 1977); Bruce Ackerman, *Social Justice in the Liberal State* (New Haven: Yale University Press, 1980)。
4. 这一部分以及接下来的两部分内容总结了一些论证，这些论证在 Michael Sandel, *Liberalism and the Limits of Justice* (Cambridge: Cambridge University Press, 1982) 一书中得到了更加充分的说明。
5. John Rawls, *A Theory of Justice*, p.3.

6. John Stuart Mill, *Utilitarianism, in The Utilitarians* (1893; Garden City: Doubleday, 1973), P.465; Mill, *On Liberty, in The Utilitarians,* P. 485 (originally published 1849).
7. Kant, "On the Common Saying," p.73.
8. Kant, *Groundwork*, p.92.
9. Kant, *Critique of Practical Reason*, p.89.
10. Kant, *Groundwork*, p.105.
11. Kant, *Critique of Practical Reason*, p.89.
12. Kant, *Groundwork*, p.121.
13. Rawls, "The Basic Structure as Subject," *American Philosophical Quarterly* (1977), p.165.
14. John Rawls, *A Theory of Justice*, p.560.
15. Rawls, "Kantian Constructivism in Moral Theory," *Journal of Philosophy 77*(1980), p.543.
16. Mill, *On Liberty*, p.485.
17. Rawls, *A Theory of Justice*, pp.101-102.
18. Croly, *The Promise of American Life* (Indianapolis: Bobbs-Merrill, 1965), pp. 270-273.
19. Beer, "Liberalism and the National Idea," *The Public Interest* (Fall 1966), pp.70-82.
20. 参见 Laurence Tribe, *American Constitutional Law* (Mineola: The Foundation Press, 1978), pp.2-3。
21. 参见 Ronald Dworkin, "Liberalism," in Stuart Hampshire, ed., *Public and Private Morality* (Cambridge: Cambridge University Press, 1978), p. 136。

第25章 灭绝的危险

1. George Kateb, "Nuclear Weapons and Individual Rights," *Dissent*, Spring 1986.

第26章 杜威的自由主义与我们的自由主义

1. Robert B. Westbrook, *John Dewey and American Democracy* (Cornell University Press,

1991); Stephen Rockefeller, *John Dewey: Religious Faith and Democratic Humanism* (Columbia University Press, 1991); Jennifer Welchman, *Dewey's Ethical Thought* (Cornell University Press, 1995); Debra Morris and Ian Shapiro, eds., *John Dewey: The Political Writings* (Hackett, 1993); Richard Rorty, *Consequences of Pragmatism* (University of Minnesota Press, 1982); Richard J. Bernstein, "John Dewey on Democracy," in *Philosophical Profiles: Essays in a Pragmatic Mode* (University of Pennsylvania Press, 1986), pp. 260–272.

2. *John Dewey: The Early Works*, 1882–1898, Volumes 1–5; *John Dewey: The Middle Works*, 1899–1924, Volumes 1–15; *John Dewey: The Later Works*, 1925–1953, Volumes 1–17, edited by Jo Ann Boydston (Southern Illinois University Press, 1969–1991).

3. Dewey, "The Need for a Recovery of Philosophy" (1971), in *The Middle Works*, Volume 10.

4. 同上。

5. Dewey, *Liberalism and Social Action* (1935), in *The Later Works*, Volume 11, p. 24.

6. 同上，p. 25。

7. 同上，p. 44。

8. 参见 Rorty, Philosophy and the Mirror of Nature (Princeton University Press, 1979), and Rorty, Consequences of Pragmatism (University of Minnesota Press, 1982)。

9. Richard Rorty, "The Priority of Democracy to Philosophy," in Merrill D. Peterson and Robert C. Vaughan, eds., *The Virginia Statute for Religious Freedom* (Cambridge University Press, 1988), pp.257–282.

10. Dewey, *The Public and Its Problems* (1927), in *The Later Works*, Volume 2, p.295.

11. 同上，p.314。

12. 同上，pp.301, 330, 308。

13. 同上，p.303。

14. 同上，p.324。

15. 同上，p.321。

第27章 犹太教如何看待宰制与傲慢：以神自居错在哪里？

1. 法典犹太教（halakhic Judaism）是指这样一些人的犹太教，他们恪守犹太律法的训诫。

2. David Hartman, *A Living Covenant: The Innovative Spirit in Traditional Judaism* (New York: The Free Press, 1985), 32.
3. 同上，36。
4. 同上，3。
5. 同上，98。
6. 同上，183。
7. 同上，99。
8. 同上，96。
9. *Midrash Terumah*，第 2 章，引自 Noam J. Zohar, *Alternatives in Jewish Bioethics* (Albany: State University of New York Press, 1977), 20-21。关于宗教自然主义，参见 Zohar，同上，19-36。
10. Rabbi Joseph B. Soloveitchik, *Halakhic Man*, trans. Lawrence Kaplan (Philadelphia: Jewish Publication Society of America, 1983; originally published in Hebrew, 1944), 99.
11. 同上，107, 109。
12. Hartman, *Living Covenant*, 79.
13. Soloveitchik, "The Lonely Man of Faith," *Tradition 7:2* (Summer 1965), 35-36，引自 Hartman, *Living Covenant*, 82。
14. Hartman, *Living Covenant*, 84.
15. 同上，88。
16. 同上，257。
17. 同上，256。
18. 同上，260。
19. 同上，18。
20. 同上，260。
21. David Hartman, *A Heart of Many Rooms: Celebrating the Many Voices within Judaism* (Woodstock, Vt.: Jewish Lights Publishing, 1999), 77-78.
22. 同上，78。
23. 同上，201-202。

24. Carey Goldberg, "Who Needs Sleep? New Pill Hits Scene," *Boston Globe*, Sept. 22, 2002, A1, A20.
25. *Midrash Rabbah*, Genesis VIII, 4, 5; 引自 Hartman, *Heart of many Rooms*, 77。
26. 同上，77-78。
27.《密西拿托拉》, *Avodah Zarah* II, 4 ; 引自 Hartman, *Heart of many Rooms*, 106。
28. 同上，107。

第 28 章　政治自由主义

1. John Rawls, *A Theory of Justice* (1971).
2. 参见，例如 H. L. A. Hart, "Between Utility and Rights," in *The Idea of Freedom*, 77 (Alan Ryan, ed., 1979)。
3. 参见 Friedrich A. Hayek, *The Constitution of liberty* (1960); Robert Nozick, *Anarchy, State, and Utopia* (1974)。
4. 参见 Bruce A. Ackerman, *Social Justice in the Liberal State*, pp. 349-378 (1980); Ronald Dworkin, *Taking Rights Seriously*, pp. 90-100, 168-177 (1977); Charles Fried, *Right and Wrong*, PP. 114-119 (1978); Charles E. Larmore, *Patterns of Moral Complexity*, pp. 42-68 (1987); Nozick, *Anarchy, State, and Utopia*, p.33; Rawls, *A Theory of Justice*, PP. 30-32, 446-451, 560; Ronald Dworkin, "Liberalism," in *Public and Private Morality*, pp. 113, 127-136 (Stuart Hampshire, ed., 1978); Thomas Nagel, "Moral Conflict and Political Legitimacy," *Phil. and Pub. Aff.*, 16, pp. 215, 227-237 (1987)。
5. 参见 Immanuel Kant, *Critique of Pure Reason* (Norman K. Smith, trans., St. Marin's Press, 1965) (1978); Immanuel Kant, *Groundwork of the Metaphysic of Morals* (H.J. Paton, trans., Harper & Row, 3d ed., 1964) (1785); Immanuel Kant, "On the Common Saying: 'This May Be True in Theory, but It Does Not Apply in Practic,'" in *Kant's Political Writings*, pp. 61, 73-74 (Hans Reiss, ed., and H. B. Nisbet, trans., 1970); Rawls, *A Theory of Justice*, pp. 30-32, 446-451, 560。
6. 参见 Alasdair MacIntyre, *After Virtue* (2d ed., 1984) (此后引作 MacIntyre, *After Virtue*); Alasdair MacIntyre, *Is Patriotism a Virtue?: The Lindley Lecture* (1984)

(此后引作 MacIntyre, *Is Patriotism a Virtue?*); Alasdair MacIntyre, *Whose Justice? Which Rationality?* (1988)。

7. 参见 Charles Taylor, "The Nature and Scope of Distributive Justice," *in Philosophy and the Human Sciences, Philosophical Papers*, 2, p.289 (1985); Charles Taylor, *Sources of the Self: The Making of the Modern Identity* (1989) (此后引作 *Sources of the Self*)。

8. 参见 Michael Walzer, *Spheres of Justices: A Defense of Pluralism and Equality* (1983)。

9. 参见 Michael J. Sandel, *liberalism and the Limits of Justice* (1982); Michael J. Sandel, "The Procedural Republic and the Unencumbered Self," *Pol. Theory*, P.81 (1984)。

10. 当迈克尔·沃尔泽写出以下这段话时，他很接近于这种观点："正义相对于社会意义而言……当一个社会过着一种忠实于其成员之共享理解的生活时，它就是正义的。"（Walzer, *Spheres of Justices*, pp. 312-313）然而，他也允许人们基于对社会之共享理解的不同阐释，而批判那些盛行的权利行为。

11. 过去十年来，许多关于自由主义政治哲学的争论都集中于"共同体主义者"对自由主义的批判；或者更广泛地说，都集中于对权利优先于善的质疑。关于这一争论的最佳概述，见 Stephen Mulhall and Adam Swift, *Liberals and Communitarians* (1992)。关于这一主题的文集有: *Communitarians and Individualism* (Shlomo Avineri and Avner de-Shalit, eds., 1992); *Liberlism and Its Critics* (Michael J. Sandel, ed., 1984); *Liberalism and the Good* (R. Bruce Douglass, Gerald M. Mara, and Henry S. Richardson, eds., 1990); *Liberalism and the Moral Life* (Nancy L. Rosenblum, ed., 1989); and *Universalism vs. Communitarianism* (David Rasmussen., ed., 1990)。那些最著名的专著有: Daniel Bell, *Communitarianism and Its Critics* (1993); Will Kymlicka, *Liberalism, Community, and Culture* (1989); Charles E. Larmore, *Patterns of Moral Complexity* (1987); and Stephen Macedo, *Liberal Virtues: Citizenship, Virtue and Community in Liberal Constitutionalism* (1990)。关于这一主题的文章包括: Jeremy Waldron, "Particular Values and Critical Morality," in *Liberals Rights*, 168 (1993); C. Edwin Baker, "Sandel on Rawls," *U. Pa. L. Rev.*, 133, p.895 (1985); Sheyla Benhabib, "Autonomy, Modernity and Community: Communitarianism

and critical social Theory in Dialogue," in *Zwischenbetrachtungenim Prozess der Aufklaerung*, p. 373 (Alex Honneth, Thomas McCarthy, Claus Offe, and Albrecht Welmer, eds., 1989); Allen E. Buchanan, "Assessing the Commnitarian Critique of Liberalism," *Ethics*, 99, p. 852 (1989); Gerald Dopplt, "Is Rawls's Kantian Liberalism Coherent Defensible?" *Ethics*, 99, p. 815 (1989); Stephen A. Garbaum, "Law, Politics and the Claims of Community," *Mich. L. Rev.* 90, p.685 (1992); Emily Gill, "Goods, Virtues, and the Constitution of the Self," in *Liberals on Liberalism*, p.111 (Alfonso J. Damico, ed., 1986); Amy Gutmann, "Communitarian Critics of Liberalism," *Phil. and Pub. Aff.*, 14, p.308 (1985); H. N. Hirsch, "The Threnody of Liberalism," *Pol. Theory*, 14, P.423 (1986); Will Kymlicka, "Liberalism and Communitarianism," Can. *J. Phil.*, 18, p.181 (1988); Will Kymlicka, "Rawls on Teleology and Deontology," *Phil. and Pub. Aff.*, 17, p.173 (1988); Christopher Lasch, "The Communitarian Critique of Liberalism," *Soundings*, 69, p. 60 (1986); David Miller, "In What Sense Must Socialism Be Communitarian?" *Soc. Phil. and Pol.*, 6, p. 57 (1989); Chantal Mouffe, "American Liberalism and Its Critics: Rawls, Taylor, Sandel, and Walzer," *Praxis Int'l*, 8, p. 193 (1988); Patrick Neal, "A Liberal Theory of the Good?" *Can. J. Phil.*, 17, p. 567 (1987); Jeffery Paul and Fred D. Miller, Jr., "Commnunitarian and Liberal Theories of the Good," *Rev. Metaphysics*, 43, p. 803 (1990); Milton C. Regan, Jr., "Community and Justice in Constitutional Theory," *Wis. L. Rev.*, 1985, p.1073; Richard Rorty, "The Priority of Democracy to Philosophy," in *The Virginia Statue of Religious Freedom*, pp. 257–282 (Merrill D. Peterson and Robert C. Vaughan, eds., 1988); George Sher, "Three Grades of Social Involvement," *Phil. and Pub. Aff.*, 18, p.133 (1980); Tom Sorell, "Self, Society and Kantian Impersonality," *Monsit*, 74, p.30 (1991); Symposium, "Law, Community and Moral Reasoning," *Cal. L. Rev.*, 77, p.475 (1989); Charles Tylor, "Cross-Purposes: The Liberal-Communitarian Debate," in *Liberalism and the Moral Life* (Rosenblum, ed.); Robert B.Thigpen and Lyle A. Downing, "Liberalism and Communitarian Critique," *Am. J. Pol. Sci.*, 31, p.637 (1987); John Tomasi, "Individual Rights and Community Virtues," *Ethics*, 101, p. 521 (1991);

John R. Wallach, "Liberals, Communitarians, and the Tasks of Political Theory," *Pol. Theory*, 15, p. 581 (1987); Michael Walzer, "The Communitarian Critique of Liberalism," *Pol. Theory*, 18, p. 6 (1990); Iris M. Young, "The Ideal of Community and the Politics of Difference," *Soc. Theory and Prac.*, 12, p.1 (1986); and Joel Feinberg, "Liberalism, Community and Tradition," *Tikkun*, May-June 1988, p. 38。在《政治自由主义》之前，罗尔斯在诸多著作中阐明了这些问题，这些著作有："The Idea of an Overlapping Consensus," *Oxford J. Legal Stud.*, 7, p.1 (1987); "Justice as Fairness: Political Not Metaphysical," *Phil. and Pub. Aff.*, 14, p. 223 (1985); "The Priority of Right and Ideas of the Good," *Phil. and Pub. Aff.*, 17, p. 251 (1987). 然而，在《政治自由主义》一书当中，他论述道："人们认为我后来这些论文中所体现出的转变，是对共同体主义者和其他批评者的回应。我认为这种说法并没有根据。"(xvii 页）

12. Rawls, *A Theory of Justice*, p. 560.
13. 同上，p. 561。
14. 同上，pp. 574-575。
15. 那种对《正义论》中所体现出来的人的观念的批评，并不是没有将原初状态看作一种代表性的设置。人们完全可以根据在《正义论》第三部分当中所体现出来的人的观念——罗尔斯现在将其重新界定为一种政治的观念——而阐述这种反驳意见。不仅仅是批评者，即使是罗尔斯式自由主义的维护者，也认为《正义论》认可一种康德式的人的观念。参见，例如，Larmore, *Patterns of Moral Complexity*, pp. 118-130。
16. 参见 MacIntyre, *After Virtue*, pp.190-209; MacIntyre, *Is Patriotism a Virtue?*, p.8, passim; Sandel, *Liberalism and the Limits of Justice*, pp. 175-183; Taylor, *Sources of the Self*, p. 508。
17. 当代的完备性的自由主义，参见 George Kateb, *The Inner Ocean: Individualism and Democratic Culture* (1992); and Joseph Raz, *The Morality of Freedom* (1986)。罗纳德·德沃金在 "Foundations of Liberal Equality," in *The Tanner Lectures on Human Values*, Vol. 11, p.1. (Grethe B. Peterson, ed., 1990) 中将自己的观点表述为一种完备性的自由主义。

18. 参见 Rawls, *A Theory of Justice*, pp. 11-12。
19. 同上，p. 560。
20. 同上。
21. 同上，p. 561。
22. "我们应当将自己的道德和宗教责任看作'从政治角度而言是自证'的"（33页）这一观念，与罗尔斯的以下论述相一致，即"从作为公平的正义这一角度来看，这些'道德和宗教'义务是自我强加的"（*A Theory of Justice*, p.206）。然而，我们并不清楚，在这一观念基础之上的那种正当性证明可能是什么，这种正当性证明尊重宗教信念和良心的主张，而这种信念与主张又与人们可能同等拥有的偏好并不一致。同上，pp. 205-211。
23. John Rawls, "Kantian Constructivism in Moral Theory: Rational and Full Autonomy," *J. Phil.*, 77, pp. 515, 519 (1980).
24. Rorty, "The Priority of Demorcracy to Philosophy," pp. 257, 262.
25. 同上，p. 265。
26. 同上，p. 268。
27. 同上，p. 264。
28. 托马斯·霍布斯提倡一种政治的正义观念，并通过否认那些源于不同道德和宗教观念的主张的真实性，来保证其政治观念的优先性。参见 Thomas Hobbes, *Leviathan*, pp. 168-183 (C. B. Macpherson, ed., Penguin Books, 1985) (1651)。
29. 罗尔斯似乎在一个关于堕胎的脚注中表达了这一观点，不过他并没有解释为什么即使当天主教教义是正确的时候，政治价值也应当占上风。(243页注32）
30. *Created Equal? The Complete Lincoln-Douglas Debates of 1858*, pp. 369, 374. (Paul M. Angle, ed., 1958) (此后引作 *Created Equal*?)
31. 同上，p. 390。
32. 同上。
33. 同上，p. 392。
34. 同上。
35. 同上，pp. 388-389。

36. 347 U.S. 483 (1954).

37. Voting Rights Act of 1965, 42 U.S.C. §§ 1971, 1973 (1988).

38. 参见 *Created Equal?* , p. 374。

39. 参见 U. S. Constitution, art. I, § 2, cl.3。

40. 参见同上，art. I, § 9, cl. 1。

41. 参见同上，art.IV, § 2, cl.3。

42. Scott v. Sandford, 60 U.S. (19 How.) 393 (1857).

43. 同上，pp. 404-405。

44. 参见 Milton Friedman, *Capitalism and Freedom*, p. 200 (1962); Milton Friedman and Rose Friedman, *Free to Choose*, pp.134-136 (1980); Hayek, *The Constitution of Liberty*, PP. 85-86, 99-100; Nozick, *Anarchy, State, and Utopia*, pp.149, 167-174.

45. 尽管罗尔斯并没有明确陈述这一观点，但这对于我们理解"合理多元主义的事实"及其在支撑权利优先性方面所起到的作用而言，这非常重要。他注意到，人们在"什么样的政策能够满足差异原则"这一点上，会产生各种合理的分歧。然而，他补充道："这不是关于'何谓正确原则'的差异，而是在难以看到'这些原则是否得到满足'这一点上的差异"（230 页）。

46. 参见 Rawls, *A Theory of Justice*, pp.72-75, 100-107, 136-142, 310-315。

47. 同上，pp.20-21, 48-51, 120, 577-587。

48. 在这一段中，我从下列材料中引用了一些支持和反对同性恋之道德性的理　由：John Finis and Martha Nussbaum, "Is Homosexual Conduct Wrong? A Philosophical Exchange," *New Republic*, Nov. 15, 1993, pp.12-13; Stephen Macedo, "The New Natural Lawyers," *Harvard Crimson*, Oct. 29, 1993, p.2; and Harvey C. Mansfield, "Saving Liberalism From Liberals," *Harvard Crimson*, Nov. 8, 1993, P. 2。

49. 一种可能的、可选择的反驳路线可能会为滥交行为辩护，并否认爱和责任等善对性行为的道德价值而言是必要的。从这种观点来看，我所提出的第一种论证错误地通过将同性性行为与异性性行为相提并论，而维护同性性行为的道德合法性。参见 Bonnie Honig, *Political Theory and the Displacement of Politics*, pp. 186-195 (1993)。

50. 我们有可能既不基于对同性恋之道德性的肯定，也不基于对同性恋之道德性的否定，来论证某种同性恋权利。这里的问题在于，政府是否正当地基于那些肯定同性恋之道德合法性的理由，来支持一些法律或政策（如允许同性恋结婚的法律或政策）。

51. 罗尔斯指出，公共理性的限制适用于所有关于宪法要素和基本争议的讨论。至于其他的政治性问题，罗尔斯写道："如果能通过援引公共理性的价值来解决政治问题，那当然最好不过。然而，情况并不总是这样。"（214-215 页）。
52. 罗尔斯在多处重复了这一点。（215、224、254 页）。
53. 478 U. S. 186 (1986).
54. 参见 Micheal J. Sandel, "Moral Argument and Liberal Toleration: Abortion and Homosexuality," *Cal. L. Rev.*, 77, pp. 521, 534-538 (1989)。
55. 参见 Eric Foner, *Politics and Ideology in the Age of the Civil War*, p. 72 (1980); Aileen S. Kraditor, *Means and Ends in American Abolitionism*, pp. 78, 91-92 (1967); James M. McPherson, *Battle Cry of Freedom: The Civil War Era*, pp. 7-8 (1988)。
56. 我在另一本书中对此做了详尽的阐述，参见 Sandel, *Democracy's Discontent* (Harvard University Press, 1996)。

第 30 章 共同体主义的局限

1. 参见 Alasdair MacIntyre, *After Virtue*(Notre Dame: University of Notre Dame Press, 1981)。
2. 参见 Charles Taylor, *Philosophical Papers*, vol. I: *Human Agency and Language*; vol. II: *Philosophy and the Human Sciences* (Cambridge: Cambridge University Press, 1985); and Taylor, *Sources of the Self: The Making of Modern Identity* (Cambridge, Mass.: Harvard University Press, 1989)。
3. 参见 Michael Walzer, *Sphere of Justice: A Defense of Pluralism and Equality* (New York: Basic Books, 1983)。
4. *The Politics of Aristotle*, 1323a14, ed. and trans. Ernest Barker (London: Oxford University Press, 1958), p. 279.
5. 该术语源自 Wallace v. Jaffree, 472 U.S. 38, 52-53 (1985)："值得尊敬的宗教信仰是信徒自由自愿选择的产物。"

6. 该短语来自 Employment Divison v. Smith, 494 U.S. 872, 886 (1990)。
7. 参见 Goldman v. Weinberger, 503 (1986)。
8. 参见 Employment Divison v. Smith, 494 U.S. 872, 872 (1990)。
9. 参见 Thornton v. Caldor, Inc., 474 U.S. 703 (1985)。
10. 参见 Collin v. Smith, 447 F. Supp. 676 (1987); Collin v. Smith, 578 F. 2d. 1198 (1978)。
11. 参见 Beauharnais v. Illinois, 343 U.S. 250 (1952)。
12. Williams v. Wallace, 240 F. Supp. 100, 108, 106 (1965).

索 引

Abolitionist movement 废奴运动 4, 227, 229, 242-243

Abortion 堕胎 1-2, 4, 9, 38, 42, 47-48, 68, 114, 147, 275 注 29; and liberal toleration 与自由主义的宽容 122-125, 130-131, 133-135, 141, 144; and political liberalism 与政治自由主义 225-226, 228, 230, 241, 243, 245

Abraham 亚伯拉罕 197, 204

Adam 亚当 197, 209

Addams, Jane 简·亚当斯 13-14, 31, 184, 250

Advertising 广告 233; in schools 校园广告 67, 73-76; for lotteries 彩票广告 70-71; branding for government agencies 政府机构商标化 77-80

Affirmative action 平权法案 4, 68, 99, 101-104, 232

African Americans 非裔美国人 230 See also Civil rights movement 参见"民权运动"

Agrarian way of life 农耕生活方式 11-12, 24

Akiva Ben Joseph 阿基瓦·本·约瑟夫 196, 202

Alexander, Lamar 拉马尔·亚历山大 56

Allegiance 忠贞 See Loyalty 参见"忠诚"

Anthropology, religious 宗教人类学 199-201, 203-206

Arendt, Hannah 汉娜·阿伦特 155, 180

Aristotle 亚里士多德 24, 34, 152, 154, 158, 196, 198, 214, 254

Army, U.S. 美军 38

Assisted suicide 辅助自杀 4, 68, 113-116

Association, freedom of 结社自由 249

Athens, ancient 古代雅典 154

Autonomy 自律，自治 13, 32, 34, 114-116, 124-125, 130-131, 133-134, 136-137, 141-142, 160-161

Baltimore Colts 巴尔的摩小马橄榄球队 83

Baseball 棒球 73, 81, 84

Basketball 篮球 81

Beatles 披头士 87-88

Beer, Samuel 塞缪尔·比尔 170

Bennett, William 威廉·贝内特 47, 56-57

Bentham, Jeremy 杰里米·边沁 211

Bible《圣经》110, 112, 196-197

Bioengineering 生物工程 200-205, 207-208, 210

Bioethics 生命伦理学 68, 117-121

Blackmun, Harry A. 哈里·布莱克门 132, 137-138, 144

Blair, Tony 托尼·布莱尔 77-78

Blumenauer, Earl 厄尔·布鲁门奴尔 84

Booth v. Maryland 布斯诉马里兰州案 107

Boston Celtics 波士顿凯尔特人队 81

Boston Globe《波士顿环球报》71

Boston Red Sox 波士顿红袜队 73

Bowers v. Hardwick 鲍尔斯诉哈德威克案 123, 136-138, 140-143, 242

Bracketing 悬置 123, 132-136, 139, 141, 144, 220, 223-230, 245-246

Brandeis, Louis 路易斯·布兰代斯 14-17, 24, 126, 250

Branding 品牌营销 67, 73-74, 77-80

Brennan, William J. 威廉·布伦南 130

Bribery 贿赂 175

Britain 英国，不列颠 注 77-78, 80, 121, 230

Brown v. Board of Education 布朗诉教育局案 230

Buchanan, Patrick 帕特里克·布坎南 47, 51

Budget deficits 预算赤字 44, 50

Budgets 预算 11

Bureaucracy 官僚机构 154, 172

Bush, George H. W. 乔治·H. W. 布什 35, 46

Bush, George W. 乔治·W. 布什 1-3, 68, 120

Business, big 大企业 12-17, 22-23, 42-44, 51-52, 57, 154, 193

Calhoun, John C. 约翰·C. 卡尔霍恩 250

Campaigns 竞选 See Political campaigns 参见"政治游说，政治竞选"

Campbell Soup Company 金宝汤公司 74

Canada 加拿大 78-79

Capitalism 资本主义 17-18, 23, 32, 34, 44, 46, 81, 185

Capital punishment 死刑 105, 107, 232

Carey v. Population Services International 凯里诉国际人口服务组织案 130

Carter, Jimmy 吉米·卡特 36-37, 169

Catholicism 天主教教义 225-226, 241-242, 245, 275 注 29

Central Intelligence Agency 中央情报局 61

Centralization 集中化 13-17, 42-44, 52, 170

Channel One 第一频道 74-75

Character, of citizens, formation of 公民品格，培养公民品格 9-10, 20, 25-27

Charities, church-based 教会的慈善活动 57

Cheerleaders 啦啦队队长 97-100

Children, moral character of 孩子的道德品质 49

Choice, freedom of 选择的自由 4, 39, 47, 70-71, 114, 144-145, 255; liberal versus republican Views 自由主义的选择自由与共和主义的选择自由 9-11, 19-22, 27-29; and toleration

选择自由与宽容 147-148; and unencumbered self 选择自由与无约束的自我 163, 172; and corruption of the person 人格堕落 213-215

Christian Coalition 基督教联盟 28

Christianity 基督教 111, 146, 149, 176

Citizenship 公民身份 3, 5, 16, 64, 66, 152, 195; formative nature of 公民身份的养成性 9-10, 20, 25-27; political economy of 公民身份的政治经济学 11-12, 17-19, 25-26; republican 共和主义的公民身份 11-12; national 国家公民身份 16, 40, 44; in global economy 全球经济中的公民身份 30-32; renewal of 公民身份的更新 54, 56; and unencumbered self 公民身份与无约束的自我 163; and public identity 公民身份与公共认同 219-221; equal 平等的公民权 229-230

Civic conception of freedom 公民自由观 7, 21, 24, 26

Civic conservatism 公民保守主义 22-23

Civic corruption 公民腐败 69, 72

Civic education 公民教育 16, 25-26, 41, 72

Civic engagement 公民参与 11, 41, 194

Civic identity 公民认同 16, 27, 30-31, 33-34, 81-84

Civic renewal 公民复兴 4, 5, 7, 10, 24, 27, 29, 34, 38-39, 49, 53, 56-58, 66, 72, 154

Civility 礼貌 5, 54-58, 244

Civil rights 民权 151

Civil rights movement 民权运动 4, 22-23, 36, 40-42, 45, 47, 55, 153, 230, 245, 258-260

Civil society 公民社会 55-57

Civil War 内战 230

Cleveland Browns 克利夫兰的布朗球队 82-83

Clinton, Bill 比尔·克林顿 2, 7-8, 29, 46-51, 54, 59-62, 68, 93, 108-112

Cloning 克隆 200

CNN 美国有线电视新闻网 31, 53

Coercion 强制 5, 25-26, 47, 49, 70, 132, 233

Cohen, William 威廉·科恩 61

Colorado Rockies 科罗拉多落基山队 73

Colorado Springs, Col. 科罗拉多州斯普林斯 74

Commager, Henry 亨利·康马杰 183

Commercialism 重商主义 67, 73-76

Commission on Global Governance 全球治理委员会 31

Common assets 共同资产 165-167

Common good 公共的善 See Good, common 参见"善"

Communal conservatism 共同体本位的保守主义 38-39, 42

Communal liberalism 共同体本位的自由主义 39, 41-42

Communal values 共同体价值 39

Communitarianism 共同体主义 145-146; and morality 与美德 152-155; Dewey's view of 杜威的共同体主义观 190, 193-194; and egalitarianism 与平等主义 212-213; inadequacy of 共同体主义的不足 252-255; and freedom of religion 与宗教自由 255-257; and freedom of speech 与言论自由 257-260

Community 共同体 4-5, 7-8, 51, 145; political 政治共同体 10-13,23, 26, 30, 37-45; global 全球化共同体 32-33, 53; and civility 与礼貌 54-58; Robert Kennedy's view of 罗伯特·肯尼迪的共同体观 64-66; and sports 与体育 81-84; and communitarianism 与共同体主义 152-154, 252-254; constitutive 构成性共同体 162-171; membership in 共同体的成员身份 176-178, 190; Dewey's view of 杜威的共同体观 189, 193-195

Competition 竞争 17, 70

Comprehensive liberalism 整全性自由主义 216-219

Congress, U.S. 美国国会 47, 54; impeachment of Clinton 克林顿弹劾案 59-62; and sports 与体育 82, 84; and victims' rights 与受害者权利 108; and stem cell research 与干细胞研究 120-121; and slavery 与奴隶制 230

Conscription 义务兵役制度 38

Conservatism 保守主义 : and moral values 与道德价值 8; Civic 公民保守主义 22-23; and liberalism 与自由主义 22-23, 35, 38-40, 45, 47; and global politics 与全球政治 29, 32-33; communal 共同体本位的保守主义 38-39, 42; individualist 个人主义的保守主义 38-39

Constant, Benjamin 邦雅曼·贡斯当 111

Constitution, U.S. 美国宪法 32, 61, 127-128, 130,135, 227, 230, 241, 266 注 65

Constitutive community 构成性的共同体 162-171

Consumerism 消费主义 75-76, 79, 210

Consumer society 消费社会 64-66

Consumers Union 消费者协会 75

Contraceptives 避孕 124-131, 264 注 34, 266 注 65

Conyers, John 约翰·科尼尔斯 60-61

Cooperation, social 社会合作 134, 225, 228-229, 231

Corporate sponsors 大公司赞助 73-76

Corporations 公司 See Business, big 参见"大企业"

Corruption 腐败 69, 72, 75

Covenantal theology 圣约神学 197-199, 205-206

Crime 犯罪 46; and punishment 与惩罚 4, 68, 105-108, 232; Robert Kennedy's views on 罗伯特·肯尼迪的犯罪观 63, 65-66; rights of victims 受害者权利 107-108; rights of accused 被指控者的权利 232; rules of evidence 证据规则 244

Croly, Herbert 赫伯特·克罗利 170; *The Promise of American Life*《美国生活的希望》16

Cuomo, Mario 马里奥·科莫 40

Dallas Cowboys 达拉斯牛仔队 82

Death sentence 判处死刑 107

Debs, Eugene 尤金·德布斯 185

Decentralization 权力分散，去集中化 13-17, 42-44, 52, 63, 170

Declaration of Independence《独立宣言》25, 86, 230

Democracy 民主 4, 7, 15-16, 34, 44, 51-52, 65, 221, 241, 246, 250; industrial 工业民主 13-14, 50; and community 与共同体 30, 41; within global economy 全球经济内的民主 53; and civility 与礼貌 55-56, 58; and consumerism 与消费主义 79, 210; majorities in 民主中的大多数 122-123, 171; in procedural republics 程序共和国的民主 170-172; Dewey's view of 杜威的民主观 185-186, 188-189,193-194; and pluralism 与多元主义 231-232

Democratic Party 民主党 1-3, 7, 10, 21, 23, 35-36, 38-40, 42-47, 49, 51, 53, 60-63, 65-66

Demonstration, right to 证明的权利 260

Denver Broncos 丹佛野马队 83-84

Deregulation 解除管制 42

Dewey, John 约翰·杜威 146, 183-195

Difference principle 差异原则 164-167, 238, 249, 275 注 45

Disabled, rights of 残障人士的权利 68, 97-99

Discrimination 歧视 98-99, 101-103

Distribution of wealth 财富分配 18

Distributive justice 分配正义 9, 15, 17-19, 174-176, 216, 233-238

Dole, Robert 鲍勃·多尔 46-48, 50

Douglas, Stephen 斯蒂芬·道格拉斯 135, 225-230, 245

Douglas, William O. 威廉·道格拉斯 125-128

Douglass, Frederick 弗雷德里克·道格拉斯 250

Drinan, Robert 罗伯特·德里南 60

Dukakis, Michael 迈克尔·杜卡基斯 2, 7, 35

Dworkin, Ronald 罗纳德·德沃金 113, 191

Easy virtue 讨巧的美德 46-49

Economic growth 经济增长 17-19, 44, 63

Economic justice 经济正义 2

Economic planning 经济计划 17-18, 44

Economic policy 经济政策 11-12; decentralization 权力分散，去集中化 12-15, 52; Progressive Era 进步主义时代 12-17, 51-53; New Nationalism 新国家主义 15-17; New Deal 新政 17-19; Keynesian 凯恩斯的经济政策 18-20; and mastery 与控制 2-22; civic conservatism 与公民保守主义 22-23

Economic rights 经济权利 151

Economic structure 经济结构 44

Economy 经济 1, 3, 8; global 全球经济 7, 24, 28, 3-32, 34, 42, 51, 53; centralized/decentralized 集中化，去集中化 13-17, 42-44, 52, 63, 170

Education 教育 10, 39, 44, 56-57, 151, 212, 233; funding of 教育资金 2, 67; civic 公民教育 16, 25-26, 41, 56, 72; market for merit 优绩市场 89-92; and affirmative action 教育与平权法案 99, 101-103; public 公共教育 154; Dewey's views on 杜威的教育观 189-190. See also Schools 另参见"学校"

Egalitarianism 平等主义 151, 248-249, 251; and libertarianism 与自由至上主义 174-175, 216, 233-236; and communitarianism 与共同体主义 212-213

Eisenhower, Dwight 艾森豪威尔 35-36

Eisenstadt v. Baird 艾森施塔特诉贝尔德案 128-130, 264 注 34

Ellison, Ralph 拉尔夫·埃利森 65

Embryo, moral status of 胚胎的道德地位 4, 68, 117-121

Emissions 排污 67, 93-96

Employment 雇用 18, 39, 65

Enlightenment 启蒙运动 164

Entitlement 资格（权益）39, 41-42, 169, 172, 195, 233

Environmental protection 环保 9, 57, 67, 93-96, 200

Equal citizenship 平等的公民权 229-230

Equal protection 平等的保护 142-143

Equilibrium, reflective 反思的平衡 235-238

Ethical pluralism 伦理多元主义 196-199

Ethnicity 种族 99, 101-103

European Union 欧盟 32

Extinction 种族灭绝 179-182

Fairness 公平 2, 11, 33, 147-148, 157, 225; and honor 与荣誉 97, 99-100; justice as 作为公平的正义 165, 221-222, 229, 274 注 22

Falwell, Jerry 杰里·福尔韦尔 38

Family 家庭 22-23, 37, 39-42, 46, 56-57, 131-132

Federal Bureau of Investigation 联邦调查局 61

Federalism 联邦主义 42-44

Federalist Party 联邦党 170

Fetus, moral status of 胎儿的道德地位 134, 225-226, 241

Fifteenth Amendment 宪法第十五修正案 230

Fish, Hamilton 汉密尔顿·菲什 61

Flowers, Gennifer 珍妮弗·弗劳尔斯 110

Flowers, Walter 沃尔特·弗劳尔斯 61

Football 橄榄球 82-84

Formative ambition 教养使命 20, 25

Formative project 培养计划 9-10, 16-19, 25-27, 30, 171

Fourteenth Amendment 宪法第十四修正案 230

Freedom: of choice 选择的自由 4, 9-11, 19-22, 27-29, 39, 47, 70-71, 114, 144-145, 147-148, 163, 172, 213-215, 255; civic conception of 公民主义的自由概念 7, 21, 24, 26; liberal conception of 自由主义的自由概念 9-11, 19-22; republican conception of 共和主义的自由概念 10-12, 19-20; voluntarist conception of 唯意志论的自由概念 27-29, 123-126, 130, 133, 136-142, 213; minimalist conception of 最低限度的自由概念 123,133-136; of speech 言论自由 151, 171, 232-233, 249, 257-260; Kant's views of 康德的自由观 159-161; of association 结社自由 249; of religion 宗教自由 249, 255-257

Friedman, Milton 米尔顿·弗里德曼 21, 38, 234, 239

Friedrich Wilhelm II 弗里德里希·威廉二世 111

Full employment 充分就业 18

Fundamentalism 基要主义 9, 28, 38, 40, 45, 48, 242, 246

Gamblers Anonymous 赌博者互诫会 71

Gambling 赌博 69-72

Gay rights 同性恋权利 4, 42, 47, 68, 232, 236, 239, 241-243. See also Homosexuality

另参见"同性恋"
General Agreement on Tariffs and Trade 关贸总协定 53
General Mills 通用磨坊公司 74
Genetic engineering 基因工程 200-205, 207-208, 210
Genocide 种族灭绝 181, 259
Germany 德国 111, 210, 250
Gingrich, Newt 金里奇 52
Global community 全球共同体 32-33, 53
Global economy 全球经济 7, 24, 28, 30-32, 34. 42, 51, 53, 210
Global obligations 全球责任 96
Global politics 全球政治 29-33
Global warming 全球变暖 93-96
God 上帝 2, 196-199, 201-204, 206-208, 210
Goldwater, Barry 巴里·戈德华特 21
Good 善 157-158, 161; common 公共的善 3, 10, 25, 45, 56-57, 103-104, 152-155, 168, 171,190, 220; priority of right over 权利对善的优先性 146, 150-155, 157-159, 161, 163, 166, 212-224, 226, 231, 236, 240, 243, 253, 255, 259, 272 注 11, 275n45; greater 更大的善 148, 165
Good life 善生活 4-5, 9, 13, 19, 26-28, 39, 123, 145,151,156-157, 191, 212-213, 232-233
Good society 美好社会 18-19
Government, big 大政府 12-17, 22-23, 32-33, 52, 57, 63, 194
Government agencies, branding for 政府机构品牌营销 77-80
Government neutrality 政府中立性 See Neutrality 参见"中立性"
Government regulation 政府管制 See Regulation 参见"管制"
Great Depression 大萧条 17
Great Society 伟大社会 21-23, 33, 36, 40-42, 52, 166, 193-194
Greece, ancient 古希腊 154, 186
Green, T. H. 格林 192
Green Bay Packers 绿湾包装工队 83-84

Griswold v. Connecticut 格里斯沃尔德诉康涅狄格州案 128-130, 137-138, 140, 264 注 34

Halakhic Judaism 法典犹太教 196-200, 203, 205-207, 269 注 1
Hamilton, Alexander 亚历山大·汉密尔顿 250
Happiness 幸福 148-150, 159
Harlan, John 约翰·哈伦 126-128, 266 注 65
Hart, Gary 加里·哈特 7
Hart, H. L. A. 哈特 152
Hartman, David 戴维·哈特曼 146, 196-201, 203-209;
 A Living Covenant《活的圣约》205
Harvard University 哈佛大学 248, 251
Hate speech 仇恨言论 232-233, 257-260
Hayek, Friedrich 弗里德里希·哈耶克 211
Health care 医疗保健 2, 10, 39, 151, 176, 212, 232-233
Hegel, G. W. F. 黑格尔 190, 192
Hispanics 西班牙裔 102
Historical artifacts, marketing of 历史物品流入市场 85-88
Hitler, Adolf 希特勒 210
Hobbes, Thomas 托马斯·霍布斯 250, 274 注 28
Holidays 节日，compared to vacations 节日与假期对比 177-178
Hollywood 好莱坞 48, 54, 57
Holmes, Oliver Wendell, Jr. 奥利弗·温德尔·霍姆斯 250
Holocaust 大屠杀 257-259
Holtzman, Elizabeth 伊丽莎白·霍尔茨曼 60
Homosexuality 同性恋 4, 42, 47, 68, 265 注 53, 276 注 48-50; and liberal toleration 与自由主义的宽容 122-123, 125, 131-132, 136-143; and political liberalism 与政治自由主义 236-239, 241-242. See also Gay rights 另参见"同性恋权利"
Honor 荣誉 97-100, 103-104, 257

| 索 引 |

309

Hook, Sidney 西德尼·胡克 185

Horton, Willie 威利·霍顿 46, 49

House Judiciary Committee 众议院司法委员会 59-62

Housing 住房 10, 39, 212, 233

Hubris 傲慢 201, 203-208, 210

Human finitude 人类有限性 205-206, 208

Humanism 人道主义 198

Human nature 人性 24-25, 159, 200

Hyde, Henry 亨利·海德 60-62

Identity 认同 civic 公民认同 16, 27, 30-31, 33-34, 81-84; national 国家认同 33; public 公共认同 219-221, 224

Idolatry 偶像崇拜 205, 209-210

Immigrants 移民 13, 49, 232

Impeachment 弹劾 8, 59-62

Incivility 粗鲁 54-58

Income 收入 minimum 最低收入 10, 171, 212, 233

Individualism 个人主义 35, 38-45, 132, 137, 145, 179-182, 185, 193

Individual rights 个人权利 4, 122, 145, 157, 182;
historical context 与历史背景 23, 33, 37, 39-42; and morality 与美德 149-155; and unencumbered self 与无约束的自我 164-165, 169, 172; Dewey's view of 杜威的个人权利观 189, 195; Rawls' view of 罗尔斯的个人权利观 211-212, 248-249; and communitarianism 与共同体主义 252-255

Industrial democracy 工业民主 13-14, 50

Industrialization 工业化 13-15, 17-18, 32, 34, 50-52, 154

Inflation 通货膨胀 37

Institute for Civil Society 公民社会的机构 56

Institute for Local Self-Reliance 地方自力更生研究所 83

Interdependence 相互依存 13-14, 31, 51, 53

Internal Revenue Service 国税局 61

International Court of Justice 国际法庭 53

Internet 互联网 31, 53

Interpretive pluralism 释义多元主义 196-199

Intolerance 不宽容 5, 23, 28, 40, 45, 146, 155. See also Toleration 另参见"宽容"

Iran, hostage crisis 伊朗人质危机 37-38

Ishmael, Rabbi 拉比以实玛利 202

Islam 伊斯兰 146

Jackson, Andrew 安德鲁·杰克逊 24

Jaworski, Leon 利昂·贾瓦斯基 59

Jefferson, Thomas 托马斯·杰斐逊 4, 7, 14-16, 24, 170, 250;
   Notes on the State of Virginia《弗吉尼亚笔记》11-12

John F. Kennedy Library 约翰·肯尼迪图书馆 85

Johnson, Frank 弗兰克·约翰逊 260

Johnson, Greer 格里尔·约翰逊 87

Johnson, Lyndon 林登·约翰逊 1, 21, 36, 40, 109

Jones, Paula 保拉·琼斯 110

Jordan, Barbara 芭芭拉·乔丹 62

Judaism 犹太教 110, 112, 146, 196-210, 256, 269 注 1

Judicial restraint 司法约束 123

Judiciary 司法 42, 172. See also Supreme Court, U.S. 另参见"美国最高法院"

Justice 正义 28, 156-157, 248, 271 注 10; economic 经济正义 2; distributive 分配正义 9, 15, 17-19,174-176, 216, 233-238; retributive 惩罚正义 108; of abortion/sodomy laws 堕胎/鸡奸法正义 122-U3; Kant's view of 康德的正义观 158-159, 161; and unencumbered self 与无约束的自我 162-168; as fairness 作为公平的正义 165, 221-222, 229, 274 注 22; as membership 作为成员身份的正义 174-178; and political liberalism 与政治自由主义 212-247, 274 注 22; and communitarianism 与共同体主义 253-254 Justice Department, U.S. 美国司法部 90-91

Kant, Immanuel 康德 27, 68, 109-112, 115-116, 145-146, 148-152, 157-161, 163, 183, 188-189, 196, 211-219, 221, 223, 229, 231, 250, 255, 274 注 15; *Critique of Pure Reason*《纯粹理性批判》161

Kateb, George 乔治·卡提卜 145, 179-182

Kennedy, Anthony 安东尼·肯尼迪 131, 142

Kennedy, Caroline 卡罗琳·肯尼迪 85

Kennedy, John 约翰·肯尼迪 19-21, 36, 85-86, 88

Kennedy, John, Jr. 小约翰·肯尼迪 85

Kennedy, Robert 罗伯特·肯尼迪 8, 22, 63-66

Keynesianism 凯恩斯主义 18-20

King, Martin Luther, Jr. 马丁·路德·金 22, 29, 86-88,106, 258-260

Kyoto conference 京都会议 93-96

Laissez-faire 自由放任 38-39,70-71

Lawrence v. Texas 劳伦斯诉得克萨斯州案 141-144

Legislated morality 法立道德 9, 45, 47, 69, 147-148

Legislatures 立法 172. See also Congress, U.S. 另参见"美国国会"

Lewinsky, Monica 莫妮卡·莱温斯基 109

Liberalism 自由主义 141, 145, 170; and moral values 与道德价值 3; conception of freedom 自由主义的自由概念 9-11, 19-22; and republicanism 与共和主义 9-12, 19-22, 26; and Keynesianism 与凯恩斯主义 19-20; procedural 程序自由主义 19-20, 28; and mastery 与宰制 20-22; and conservatism 与保守主义 22-23, 35, 38-40, 45, 47; risks of, 26-29; voluntarist 唯意志论的自由主义 27-29, 123-126, 130, 133, 136-142; and global politics 与全球政治 29, 33; lessons from Reagan presidency 里根任内的教训 38, 43-45; individualistic 个人主义的自由主义 39; no communal strand 缺乏共同体路线 39, 41-42; Robert Kennedy's view of 罗伯特·肯尼迪的自由主义观 63-66; minimalist 底线论的自由主义 123, 133-136; Kant's view of 康德的自由主义观 145-146, 148-152, 157-161, 163, 213-219, 221; and communitarianism 与共同体主义 145-146,152-155, 212-213, 252-260, 272 注

11; Rawls' view of 罗尔斯的共同体观 145-146, 150, 152, 157-158, 161-165, 211-247; and utilitarianism 与功利主义 145-146, 148-152,157, 159, 164-167, 214, 216; Dewey's view of 杜威的自由主义观 146, 183-195; political 政治自由主义 146, 211-247; moral basis of 自由主义的道德基础 147-155; relativist defense of 对自由主义的相对主义辩护 147-148; Mill's view of 穆勒的自由主义观 148, 158-159,164-165; comprehensive 完备的自由主义 216-219

Liberal self 自由主义的自我 21

Liberal values 自由主义的价值 147-148

Libertarianism 自由至上主义 21, 38, 70, 151, 164, 212, 239; and egalitarianism 与平等主义 174-175, 216, 233-236

Life, value of 生命的价值 113-116, 118, 133-135, 179-182, 225-226

Lincoln, Abraham 亚伯拉罕·林肯 24, 170, 225-230, 250

Lincoln, Evelyn 伊夫琳·林肯 85

Locke, John 约翰·洛克 115, 188, 250

Los Angeles Lakers 洛杉矶湖人队 81

Lott, Trent 特伦特·洛特 61-62

Lotteries, state-run 州营彩票 67, 69-72

Loyalty 忠诚 27, 32-34, 53, 154, 167, 219-220

Lying 说谎 4, 68, 109-112

MacIntyre, Alasdair 阿拉斯代尔·麦金太尔 213, 252; *After Virtue*《追寻美德》153

Madison, James 詹姆斯·麦迪逊 250

Maimonides 迈蒙尼德 196, 198, 209

Majoritarianism 多数主义 122-123, 143-144, 149,171, 252

Mann, James 詹姆斯·曼恩 61

Mantle, Mickey 米奇·曼特尔 87-88

Manufacturing way of life 制造业生活方式 11-12, 24

Marine Corps, U.S. 美国海军陆战队 38

Marketing 市场化 : in public spaces 公共空间中的市场化 77-80; of historical artifacts

历史物品流入市场 85-88; and merit 市场化与优绩 89-92, 249

Markets 市场 165, 174-175, 194, 211-212, 251; moral limits of 市场的道德局限 4, 9, 67; economic / political power of 市场的经济力量和政治力量 14; global 全球市场 30-32, 34; conservative view of 保守派的市场观 38-39, 42, 57; and libertarianism 与自由至上主义 151, 233, 235

Marriage 婚姻 : same-sex 同性婚姻 1-2, 143, 276 注 50; and abortion/sodomy laws 与堕胎／鸡奸法 126, 128-129, 131, 137-138, 140, 142

Marx, Karl 卡尔・马克思 250

Mastery 宰制 20-22, 30, 37, 201, 204-207, 209

Matsch, Richard 理查德・马奇 105, 107

McCartney, Paul 保罗・麦卡特尼 87

McGovern, George 乔治・麦戈文 36-37

McVeigh, Timothy 蒂莫西・麦克维 105

Media, news 新闻媒体 62, 246

Medical research 医学研究 4, 68, 117-121

Membership 成员身份 145, 153, 190; justice as 作为成员身份的正义 174-178

Merit 优绩 89-92, 249

Meritocratic assumption 优绩主义假设 99, 249-250

Merit scholarships 优绩奖学金 88-92

Messiah 弥赛亚 205-206

Mexican Americans 墨西哥裔美国人 99

Midrash《米德拉西》197, 202, 208-209

Mill, John Stuart 约翰・斯图亚特・穆勒 148, 158-159, 164-165, 189, 196, 211, 248, 250; *On Liberty*《论自由》148

Minimalist conception of freedom 最低限度的自由概念 123,133-136

Minnesota Twins 明尼苏达州双城棒球队 84

Misleading 误导 , compared to lying 与说谎相比较 68, 109-112

Modell, Arthur 阿瑟・莫德尔 82

Molnar, Alex 亚历克斯・莫尔纳 73

Mondale, Walter 沃尔特·蒙代尔 40

Money 金钱 24, 174-175, 249

Monopolies 垄断 See Trusts/monopolies 参见"托拉斯"

Monsanto 孟山都农场 73

Montgomery, Ala. 亚拉巴马州蒙哥马利 41, 260

Moral arguments 道德论证 67-68

Moralisms 道德主义 28, 45, 48, 246

Morality 道德 28, 68, 220, 263 注 1; legislated 法立道德 9, 45, 47, 69, 147-148; and government Neutrality 与政府中立性 39-40, 47, 113-115, 123-125, 131-134, 138, 141, 145, 147, 191-192, 195, 225-227, 236-239, 253-254, 256-257; of children 孩子的道德品质 49; as basis of liberalism 道德作为自由主义之基础 147-155; and individual rights 与个人权利 149-155; and communitarianism 与共同体主义 152-155; of slavery 奴隶制的道德地位 225-230; and reasonable pluralism 与理性多元主义 230-239; and public research 与公共研究 240-247

Moral law 道德法则 158-161

Moral Majority 道德多数派 38, 45, 246

Moral philosophy 道德哲学 157

Moral relativism 道德相对主义 147-148, 248

Moral values 道德价值 1-2, 4, 8, 225

Morris, David 戴维·莫里斯 83-84

Moses 摩西 196

Movie industry 电影产业 48, 54, 57

Murder 谋杀 182

Mutual respect 相互尊重 244, 246-247

Nagel, Thomas 托马斯·内格尔 113

National citizenship 国民身份 16, 40, 44

National Commission on Civic Renewal 公民复兴全国委员会 56

National Commission on Philanthropy and Civic Renewal 慈善与公民复兴全国委员会 56

National identity 国家认同 33

Nationalization 国有化 15-17, 51-52, 170

National sovereignty 国家主权 30-34, 39, 154, 168-171

Nation-states 民族国家 See National sovereignty 参见"国家主权"

Native Americans 美洲印第安人 256

Natural rights 自然权利 188-191

Nazis 纳粹 117, 257-260

Need-based scholarships 基于经济需要的奖学金 89-92

Neighborhood 邻里 22-23, 37, 39-43, 46, 53, 56-57, 65

Nepotism 裙带关系 175

Neutrality 中立性 9-10, 19, 39-40, 44, 47, 145, 147, 150, 153, 265 注 53; and assisted suicide 与辅助自杀 113-115; and abortion 与堕胎 123-125, 127, 133-134, 225; and homosexuality 与同性恋 123, 131-132, 138, 141, 236-238; Dewey's view of 杜威对中立性的看法 191-192, 195; Rawls' view of 罗尔斯对中立性的看法 212, 214, 236, 239; and slavery 与农奴制 226-227; and Communitarianism 与共同体主义 253-254, 256-257

New Deal 新政 7, 17-18, 23, 33, 35-37, 41-42, 44, 52, 55, 169-170, 185, 194, 212

New Federalism 新联邦主义 22-23, 42-43

Newfield, Jack 杰克·纽菲尔德 63-64

New Freedom 新自由主义 44

New Nationalism 新国家主义 15-17, 44, 52

New York Yankees 纽约扬基队 87-88

Nixon, Richard 尼克松 8, 36, 46, 59-62

North American Free Trade Agreement (NAFTA) 北美自由贸易协定 33, 53

Nostalgia 怀旧 7, 24, 60

Nozick, Robert 罗伯特·诺齐克 113, 211, 234

Nuclear war 核战争 145, 179-182

Nunn, Sam 萨姆·纳恩 56

Obligations 责任、义务 27, 33-34, 40, 96, 154, 167, 172, 215, 219-220, 256, 274 注 22

O'Connor, Sandra Day 桑德拉·D. 奥康纳 131

Oklahoma City terrorist bombing 俄克拉何马州恐怖爆炸案 105-108

Onassis, Jacqueline Kennedy 杰奎琳·肯尼迪（肯尼迪夫人）85

Parties 党派 See Political parties 参见"政党"

Partisanship 党派性 54-55, 60

Paternalism 家长制 49, 70

Patriotism 爱国主义 3, 22, 39, 46, 79, 220

Payne v. Tennessee 潘恩诉田纳西州案 107-108

Penn National Commission on Society, Culture and Community 宾州全国社会、文化与共同体委员会 56

People v. Onofre 人民诉奥诺弗雷案 139

Person, conception of 个人观 27, 152-153, 213-223, 274 注 15

Planned Parenthood v. Casey 计划生育组织诉凯西案 114, 142

Pluralism 多元主义 4-5, 7, 26, 99, 145-146, 177, 247; ethical/interpretive 伦理多元主义与释义多元主义 196-199; reasonable 理性多元主义 223-224, 230-239, 275 注 45

Poe v. Ullman 波诉厄尔曼案 126, 266 注 65

Political arguments 政治论辩 67-68

Political campaigns 政治游说，政治竞选 240; negative 揭短竞选 54; contributions to 捐助 55, 233

Political commentary 政治评论 5

Political community 政治共同体 10-13, 23, 26, 30, 37-45

Political conception of the person 政治的个人观 219-223

Political corruption 政治腐败 69

Political debate 政治辩论 44, 55, 246

Political economy 政治经济学, of citizenship 公民权的政治经济学 11-12,17-19, 25-26

Political liberalism 政治自由主义 146, 211-247

Political parties 政党 172, 240. See also Democratic Party, Republican Party 另参见

"民主党""共和党"

Political philosophy 政治哲学 5, 156-158, 211-212, 248-251

Political values 政治价值 225-226, 240, 242-245, 275 注 29

Politics of virtue 美德政治 46-49

Pollution permits 排污权 67, 93-96

Popular culture 流行文化，大众文化 46-48, 54, 57, 87-88

Popular sovereignty 人民主权 225-230, 245

Populism 平民主义 36

Pornography 色情 38, 42, 138-140, 147, 154, 233, 266 注 81

Postal Service U.S. 美国邮政署 78-79

Poverty 贫困 13, 21, 49, 63, 65-66

Pragmatic conception of freedom 实用主义的自由概念 123

Pragmatism 实用主义 186-188, 191-192, 222

Prayer, school 校园祈祷 2, 9, 38, 42, 47, 147

Prejudice 偏见 40

President's Council on Bioethics 美国总统生命伦理委员会 68

Pressley, Sue Anne 苏·安·普雷斯利 97

Priority of right over good 权利对善的优先性 146, 150-155, 157-159,161,163, 166, 212-224, 226, 231, 236, 240, 243, 253, 255, 259, 272 注 11, 275 注 45

Privacy 隐私 68, 109, 124-133, 136-142, 232, 241, 244, 266 注 81

Procedural liberalism 程序自由主义 19-20, 28

Procedural republic 程序共和国 11, 19-20, 22, 27-29, 168-172

Procter & Gamble 美国宝洁公司 73

Progressive Era 进步主义时代 4, 12-17, 31, 33, 49, 51-53, 170, 184, 194

Prometheus 普罗米修斯，开创精神 20, 203-204

Promiscuity 滥交 237-238, 276 注 49

Property rights 财产权 39, 151, 230

Prosperity 繁荣 11, 17, 20, 37

Protestantism 新教 242

Prussia 普鲁士 111, 250

Public education 公共教育 154

Public identity 公共身份 219-221, 224

Public philosophy 公共哲学 5, 9-11, 20-22, 28-29, 35, 42, 44-45, 64, 246

Public reason 公共理性 239-247, 276 注 51

Punishment 惩罚 retributive 报应的惩罚 105-108; therapeutic 治疗的惩罚 105-108

Quayle, Dan 丹·奎尔 46

Race 种族 44, 99, 101-103, 233

Racism 种族主义 40, 101, 257-260

Railsback, Tom 汤姆·雷尔斯巴克 61

Rangel, Charles 查尔斯·兰热尔 60

Rap music 说唱音乐 47, 57

Rawls, John 约翰·罗尔斯 113, 145-146,157-158,161-165, 191, 248-253; *Political Liberalism*《政治自由主义》146, 221-225, 231, 233-236, 238, 240-243, 245; *A Theory of Justice*《正义论》150, 152, 211-221, 235, 248, 251, 274 注 15, 22

Reagan, Ronald 罗纳德·里根 2, 7-8, 22-23, 36-39, 42-43, 46, 52, 66, 169

Reason, public 公共理性 239-247, 276 注 51

Reasonable pluralism 合理多元主义 223-224, 230-239, 275 注 45

Reconstruction 重建 230

Reflective equilibrium 反思的平衡 235-238

Reform 改革 35-36

Regulation 调控 11, 15, 17-18, 21, 35, 42, 52

Relativism, moral 道德相对主义 147-148, 248

Religion 宗教 4, 22, 28, 68, 220: and the Bible 与《圣经》2, 110, 112, 196-197: and government neutrality 与政府中立性 39-40, 47, 113-115, 123, 125, 131-134, 138, 141, 145, 147, 191-192, 195, 225-227, 236-239, 253-254, 256-257; Christianity 基督教 111, 146, 149, 176: and intolerance 与宽容 146: mastery/hubris in Judaism 犹太

| 索 引 | 319

教中的宰制与傲慢 196-210: Catholic view of abortion 天主教的堕胎观 225-226, 241-242, 245, 275 注 29; and reasonable pluralism 与理性多元主义 230-239: and public reason 与公共理性 240-247 freedom of 宗教自由 249, 255-257

Religious anthropology 宗教人类学 199-201, 203-206

Religious values 宗教价值 225

Republicanism 共和主义 155: and liberalism 与自由主义 9-12, 19-22, 26: conception of freedom 自由的概念 10-12,19-20: historical context 共和主义的历史背景 11-12, 24-26; risks of 共和主义的风险 23-26

Republican Party 共和党 8-10, 35-36, 44, 46-48, 51, 53-54, 60-62, 65-66, 170, 227

Resentment 仇恨 97-100

Respect, mutual 互相尊重 244, 246-247

Retributive justice 报应的正义 108

Retributive theory of punishment 惩罚的报应理论 105-108

Revelation, divine 神圣启示 197-198

Rights 权利 28-29, 97, 99-100, 115, 141, 175-176; individual 个体权利 4, 23, 33, 37, 39-42, 122, 145, 149-155, 157, 164-165, 169, 172, 182, 189, 195, 211-212, 248-249, 252-255; private property 私有财产权 39, 151, 230; priorityover good 权利对善的优先性 146, 150-155, 157-159, 161, 163, 166, 212-224, 226, 231, 236, 240, 243, 253, 255, 259, 272 注 11, 275 注 45; civil 公民权利 151; economic 经济权利 151; social 社会权利 151; natural 自然权利 188-191; of accused 被告的权利 232

Riots, ghetto 贫民区暴动 22

Robertson, Pat 帕特·罗伯逊 239

Rodino, Peter 彼得·罗迪诺 60-62

Roe v. Wade 罗诉韦德案 123, 130, 133-135, 144

Rome, ancient 古罗马 149, 177, 210

Roosevelt, Franklin 富兰克林·罗斯福 17-18, 36, 40, 49, 109, 185

Roosevelt, Theodore 西奥多·罗斯福 15-17, 44, 51-53

Rorty, Richard 理查德·罗蒂 146, 191-192, 221-222

Rousseau, Jean-Jacques 卢梭 24-26, 250

Royal Canadian Mounted Police 加拿大皇家骑警 78-79

Runyon, Marvin 马文·鲁尼恩 79

Rush, Benjamin 本雅明·拉什 25

Ryan, Alan: *John Dewey and the High Tide of American Liberalism* 阿兰·瑞安:《杜威与美国自由主义的高潮》183-188, 190-191, 195

Sabbath 安息日 205-209, 256

Sacrifice, shared 共同牺牲 48, 72, 79, 95

St. Clair, James 詹姆斯·圣克莱尔 59

Same-sex marriage 同性婚姻 1-2, 143, 276 注 50

Sandel, Michael: *Liberalism and the Limits of Justice* 迈克尔·桑德尔:《自由主义与正义的局限》252-253

Sandman, Charles, Jr. 小查尔斯·桑德曼 61

Sanger Margaret 玛格丽特·桑格 184

Scalia, Antonin 安东宁·斯卡利亚 143-144

Scanlon, Thomas 托马斯·斯坎伦 113

Schell, Jonathan 乔纳森·谢尔 180-181

Schlesinger, Arthur, Jr. 小阿瑟·施莱辛格 35

Scholarships, merit/need-based 基于优绩/基于需要的奖学金 89-92

Schools 学校: prayer in 校园祈祷 2, 9, 38, 42, 47, 147; local control of 对学校的地方控制 44; advertising in 校园广告 67, 73-76. See also Education 另参见"教育"

Schroeder, Patricia 帕特里夏·施罗德 56

Science 科学 185, 188

Segregation (种族)隔离 41, 47, 258-260

Self, unencumbered 无约束的自我 28, 141, 145, 152-153, 158, 162-168, 172, 215, 220, 256

Self-government 自治 3, 7-8, 10-17, 22, 24, 27, 29-30, 32-34, 38-45, 58, 64, 66, 79, 159

Selma, Ala. 亚拉巴马州塞尔马 260

Settlement houses 安置房 49

Sex 性 175

Sex scandals 性丑闻 8, 59-62, 68, 109-112

"Sin tax," "罪恶税" 70-72

60 Minutes《60 分钟》（访谈节目）110

Skokie, Ill. 伊利诺伊州斯科基 257-260

Skyboxes 贵宾看台 82

Slavery 奴隶制 135, 225-230, 242-243, 245

Smartt, Callie 考利·斯马特 97-100

Social contract 社会契约 189, 248-249

Social cooperation 社会合作 134, 225, 228-229, 231

Social rights 社会权利 151

Social Security 社会安全 2, 21, 40, 71

Sodomy 鸡奸 122, 131, 140-143, 242, 265 注 53

Solidarity 团结 27, 33, 40-41, 103-104, 145, 182, 220

Soloveitchik, Joseph 约瑟夫·索罗威奇克 203-204

Soulcraft 灵魂塑造 25, 27, 47-49

Souter, David 戴维·苏特 131

Sovereignty 主权 51, 163: national 国家主权 30-34, 39, 154, 168-171: popular 大众主权 225-230, 245

Soviet Union 苏联 184

Speech 自由, freedom of 言论自由 151, 171, 232-233, 249, 257-260

Sports 体育 73, 81-84, 87-88, 92

Stalin, Joseph 约瑟夫·斯大林 184

Standard of living 生活水平 37

Stanley v. Georgia 斯坦利诉佐治亚州案 138-140

Starr, Kenneth 肯尼思·斯塔尔 60

Stein, Herbert 赫伯特·斯坦 18

Stem cell research 干细胞研究 4, 68, 117-121

Stevens, John Paul 约翰·保罗·史蒂文斯 135-138

Success 成功 249-250

Suicide, assisted 辅助自杀 4, 68, 113-116

Supreme Court, U.S. 美国最高法院 232, 246; and Abortion 与堕胎 68, 123, 130-131, 133-136, 144; and homosexuality 与同性恋 68, 123, 131-132, 136-144, 242; and affirmative action 与平权法案 101; and victims' rights 与受害者权利 107-108; and assisted suicide 与辅助自杀 113-114, 116; and privacy 与隐私 124-132; and civil rights 与民权 230

Talmud《塔木德》110, 112, 197-198, 201, 209

Taxation 课税 9-11, 18, 44, 211, 232: lotteries as "sin tax," 作为"罪恶税"的彩票 70-72

Tax cuts 减税 3, 48, 50, 57

Tax deductions 扣税 82-83

Taylor, Charles 查尔斯·泰勒 213, 252

Technology 技术 13, 31, 68, 200-205, 207-208, 210

Teleology 目的论 157, 163, 214, 254

Terrorism 恐怖主义 1, 3, 105-106

Texas 得克萨斯 106, 130, 133-134, 142-143

Thatcher, Margaret 玛格丽特·撒切尔（撒切尔夫人）80

Therapeutic theory of punishment 治疗性的惩罚理论 105-108

Thirteenth Amendment 宪法第十三修正案 230

Thomas, Norman 诺曼·托马斯 185

Thomson, Judith Jarvis 朱迪丝·贾维斯·汤姆逊 113

Thornburgh v. American College of Obstetricians & Gynecologists 索恩伯勒诉美国妇产科医学院案 134-135

Thornton, Ray 雷·桑顿 61

Tocqueville, Alexis de 托克维尔 25-26, 41, 56, 250

Toleration 宽容 4, 68, 124, 133-136, 139-141, 143, 147-149, 217, 225, 234-235, 241-242, 244-246

Totalitarianism 极权主义 154-155

Transcendental subject 超验主体 160-161

Trotsky, Leon 托洛茨基 184

Truman, Harry 哈里·杜鲁门 36

Trusts/monopolies 托拉斯/垄断 14, 17-18, 44, 52, 70, 84, 90-91

Tyranny 专制 154-155, 209-210

Unemployment 失业 18, 65

Unencumbered self 无约束的自我 See Self, unencumbered 参见"自我，无约束的"

University of Michigan 密歇根大学 101

University of Texas 得克萨斯大学 99

Urbanization 城市化 13, 64-65

USA Today《今日美国》48

Utilitarianism 功利主义 189, 211, 248; and liberalism 与自由主义 145-146, 148-152, 157, 159, 164-167, 214, 216

Vacations 假期, compared to holidays 与节日对比 177-178

Values 价值 9-11, 20-21, 46, 48, 156, 158; moral 道德价值 8, 225; communal 共同价值 39; liberal 自由主义的价值 147-148; religious 宗教价值 225; political 政治价值 225-226, 240, 242-245, 275 注 29

Victims 受害者 and criminal punishment 与犯罪惩罚 105-108

Victims' rights 受害者权利 107-108

Vietnam War 越战 22, 36-37, 62-63, 109

Virtue 美德 9, 11-12, 157; civic 公民美德 5, 7,10, 24, 27, 29, 34, 38-39, 49, 53, 56-58, 66, 72, 154; politics of 美德政治 46-49; and honor 与荣誉 97, 99-100,103-104

Voluntarist conception of freedom 唯意志论的自由概念 27-29,123-126,130,133, 136-142, 213

Volunteer army 自愿从军 38

Voter turnout 参加投票者 36, 56

Voting rights 选举权 41, 43, 232

Voting Rights Act 选举权法案 230

Wages 工资 37

Wallace, George 乔治·华莱士 36-37, 63, 260

Walzer, Michael 迈克尔·沃尔泽 213, 252, 271 注 10; *Spheres of Justice*《正义诸领域》145,174-178

Warren, Samuel 塞缪尔·沃伦 126

Washington Post《华盛顿邮报》97

Watergate scandal 水门事件 1, 59, 61-62

Watson, James 詹姆斯·沃森 203

Welfare, general 公共福利 148-151, 157, 164, 211,253

Welfare programs 福利计划 10, 21, 39-40, 63, 65-66, 71, 100, 151

Welfare state 福利国家 9, 21, 29, 33, 35-36, 38-40, 57, 151, 154, 169, 172, 175, 212, 251

Westbrook, Robert 罗伯特·韦斯特布鲁克: *John Dewey and American Democracy*《杜威与美国民主》184

Whig Party 辉格党 170

White, Byron R. 拜伦·怀特 131, 135-136

White, Robert L. 罗伯特·怀特 85

White, William Allen 威廉·艾伦·怀特 13

Whittle Communications 惠特尔传播公司 74-75

Wiggins, Charles 查尔斯·威金斯 61

Wilson, Woodrow 伍德罗·威尔逊 16, 44, 51-53, 185

Worker safety 工人安全 9

World War II 第二次世界大战 3, 18, 20, 109

Zoning 分区规划 57